献给天津考古70周年

（1953～2023）

本书整理与研究工作得到以下三个项目资助：

1. 天津市宣传文化"五个一批"人才工程资金

2. 国家重点研发计划（项目编号：2020YFC1521500）

3. 天津地区旧、新石器时代过渡遗存综合研究
（项目编号：14CKG004）

天津文化遗产保护成果系列之五

天津旧石器考古新发现与研究

(2015~2019)

天津市文化遗产保护中心
编著
吉林大学考古学院

科学出版社

北京

内 容 简 介

本书是天津地区旧石器研究的最新成果，回顾了以往在该地区所作的工作，并全面报道了2015年重点调查新发现的旧石器地点的地理位置、地质地貌和石制品概况以及2019年朝阳洞遗址的考古资料；同时运用原料分析、技术分析和对比研究等方法对遗址的原料利用策略、石制品技术、石器工业特征等方面进行了总结，并分析了该地区与周邻地区文化的关系，为天津地区晚更新世古人类的技术演化和适应研究提供了新材料和新视角。

本书可供考古学、博物馆学、古人类学的研究人员及高校相关专业师生参考、阅读。

图书在版编目（CIP）数据

天津旧石器考古新发现与研究：2015～2019 / 天津市文化遗产保护中心，吉林大学考古学院编著. —北京：科学出版社，2023.12
（天津文化遗产保护成果系列；五）
ISBN 978-7-03-077303-6

Ⅰ. ①天…　Ⅱ. ①天… ②吉…　Ⅲ. ①旧石器时代考古−考古−研究−天津−2015−2019　Ⅳ. ①K871.114

中国国家版本馆CIP数据核字（2023）第251919号

责任编辑：赵　越 / 责任校对：邹慧卿
责任印制：肖　兴 / 封面设计：张　放

斜 学 出 版 社 出版
北京东黄城根北街 16 号
邮政编码：100717
http://www.sciencep.com
北京汇瑞嘉合文化发展有限公司 印刷
科学出版社发行　各地新华书店经销
*
2023年12月第 一 版　开本：889×1194　1/16
2023年12月第一次印刷　印张：12 3/4　插页：20
字数：440 000
定价：268.00元
（如有印装质量问题，我社负责调换）

序

　　天津地区通过冀北山地与东北相连，南面是广阔的华北平原，东隔渤海、黄海与朝鲜半岛相望，西面从北京平原到太行与燕山山地。在更新世低海面时期，位于华北到东北亚交通中心位置的天津地区，更是东北亚与中国北方地区接触的前沿与枢纽地带。我自20世纪70年代末开始学习考古，到后来讲授中国旧石器时代考古课程的时候，都曾长期关注天津地区的史前考古发现与研究。但令人遗憾的是，一直到2000年前后总结盘点中国旧石器时代考古在20世纪的收获之时，天津地区仍不见旧石器时代遗存发现的报道。经过天津考古同事的长期规划准备，2005年正式开启旧石器时代考古专项调查，当年即发现了旧石器遗存，实现了从无到有的突破。天津地区旧石器的发现，是众多考古同行的共同愿望。正如张森水先生在看到天津旧石器首次发现时曾讲过，天津地区旧石器的发现"从某种意义上讲，最后消灭了以省、直辖市为单位的旧石器考古的空白区"。

　　天津旧石器工作开始的时间虽然较晚，从2005年到现在也才不到20年，但从《天津旧石器考古新发现与研究（2015～2019）》这本即将出版的专著来看，天津旧石器考古发现材料的积累速度与研究深入发展程度，着实让旧石器考古同行感到意外。从起步到现今的短短18年时间内，天津旧石器考古同行已经完成两部专著。2015年《初耕集——天津蓟县旧石器考古发现与研究》（下简称《初耕集》）出版，到现在还不到10年，又完成第二部专著的撰写和出版准备工作，可称是创造了中国旧石器考古发展的天津速度。这个速度记录的创造和主要贡献者，正是本书的作者，天津市文化遗产保护中心盛立双和吉林大学考古学院王春雪两位同事。很高兴有机会先看到这部展现天津旧石器考古发现与研究进展的新作，非常感谢两位盛情邀请我为本书写序。作为天津旧石器时代考古的长期关注者，很高兴有机会和关心天津旧石器考古的读者讨论交流，一起分享看到这部新作的喜悦。

　　虽然从初次发现到现在天津旧石器考古已经快满20年，本书已经是天津旧石器考古的第二本专著，但在谈到天津旧石器考古发现之际，首先想到的仍然是填补空白的话题。与2005年天津第一批旧石器遗存发现填补的是地区空白不同，随着近20年来的调查、发掘与整理研究工作的深入，我们现在看到的这部新作，所展示的已是天津晚更新世以来石器技术与文化发展的区域性特点，填补的是从华北到东北亚枢纽地区的旧石器技术研究与认识的空白。这项工作所揭示出的是更新世期间，尤其是晚更新世人类的活动历史与行为特点。因此可以说，本书出版的意义已从旧石器发现的区域空白填补，进一步提升到石器技术与人类行为研究的层面。

　　关于填补区域旧石器技术与文化研究空白，其中最主要的应该是对天津地区砾石石器工业存在的认识。《初耕集》将天津旧石器发现划分为小石片与细石器两种类型。本书则在前两者之外，再新分出砾石石器类型。砾石石器虽然是个讨论较多但涵义认识并不完全一致的概念，但多数研究者还是经常用它指代以砾石为原料，直接修理成型的大型（重型）工具占主导（或重要）的石制品组合。本书作者所划分的砾石工业也应如此。其实以砾石为原料，依修形理念直接加工重型工具的大型工具组合，在天津周边地区早就有所发现。如邻近的北京周口店的早期石器组合，就展现出重型工具较多，以砾石为原料直接修理成型的砍砸器等居重要地位的下文化层。向东北到辽宁中部的本溪庙后山遗址，其大型工具占主导地位的情况，也早就受到研究者关注。与天津地区隔海相望的朝鲜半岛地区，自旧石器时代早期以来，更有数量众多的发现是用砾石为原料，依修形理念加工的砾石石器工业。按照传统划分，无论是中国旧石器文化南北二元结构说，或是华北旧石器两大系统，天津地区及周边地区都应属于华北小石器或石片石器工业的范围。因此，天津周边地区先前零散分布的砾石工业，与本地区以小石器为主的文化传统所显现出明显矛盾的情况，也一直困扰着相关研究者。

　　由于本书所展现的旧石器考古新进展，即对联结东北亚的天津地区砾石工业类型的确认，显然可以不用继续纠结于辽宁中部庙后山遗址大石器与华北小石器工业面貌不协调，也不必再困惑朝鲜半岛广泛分布的砾石工业与东亚大陆北部地区同类发现之间的技术传统与文化关系。在此意义上讲，天津旧石器的发现不仅是填补了地域分布的空白区，尤为重要的是新发现的石器技术类型可将周边连接起来，更全面地展示了晚更新世以来，从华北到东北以及朝鲜半岛等东北亚地区旧石器文化发展路径与文化关系。因此，对联结华北到东北乃至东北亚交通要道的天津地区砾石工业分布的新认识，其重要性不仅是增加了本区旧石器工业类型，而且还将原来孤立分布于环渤海地区，包括华北北部、东北南部以及朝鲜半岛的同类石器工业连为一体，更深刻地改变了对中国旧石器文化区域性特点的既有认识。砾石工业类型的确认与详细阐释，应该是本书，同时也是天津旧石器考古最重要的新进展。

　　天津地区并非是小石片技术传统的一统天下，晚更新世期间，砾石工业也占有重要地位。这种格局持续到晚更新世之末，随着细石器技术的发展扩散，旧石器时代文化发展到高峰，进而走向旧、新石器时代过渡。本书另一项值得称道的努力是展开对旧、新石器时代过渡阶段考古材料的梳理总结。以往旧石器研究主要关心更新世人类及其文化遗存，但很少探讨进入全新世以后的发展。新石器考古同行也如此，很难见到将新石器时代早期发现与旧石器晚期文化发展联系起来，统一进行讨论分析的尝试。这种研究取向人为地割裂了旧、新石器时代的考古工作，使得旧、新石器时代过渡这一史前考古重大课题研究长期裹足不前。本书的两位作者突破以往惯例，将天津地区新石器时代早期青池遗址的发现也纳入研究，通过对该遗址发现石制品等系统分析，建立起从晚更新世到全新世初的史前文化发展序列，填补了天津地区旧、新石器时代过渡阶段研究的空白。

　　这部专著的研究对象是2015～2019年5个年度的发掘与调查材料，主要为石制品，更方便做传统的技术与类型学分析。但两位作者的研究并没有受限于材料，仅止步于石器分析，而是注重收集石器原料、石制品组合等多方面信息，努力尝试解读遗址功能，揭示早期居民对遗址使用方式。例如通过对朝阳洞遗址仅有石片及少量工具，并未见石核等特点，判断这处洞穴的居住者应是在他处加工石制品，将适用的工具与石片等携带至洞内，属于装备人员的模式。类似的分析与认识，为探讨晚更新世人类在天津地区生存演化历史开拓了新视域。

受限于天津地区的自然地理条件，区内大部分是华北平原北端的沉降地带。属于更新世期间形成的堆积大部分埋藏在地下数米、数十米甚至数百米之深，因此很难发现旧石器时代遗存。只有北部平原与山区交界地带，尚有发现旧石器遗存的机会。尽管有近20年来的持续调查，天津旧石器发现仍主要是在蓟县地区。虽受此局限，但本书作者及所属团队仍然不断努力，先后调查发现数十处旧石器地点，也正式发掘其中多处。本书所展示的也正是这些调查与发掘的成果。与绝大部分地域辽阔、旧石器遗存分布广泛的省区相比，天津旧石器考古虽受限于先天条件不足，但仍有明确的学术目标，且长期不懈努力，有计划地进行系统调查与科学发掘，将所获成果及时整理与研究，并全面刊布，创立了更全面、更及时发表旧石器考古成果的范例。

这部新作的出版见证了天津旧石器考古18年的历史。18年或说是18岁，对个人来说是青春年少，对于新兴的天津旧石器考古事业来说也正值起步发展期。这部新作所展示的上述成果说明，旧石器考古在天津地区来讲，虽年轻，但已开始展露出耀眼的光彩。祝贺本书的出版面世，预祝天津旧石器不断发展，也继续收获更多更重要的新成果。

王幼平

2023年12月

目　录

第1章　天津旧石器考古概述 ··· （1）

第1节　天津旧石器考古工作回顾 ··· （1）

第2节　2015年天津旧石器考古重点调查概述 ································ （5）

2.1　区域背景、调查方法及路线 ··· （5）

2.2　新发现地点概述 ·· （6）

第3节　2019年朝阳洞遗址考古发掘概况 ······································ （9）

第2章　天津石器工业研究 ·· （12）

第1节　基本概念和术语 ··· （12）

第2节　石器工业概述 ·· （13）

2.1　朝阳洞遗址 ··· （13）

2.2　赤霞峪西岭地点 ·· （22）

2.3　船舱峪东岭地点 ·· （29）

2.4　东井峪骆驼岭地点 ··· （36）

2.5　太子陵地点 ··· （43）

2.6　下营梁峪黄土地地点 ·· （47）

2.7　下营南岭地点 ·· （51）

2.8　小穿芳峪地点 ·· （56）

2.9　小港地点 ·· （60）

2.10　小平安地点 ·· （65）

2.11　丈烟台东山地点 ·· （70）

2.12　杨庄西山地点 ··· （74）

2.13　道古峪北岭地点 ·· （83）

2.14　青池遗址 ··· （91）

2.15　段庄地点 ……………………………………………………………（108）

2.16　船舱峪黄土梁地点 …………………………………………………（121）

第3节　结论 …………………………………………………………………（133）

3.1　石器工业概况 …………………………………………………………（133）

3.2　原料的开发与利用 ……………………………………………………（134）

3.3　剥片技术 ………………………………………………………………（135）

3.4　加工技术 ………………………………………………………………（136）

3.5　小结 ……………………………………………………………………（137）

第3章　讨论与结语 …………………………………………………………（140）

第1节　不同时期文化特征的界定与对比 ………………………………（140）

第2节　石器工业类型之间的关系 ………………………………………（143）

2.1　小石器工业类型 ………………………………………………………（143）

2.2　细石叶工业类型 ………………………………………………………（144）

2.3　砾石石器工业类型 ……………………………………………………（146）

2.4　天津地区旧石器时代晚期至新石器时代早期不同工业类型之间的文化关系 …（147）

第3节　与周邻地区的文化关系 …………………………………………（148）

3.1　与华北地区旧石器时代晚期文化的关系 ……………………………（148）

3.2　与辽东地区旧石器晚期文化的关系 …………………………………（149）

3.3　与中国东北其他地区旧石器时代晚期文化的关系 …………………（151）

3.4　与朝鲜半岛旧石器时代晚期石器工业之间的文化关系 ……………（157）

3.5　与俄罗斯外贝加尔地区旧石器时代晚期文化之间的关系 …………（163）

3.6　与华北地区新、旧石器时代过渡及新石器时代早期文化对比 ……（165）

第4节　自然环境对石器工业的影响 ……………………………………（167）

第5节　结论与展望 ………………………………………………………（169）

5.1　结论 ……………………………………………………………………（169）

5.2　对未来工作的展望 ……………………………………………………（171）

后记 ……………………………………………………………………………（176）

插 图 目 录

图2-1　朝阳洞遗址1号洞洞口 …………………………………………………（14）

图2-2　朝阳洞遗址2号洞洞口 …………………………………………………（15）

图2-3　朝阳洞遗址发现的石制品 ………………………………………………（16）

图2-4　赤霞峪西岭地点河谷剖面示意图 ………………………………………（22）

图2-5　赤霞峪西岭地点发现的石片 ……………………………………………（24）

图2-6　赤霞峪西岭地点发现的使用石片 ………………………………………（26）

图2-7　赤霞峪西岭地点发现的三类工具 ………………………………………（28）

图2-8　船舱峪东岭河谷剖面示意图 ……………………………………………（30）

图2-9　船舱峪东岭地点发现的部分二、三类工具 ……………………………（34）

图2-10　东井峪骆驼岭地点发现的部分石片 …………………………………（38）

图2-11　东井峪骆驼岭地点发现的部分二类工具 ……………………………（40）

图2-12　东井峪骆驼岭地点发现的三类工具 …………………………………（41）

图2-13　太子陵地点发现的石核和石片 ………………………………………（44）

图2-14　太子陵地点发现的二、三类工具 ……………………………………（46）

图2-15　下营梁峪黄土地地点河谷剖面示意图 ………………………………（48）

图2-16　下营梁峪黄土地地点发现的石片 ……………………………………（48）

图2-17　下营梁峪黄土地地点发现的二、三类工具 …………………………（50）

图2-18　下营南岭地点的河谷剖面示意图 ……………………………………（52）

图2-19　下营南岭地点发现的石核和石片 ……………………………………（53）

图2-20　下营南岭地点发现的二、三类工具 …………………………………（55）

图2-21　小穿芳峪地点发现的部分石片 ………………………………………（57）

图2-22　小穿芳峪地点发现的部分二、三类工具 ……………………………（58）

图2-23　小港地点河谷剖面示意图 ……………………………………………（60）

图2-24　小港地点发现的部分石片 ……………………………………………（62）

图2-25　小港地点发现的部分工具 ……………………………………………（63）

图2-26　小平安地点河谷剖面示意图 …………………………………………（65）

图2-27　小平安地点发现的部分石核和石片 …………………………………（67）

图2-28　小平安地点发现的部分工具 ································· （69）

图2-29　丈烟台东山地点河谷剖面示意图 ······················· （71）

图2-30　丈烟台东山地点发现的部分石片 ······················· （72）

图2-31　丈烟台东山地点发现的部分工具 ······················· （73）

图2-32　杨庄西山地点河谷剖面图 ································· （75）

图2-33　杨庄西山地点发现的部分石核和石片 ··················· （77）

图2-34　杨庄西山地点发现的部分工具 ··························· （79）

图2-35　杨庄西山地点发现的部分三类工具 ····················· （80）

图2-36　杨庄西山地点石制品原料比例图 ························· （81）

图2-37　道古峪北岭地点河谷剖面图 ····························· （84）

图2-38　道古峪北岭地点的石器分类统计图 ····················· （84）

图2-39　道古峪北岭地点的石核和石片 ··························· （85）

图2-40　道古峪北岭地点发现的部分刮削器 ····················· （87）

图2-41　道古峪北岭地点发现的部分三类工具 ··················· （89）

图2-42　石制品大小统计图 ····································· （90）

图2-43　青池遗址河谷剖面示意图 ······························· （91）

图2-44　青池遗址发现的部分石核 ······························· （93）

图2-45　青池遗址发现的部分石片、细石叶 ····················· （97）

图2-46　青池遗址发现的部分二类工具 ··························· （100）

图2-47　青池遗址发现的部分三类工具 ··························· （102）

图2-48　青池遗址发现的部分工具 ······························· （104）

图2-49　石制品类型比例图 ····································· （105）

图2-50　段庄地点河谷剖面示意图 ······························· （109）

图2-51　石核、断片和三类工具 ································· （110）

图2-52　石核、石片、二类和三类工具 ··························· （113）

图2-53　石核、石片和三类工具 ································· （115）

图2-54　断片、二类和三类工具 ································· （117）

图2-55　天津蓟县船舱峪黄土梁地点河谷剖面图 ················· （122）

图2-56　石核、石片、二类工具、三类工具 ····················· （124）

图2-57　三类工具 ··· （126）

图2-58　工具长宽坐标图 ······································· （127）

图2-59　工具长宽指数和宽厚指数坐标图 ························· （128）

图2-60　工具重量分布图 ······································· （128）

图2-61　三类工具加工方向 ····································· （130）

图2-62 工具刃角分布图 ………………………………………………（131）

图2-63 第二类工具及第三类工具使用刃角分布图 …………………………（131）

图2-64 三类工具加工长度指数分布 …………………………………………（132）

图2-65 三类工具加工深度指数分布 …………………………………………（132）

图3-1 山西峙峪遗址旧石器晚期石制品 ……………………………………（150）

图3-2 沈阳地区小石器工业类型石制品 ……………………………………（152）

图3-3 本溪地区旧石器时代晚期石制品 ……………………………………（153）

图3-4 东北地区东部发现的部分细石器 ……………………………………（154）

图3-5 东北地区东部发现的细石叶石核及石叶石核 ………………………（155）

图3-6 朝鲜半岛中部（A）及南部（B）发现的细石叶石核 ………………（159）

图3-7 韩国垂杨介遗址发现的细石叶石核 …………………………………（160）

图3-8 朝鲜半岛发现的有柄尖状器 …………………………………………（162）

图3-9 外贝加尔地区旧石器遗址的部分石制品 ……………………………（164）

插 表 目 录

表1-1　2005年天津旧石器地点分布一览表（整理前）　………………………………………（1）

表1-2　2005年天津旧石器地点分布一览表（整理后）　………………………………………（3）

表1-3　天津蓟县2015年新发现旧石器地点一览表　……………………………………………（6）

表2-1　完整石片的测量统计　……………………………………………………………………（19）

表2-2　断片的测量统计　…………………………………………………………………………（19）

表2-3　工具的测量统计　…………………………………………………………………………（20）

表2-4　石片统计表　………………………………………………………………………………（23）

表2-5　工具统计表　………………………………………………………………………………（25）

表2-6　石片统计表　………………………………………………………………………………（30）

表2-7　工具统计表　………………………………………………………………………………（32）

表2-8　石片统计表　………………………………………………………………………………（37）

表2-9　工具统计表　………………………………………………………………………………（39）

表2-10　石片统计表　……………………………………………………………………………（61）

表2-11　石核、石片统计表　……………………………………………………………………（76）

表2-12　工具统计表　……………………………………………………………………………（78）

表2-13　蓟县地区不同工业类型对比　…………………………………………………………（82）

表2-14　道古峪北岭地点与不同工业类型地点对比　…………………………………………（91）

表2-15　石片统计表　……………………………………………………………………………（95）

表2-16　工具统计表　……………………………………………………………………………（99）

表2-17　段庄地点石器类型比例表　……………………………………………………………（119）

表2-18　石制品类型统计表　……………………………………………………………………（122）

表2-19　船舱峪黄土梁地点石片测量统计表　…………………………………………………（123）

表2-20　工具所用毛坯的分类统计　……………………………………………………………（129）

表2-21　三类工具加工缘位置统计　……………………………………………………………（129）

表2-22　2005年蓟县下营镇发现三处旧石器地点石器工业特征　……………………………（133）

表3-1　天津地区旧石器时代、旧、新石器时代过渡及新石器时代早期文化特征对比　…（141）

表3-2　天津地区旧石器时代、旧、新石器时代过渡及新石器时代早期石制品组合对比
　………………………………………………………………………………（142）

表3-3　朝鲜半岛发现的旧石器时代晚期遗址一览表 ………………………………（157）

表3-4　天津地区与周邻地区旧、新石器时代过渡时期遗址文化特征对比 …………（166）

图 版 目 录

图版1　朝阳洞遗址全景（由洞口向内望）

图版2　朝阳洞遗址1号洞发掘区

图版3　朝阳洞遗址1号洞洞穴发掘区布方示意图

图版4　朝阳洞1号洞地层堆积示意图

图版5　朝阳洞遗址1号洞洞穴西壁剖面

图版6　朝阳洞遗址1号洞洞穴南壁剖面

图版7　朝阳洞遗址1号洞遗址全景

图版8　朝阳洞遗址1号洞出土的石片

图版9　朝阳洞遗址1号洞出土的工具

图版10　朝阳洞遗址1号洞第2层出土的部分动物骨骼碎片

图版11　朝阳洞遗址2号洞地层堆积

图版12　朝阳洞遗址2号洞发掘场景

图版13　朝阳洞遗址2号洞石制品出土场景

图版14　朝阳洞遗址2号洞堆积筛选

图版15　朝阳洞遗址2号洞洞口

图版16　朝阳洞遗址2号洞地层堆积示意图

图版17　朝阳洞遗址2号洞出土的完整石片、断片及工具

图版18　朝阳洞遗址2号洞光释光测年取样

图版19　赤霞峪西岭地点全景

图版20　赤霞峪西岭地点发现的部分石片

图版21　赤霞峪西岭地点发现的部分使用石片

图版22　赤霞峪西岭地点发现的部分工具

图版23　船舱峪东岭地点全景

图版24　船舱峪东岭地点剖面

图版25　船舱峪东岭地点发现的部分石核和石片

图版26　船舱峪东岭地点发现的部分工具

图版27　东井峪骆驼岭地点全景

图版28　东井峪骆驼岭地点发现的部分石片

图版29　东井峪骆驼岭地点发现的部分使用石片

图版30　东井峪骆驼岭地点发现的部分工具

图版31　太子陵地点出露的地层剖面

图版32　太子陵地点发现的部分石核和石片

图版33　太子陵地点发现的部分工具

图版34　下营梁峪黄土地地点全景

图版35　下营梁峪黄土地地点地层剖面

图版36　下营梁峪黄土地地点发现的部分石制品（一）

图版37　下营梁峪黄土地地点发现的部分石制品（二）

图版38　下营南岭地点全景

图版39　下营南岭地点发现的部分石制品（一）

图版40　下营南岭地点发现的部分石制品（二）

图版41　小穿芳峪地点地貌全景

图版42　小穿芳峪地点发现的部分石制品（一）

图版43　小穿芳峪地点发现的部分石制品（二）

图版44　小港地点地貌图

图版45　小港地点发现的部分石片

图版46　小港地点发现的部分工具

图版47　小平安地点地貌图

图版48　小平安地点发现的部分石核和石片

图版49　小平安地点发现的部分工具

图版50　丈烟台东山地点地貌

图版51　丈烟台东山地点发现的部分石片

图版52　丈烟台东山地点发现的部分工具

图版53　杨庄西山地点地貌

图版54　杨庄西山地点剖面观察与测量

图版55　杨庄西山地点发现的部分石制品（一）

图版56　杨庄西山地点发现的部分石制品（二）

图版57　杨庄西山地点发现的部分石制品（三）

图版58　道古峪北岭地点全景

图版59　道古峪北岭地点发现的部分石核和石片

图版60　道古峪北岭地点发现的部分工具

图版61　道古峪北岭地点发现的部分工具

图版62　青池遗址俯瞰（西北—东南）

图版63　青池遗址发现的部分石核

图版64　青池遗址发现的部分石片

图版65　青池遗址发现的部分使用石片

图版66　青池遗址发现的部分刮削器

图版67　青池遗址发现的部分工具

图版68　段庄地点二级阶地全景

图版69　段庄地点三级阶地

图版70　段庄地点四级阶地

图版71　段庄地点发现的部分石制品（一）

图版72　段庄地点发现的部分石制品（二）

图版73　段庄地点发现的部分石制品（三）

图版74　段庄地点发现的部分石制品（四）

图版75　船舱峪黄土梁地点全景

图版76　船舱峪黄土梁地点发现的部分石制品（一）

图版77　船舱峪黄土梁地点发现的部分石制品（二）

图版78　2015年参加重点调查人员合影

图版79　参加2019年朝阳洞遗址考古发掘专家咨询论证会全体人员合影

图版80　专家观摩蓟县2015年重点调查采集石制品

第1章　天津旧石器考古概述

第1节　天津旧石器考古工作回顾

天津是中国北方沿长城地带与环渤海地区结合点的重要区域。21世纪以前，经过几代考古学者的不断努力，将天津地区的人文史追溯到距今约8000年前的新石器时代早期，但是长期以来区域内一直没有发现旧石器遗存。而与天津蓟县[①]周邻的北京平谷，河北玉田、遵化都不断有旧石器遗存发现。

根据天津的古代遗存越靠近北部山地的年代越古老，越靠近南部海洋的年代越年轻的特点（陈雍，2004），以及近年来蓟县北部山区零星发现的动物化石和石片，推测天津蓟县北部山区应该存在旧石器时代遗存。基于上述认识，天津市文化遗产保护中心组织人员针对蓟县北部山区开展一次旧石器考古专题调查，先聘请具有丰富寻找旧石器经验的河北省阳原籍考古技工高文太、武进何二人开展初步调查，寻找旧石器线索；然后在掌握初步线索的基础上进行详细复查，以确定旧石器遗存的存在。高文太、武进何二人于2005年3～5月，发现了不少旧石器地点线索，采集到一批石制品标本，并对发现的旧石器地点线索进行了初步记录与描述。

2005年5月，天津市文化遗产保护中心陈雍、盛立双、张俊生、甘才超等会同技工高文太、武进河对上述旧石器线索进行全部现场复查，对确认为旧石器地点的遗存进行GPS定位、拍照、采集石制品、文字记录、绘制地理位置与埋藏环境草图等工作。在蓟县土楼村考古工作站，根据考古技工调查与现场复查结果，初步将本次考古调查发现旧石器地点归纳出27处，其分布范围覆盖蓟县下营镇、孙各庄满族乡、罗庄子镇、官庄镇、邦均镇、城关镇等6个乡镇，采集到各类石制品千余件（表1-1）。

表1-1　2005年天津旧石器地点分布一览表（整理前）

地点名称	数量	地理坐标	编号	所属乡镇
太子陵	3	N40°08.941′ E117°35.039′	TJ0501～TJ0503	蓟县孙各庄满族乡
丈烟台	2	N40°08.835′ E117°35.293′	TJ0504～TJ0505	蓟县孙各庄满族乡

① 2016年撤销蓟县，设立蓟州区。为表述方便，本书两种称谓并用，特此说明。

续表

地点名称	数量	地理坐标	编号	所属乡镇
小平安	1	N40°12.991′ E117°26.650′	TJ0506	蓟县下营镇
北台	1	N40°11.536′ E117°26.698′	TJ0507	蓟县下营镇
七区 （王春雪等，2017）	1	N40°11.180′ E117°26.698′	TJ0508	蓟县下营镇
杨家峪	5	N40°08.611′ E117°23.743′	TJ0509 ~ TJ0513	蓟县罗庄子镇
野沟 （盛立双等，2013）	1	N40°03.677′ E117°16.983′	TJ0514	蓟县官庄镇
大孙各庄 （王春雪，2012）	1	N40°01.306′ E117°18.053′	TJ0515	蓟县邦均镇
周庄 （王春雪等，2013）	1	N40°03.011′ E117°22.531′	TJ0516	蓟县城关镇
大星峪 （盛立双等，2013）	1	N40°03.244′ E117°22.436′	TJ0517	蓟县城关镇
闯子峪 （王春雪，2012）	1	N40°03.335′ E117°22.253′	TJ0518	蓟县城关镇
营坊	4	N40°03.295′ E117°26.358′	TJ0519 ~ TJ0523	蓟县城关镇
东大屯 （王春雪等，2015）	5	N40°03.904′ E117°27.494′	TJ0524 ~ TJ0527	蓟县城关镇

　　2005年5月23~25日，陈雍、张丽黛、盛立双、张俊生等携带蓟县调查采集的旧石器标本及调查资料赴北京，求教于中国著名考古学家、中国科学院古脊椎动物与古人类研究所研究员、博士生导师张森水、高星等先生。张森水在听取天津旧石器调查工作汇报、观摩全部旧石器标本后，给予高度评价，并在发现旧石器地点的保护、后续工作、工作宣传方面都予以耐心的指导。高星先生对本次考古调查予以中肯的评价，并给出了很好的工作建议。2005年5月30日，天津市文化遗产保护中心向天津市文物局提交了《关于蓟县旧石器考古调查情况的报告》，向上级汇报了调查的主要收获与北京考古专家对蓟县旧石器考古的评价与鉴定意见。2005年6月10日，天津市文化遗产保护中心在天津博物馆报告厅举行"天津蓟县旧石器考古调查"新闻发布会，并在天津博物馆举办了"远古人类的遗物——天津考古最新重大发现"小型临时展览，展出部分调查图片和调查采集的遗物，向媒体和公众正式公布了蓟县调查成果。天津市文物局、蓟县有关领导、文博界同仁出席，新华社天津分社、天津日报、天津电视台等多家在津媒体予以报道。2005年6月24日，《天津蓟县发现二十七处旧石器地点》，在《中国文

物报》发表（盛立双，2005）。2005年8月，吉林大学边疆考古研究中心陈全家教授来津，观摩考察了蓟县调查采集的旧石器标本，并提出许多专业指导意见。2006年3月，天津蓟县旧石器地点群入选由国家文物局指导、中国文物报社和中国考古学会主办的"2005年度全国十大考古新发现"评选活动入围项目；5月7～10日，在北京与全国其他23个入围项目共同参评当年的十大考古新发现中落选，也是自"年度全国十大考古新发现"活动举办以来，天津考古迄今为止与之最为接近的一次。

2006年3月31日～4月2日，中国科学院古脊椎动物与古人类研究所张森水先生携夫人朱雪珍女士，高星、卫奇、裴树文等旧石器考古学家受邀赴蓟县，现场考察营坊、太子陵、丈烟台、杨家峪、大平安、野沟等旧石器地点，在蓟县听取工作汇报、观察标本，并对下一步工作予以全面指导。

2007年5～7月，天津市文化遗产保护中心和中国科学院古脊椎动物与古人类研究所联合组队，由陈雍与高星先生担任考古领队，组织对2005年调查时发现的旧石器地点之一——东营坊遗址进行了考古发掘，发掘面积200m²，出土石制品90余件。该发掘项目也入选同年国家文物局主编《2007中国重要考古发现》一书（国家文物局，2008）。

2008年12月2日，中国社会科学院考古研究所王小庆、李新伟研究员等来蓟县，考察太子陵等3处旧石器地点。2011年11～12月，天津市文化遗产保护中心与吉林大学边疆考古研究中心合作，对2005年考古调查材料进行全面系统整理与综合研究，具体由盛立双等人负责。根据调查时石制品采集点的空间分布范围及地貌特征进行综合整合后，将原定的27处地点拟合成旧石器地点13处（表1-2）。

表1-2　2005年天津旧石器地点分布一览表（整理后）

序号	遗址名称	地理坐标	海拔（m）	地貌部位	石制品	
					采集	地层
1	太子陵（TZL）	N40°08.941′ E117°35.039′	127	Ⅱ级阶地	53	5
2	丈烟台（ZYT）	N40°08.835′ E117°35.293′	113	Ⅱ级阶地	60	2
3	小平安（XPA）	N40°12.991′ E117°26.650′	232	Ⅱ级阶地	28	3
4	七区（QQ）	N40°11.180′ E117°26.698′	235	Ⅱ级阶地	23	2
5	杨家峪（YJY）	N40°08.611′ E117°23.743′	166	Ⅱ级阶地	66	25
6	营坊（YF）	N40°03.295′ E117°26.358′	44	Ⅱ级阶地	276	3
7	闫子峪（CZY）	N40°03.134′ E117°22.477′	32	Ⅲ级阶地	18	0

续表

序号	遗址名称	地理坐标	海拔（m）	地貌部位	石制品	
					采集	地层
8	周庄（ZZ）	N40º03.011′ E117º22.531′	24	Ⅱ级阶地	53	2
9	大星峪（DXY）	N40º03.244′ E117º22.436′	29	Ⅲ级阶地	25	5
10	大孙各庄（DSGZ）	N40º01.306′ E117º18.053′	30	Ⅱ级阶地	6	0
11	野沟（YG）	N40º03.677′ E117º16.983′	88	Ⅱ级阶地	38	15
12	东大屯（DDT）	N40º03.904′ E117º27.494′	41	Ⅱ级阶地	35	7
13	北台（BT）	N40º11.536′ E117º26.698′	220	Ⅱ级阶地	27	0

2013年5月，蓟县旧石器考古发现的部分典型石制品在天津博物馆基本陈列《天津古代人文的由来》专题展览中展出、以实物、文字、图片、视频资料等方式呈现了天津地域1万年以上的厚重人文史。2013年8月，美国贝塔放射性碳测年实验室对取自蓟县东营坊遗址发掘区地层内的动物骨骼样本采用AMS ^{14}C测年法进行的测年结果显示，东营坊旧石器遗址绝对年代不晚于距今43500年。

2015年4～5月，天津市文化遗产保护中心、蓟县文物保护管理所等单位组成联合考古调查队，再度对天津蓟县北部山区开展了有针对性的旧石器重点考古调查。通过此次调查，除复查了太子陵、丈烟台、小平安及青池遗址外，又发现14处旧石器遗址或地点，分布于蓟县下营、罗庄子、孙各庄、穿芳峪和渔阳等5个乡镇，共采集石制品千余件。

2019年3月，天津市文化遗产保护中心向国家文物局申报朝阳洞遗址的主动发掘项目，并获得批准。2019年7～8月，吉林大学考古学院及边疆考古研究中心、天津市文化遗产保护中心和蓟州区文物保护管理所等单位对2015年发现的杏花山朝阳洞遗址的两处洞穴进行了正式发掘，1号洞穴发掘面积近40平方米，2号洞穴约4平方米，共出土石制品近150件。2019年11月，美国贝塔放射线碳测年实验室（Beta Analytic Inc.）对出土自蓟县朝阳洞1号洞第2层（最下层）的一块有人工磨制痕迹的动物骨骼样本采用加速器质谱 ^{14}C测年法（AMS），两组测年结果为距今3.5万年前后（35715～34837cal BP、35492～35040cal BP），从而填补了天津地区距今4万～3万年的旧石器文化缺环。至此，天津共发现近30处旧石器时代遗址，分布于蓟县中部及东北部山区。

第2节　2015年天津旧石器考古重点调查概述

2015年4～5月，天津市文化遗产保护中心、蓟县文物保护管理所等单位组成联合考古调查队，在2005年区域调查基础上，再度对天津蓟县北部山区开展了有针对性的旧石器重点考古调查，本次调查对象重点是高阶地和洞穴类型的旧石器遗址。通过重点调查，除复查了太子陵、丈烟台、小平安及青池遗址外，又发现14处旧石器遗址或地点，分布于蓟县下营、罗庄子、孙各庄、穿芳峪和渔阳等5个乡镇，采集石制品千余件，丰富了天津地区旧石器时代文化的内涵，对研究环渤海地区的古环境变化和古人类相应的适应生存过程提供了珍贵的资料（盛立双等，2005）。

2.1　区域背景、调查方法及路线

天津蓟县位于天津市最北部，地处京、津、唐、承四市之腹心。根据以往地质学者研究，该地区地貌的形成受到燕山纬向构造体系、南北向构造体系、马兰峪山字形构造体系和新华夏构造体系等多种影响，其中燕山纬向构造体系起主控制作用（陈宇坤等，2008）。中生代的燕山运动对蓟县地区地貌的形成起了重要作用，奠定了全县地貌基本轮廓。强烈的地壳运动使该地区北部褶皱隆起成燕山山脉，花岗岩岩浆侵入，形成盘山，南部地区断裂下沉，接受堆积形成平原；新生代第三纪末期的喜马拉雅运动及以后的新构造运动在该地区表现为继承性活动，从而使得该地区北部继续隆起上升，南部地区继续下沉，造成该地区整体北高南低的地势，河流和冲沟较发育，形成了沟壑纵横的多级阶地。此次调查工作主要集中在河谷两岸的阶地和黄土台地（陈宇坤等，2007，2008）。

本次田野调查以天津蓟县地区1：50000地形图为基础，寻找适于古人类生存并具备第四纪埋藏条件的河流阶地、山谷；结合详细的行政区划图和以往哺乳动物、旧石器考古线索，考察队确定了以蓟县地区为重点的考察区域。考察队分两个阶段进行调查（李锋等，2011），第一阶段，采取地质勘探的之字形线路策略，重点考察地形平缓、第四纪沉积物分布集中、河流发育的地段。对出露较好的第四纪剖面进行观察；发现文化遗物后，分析沉积性质、寻找文化遗物的原生层位；对新发现的地点用全球定位系统（GPS）定位，记录地点的地理位置、地貌特征、地层情况、遗址分布范围、开展工作的潜力及标本发现情况等。第二阶段，对发现的地点进行复查、评估，确定未来工作重点，并对重要剖面进行测绘并采集考古标本和测年样本（李锋等，2011）。

2.2 新发现地点概述

本次调查在天津蓟县地区共新发现旧石器遗址或地点14处（青池遗址为复查发现旧石器遗存），根据遗址或地点的空间分布范围及地貌特征来看，这些遗址或地点主要集中分布于Ⅱ级阶地（图1-2；表1-3）。

表1-3　天津蓟县2015年新发现旧石器地点一览表

序号	遗址名称	地理坐标	海拔（m）	地貌部位
1	杨庄西山地点	N40°8′53.7″，E117°25′28.9″	197	Ⅱ级阶地
2	杨庄西山北地点	N40°9′28.5″，E117°25′44″	200	Ⅱ级阶地
3	下营南岭地点	N40°11′3.7″，E117°27′36.55″	272	Ⅳ级阶地
4	段庄地点	N40°11′59.1″，E117°27′13.42″	299	Ⅱ级阶地
5	船舱峪黄土梁子地点	N40°10′35.5″，E117°32′10.4″	268	Ⅳ级阶地
6	船舱峪东岭地点	N40°9′51.4″，E117°32′14.5″	221	Ⅲ级阶地
7	道古峪北岭地点	N40°9′32.96″，E117°32′42.15″	188	Ⅱ级阶地
8	小港地点	N40°9′35.08″，E117°33′39.7″	176	Ⅱ级阶地
9	赤霞峪西岭地点	N40°9′19″，E117°33′16.26″	173	Ⅱ级阶地
10	丈烟台东山地点	N40°8′53.48″，E117°36′42.91″	144	Ⅱ级阶地
11	东井峪骆驼岭地点	N40°4′2.87″，E117°26′14.33″	59	Ⅱ级阶地
12	朝阳洞遗址	N40°8′2.64″，E117°30′4.39″	270	近山顶处
13	小穿芳峪地点	N40°6′15.42″，E117°32′25.58″	65	Ⅱ级阶地
14	下营梁峪黄土地地点	N40°10′39.53″，E117°25′45.15″	227	Ⅲ级阶地
15	青池地点	N40°1′24.30″，E117°30′25.5″	30	Ⅱ级阶地

2.2.1　船舱峪黄土梁子地点

船舱峪黄土梁子地点位于天津蓟县下营镇船舱峪村附近的沟河右岸Ⅳ级阶地上，地理坐标为N40°10′35.5″，E117°32′10.4″，海拔为268m。共采集到石制品40件，包括石核、石片、断块和工具。原料以石英砂岩为主，大部分石制品表面未见水冲磨的痕迹，但有不同程度的风化。

2.2.2　船舱峪东岭地点

船舱峪东岭地点位于天津蓟县下营镇船舱峪村附近的沟河右侧Ⅲ级阶地上，地理坐标为N40°9′51.4″，E117°32′14.5″，海拔为221m。共采集到石制品46件，包括石核、石片、断块和工具。原料以石英砂岩及燧石为主，大部分石制品表面未见水冲磨的痕迹，但有不同程度风化。

2.2.3 杨庄西山地点（王春雪等，2017）

杨庄西山旧石器地点位于天津市蓟县罗庄子镇北部，与杨庄水库相依（王春雪等，2017）。
地层剖面自上而下为：
第1层：黑色耕土层，厚30~40cm；
第2层：土黄色粉砂质黏土层，厚约90cm，未见底。
采集石制品的区域为果树种植区，由于翻土及雨水的作用，使石制品暴露在外（王春雪
等，2017），该地点共获得石制品17件，其中地表采集16件，还有1件采自地层剖面中。

2.2.4 杨庄西山北地点（王春雪等，2017）

杨庄西山北地点位于天津市蓟县罗庄子镇北部的II级阶地上，地层剖面自上而下为：
第1层：黑色耕土层，厚20~35cm；
第2层：土黄色粉砂质黏土层，厚约80cm，未见底。共获得石制品10件。

2.2.5 道古峪北岭地点

道古峪北岭地点位于天津市蓟县北部关东河北岸的II级阶地上，地势较开阔，南侧较陡峭
而东、北部平缓，海拔188m。石制品为地表采集所得，未发现具体原生层位。共获得石器33
件，原料以石英砂岩为主，器物类型包括石核、石片、工具和断块等。

2.2.6 东井峪骆驼岭地点

东井峪骆驼岭地点位于天津蓟县中部偏北渔阳镇东北约10km的东井峪村附近的II级阶地
上，地理坐标为N40°4′2.87″，E117°26′14.33″，海拔为59m。共获得石器76件，原料以石英砂岩
和角岩为主，器物类型包括石核、石片、工具和断块等。工具以各类刮削器为主，尖状器、砍
砸器等较少（王春雪等，2017）。

2.2.7 段庄地点

段庄地点位于天津蓟县下营镇段庄村沟河东岸的II、III和IV级阶地上，沟河在地点西侧自

北向南流过，形成河谷阶地的侵蚀地貌。I级阶地缺失；II、III和IV级阶地为侵蚀阶地，下部为花岗岩基岩，上部为耕土层（王春雪等，2017）。石制品皆出土于II、III和IV级阶地上部的耕土层，无文化层堆积，其海拔分别为211、228、299m。共发现石制品49件，包括石核、石片、断块和工具。

2.2.8 下营南岭地点

下营南岭地点位于天津蓟县北部下营镇以北约1.5km的IV级阶地上，地理坐标为N40°11′3.7″，E117°27′36.55″，海拔为272m。共发现石制品49件，包括石核、石片、断块、碎屑及工具等。

2.2.9 下营梁峪黄土地地点

下营梁峪黄土地地点位于天津蓟县北部下营镇以西约2.5km的III级阶地上，地理坐标为N40°10′39.53″，E117°25′45.15″，海拔为227m。共发现石制品11件，包括石核、石片、断块、碎屑及工具等。

2.2.10 丈烟台东山地点

丈烟台东山地点位于天津市蓟县东北部清代太子陵遗址以东丈烟台村附近的河流阶地上，地理坐标为N40°8′53.48″，E117°36′42.91″，海拔为144m。地层剖面由上到下依次为：

第1层：耕土层，厚约20cm；

第2层：浅黄色粉砂质黏土，夹杂钙质结核和角砾，厚约40cm；

第3层：基岩，主要以灰白色白云岩为主，夹杂灰黑色燧石角砾，分选较差，未见底（王春雪等，2017）。

在采集石制品的区域内均为黄色土，而耕土层大部分已被雨水冲刷剥蚀掉，浅黄色土层被暴露出来，18件采集品即从该区域获得，2件标本出在暴露的地层内（王春雪等，2017）。

2.2.11 小港地点

小港地点位于天津市蓟县东北部小港村附近的II级阶地上，地处低山谷地，南抵东西流向的关东河，东靠南北流向的黑水河，地势较开阔，南侧较陡峭而东、北部平缓。石制品为调查所得，未发现具体原生层位。共获得石制品52件，原料以石英砂岩为主，燧石次之，包括石核、石片、工具和断块等。

2.2.12　小穿芳峪地点

小穿芳峪地点位于天津蓟县北部于桥水库以北约6km处的Ⅱ级阶地上，地理坐标为N40°6′15.42″，E117°32′25.58″，海拔为65m。共发现石制品14件，包括石核、石片、断块、碎屑及工具等，未发现原生层位。

2.2.13　朝阳洞遗址

朝阳洞遗址位于天津蓟县北部穿芳峪镇杏花山山顶部，地理坐标为N40°8′2.64″，E117°30′4.39″，海拔为270m。遗址由两个洞穴组成，1号洞（大）洞内有现代佛教、道教遗迹。在近洞口处试掘了一面积为0.5m×0.5m区域，出土11件石制品及少量陶片。石制品类型主要包括石片、石核以及工具等。2号洞（小）位于1号洞穴下方约20m处，洞内被堆积填满。

2.2.14　赤霞峪西岭地点

赤霞峪西岭地点位于天津市蓟县北部的赤霞峪西侧的Ⅱ级阶地上，地理坐标为N40°9′19″，E117°33′16.26″，海拔为173m。石制品为调查所得，未发现具体原生层位。共获得石器60件，原料以石英砂岩、石英岩为主，器物类型可分为石核、石片、工具和断块等（王春雪等，2017）。

第3节　2019年朝阳洞遗址考古发掘概况

朝阳洞遗址位于天津市蓟州区北部，遗址由1号洞（大）和2号洞（小）组成。地理坐标为N 40°8′2.64″；E 117°30′4.39″，海拔270m。该遗址北抵九龙山国家森林公园；南距蓟州区约12km，距天津市区约115km；西距北京市区约95km。其地貌属低山丘陵。

1号洞宽6.3m、进深9.8m、高4.4m，洞内最宽处为8.4m，洞口朝向177°。地势较高，坐北朝南，四季朝阳。洞内西北处有1号子洞，洞口最宽处4.2m，高1.75m；洞内最宽处5.1m，洞室最高1.7m，进深3.6m。洞内十分宽敞，白天光线充足，洞口处有石质甬道，洞内地表铺设大块石板，并有较多灰烬及佛教、道教遗物残件及生活垃圾。洞口前有空地，视野开阔，洞内残存古代碑刻2通，碎成数块。洞内现为当地佛教和道教的供奉场所，当地居民俗称其为"蜂窝洞""风魔洞"。为探明该洞穴遗址的规模和性质，在1号洞洞内布一个2m×4m的探方（T1）进行发掘，后扩方至35.5m²；在外西南坝台处布一个2m×2m的探方（T2）。

2号洞穴较小，位于1号洞穴下方约20米处，清理前洞内几乎被堆积填满，洞高330cm，洞宽188cm，洞内最大宽324cm，轴长390cm，洞口方向为北偏西31°。

1号洞堆积共分为两层，地层厚度约2.5m，具体描述如下：

第1层：灰黑色黏土质粉砂层，土质较疏松，堆积较薄。遗物多出自此层，类型包括石制品、陶片等，并伴有少量炭屑，厚度为15～40cm；

第2层：黄褐色砂质亚黏土层，土质致密，胶结严重。最深处距地表超过2m，出土遗物均为动物骨骼。

2号洞堆积共分为三层，地层厚度约4m，具体描述如下：

第1层：灰黑色腐殖土层，土质较疏松，其中包含大量枯枝落叶，厚20～70cm；

第2层：红褐色黏土层，土质坚硬致密，胶结严重，最厚处近2m；

第3层：黄色砂土层，土质较为致密，出有石制品，内含少量钙质结核，厚度约1.2m。

1号洞遗物包括相当数量的石制品及少量动物骨骼。遗物中石制品为68件，类型包括完整石片、断片和断块，未发现经过明显修理加工的工具。第2层遗物均为动物骨骼，经初步鉴定动物骨骼种属包括羊亚科和啮齿目动物骨骼，骨骼破碎严重，保留可鉴定特征的骨骼比例较低。

2号洞遗物均出自第3层，类型皆为石制品，种类包括石片和工具，工具为刮削器和尖刃器。共出土石制品66件，三类工具较少，占石制品总数6%，二类工具（使用石片）占15%，其余均为石片。

朝阳洞遗址本次发掘所获得石制品134件，类型包括石片、断块和工具。原料以燧石为主。大部分石制品表面棱脊清晰，未见有水冲磨的痕迹，但有不同程度的风化，严重者失去光泽。

朝阳洞遗址石制品组合包括刮削器、尖状器，这些器形为北方的典型石片石器工业组合中的常见类型，通过对遗址周围地区进行小规模区域地质调查来看，该遗址古人类因地制宜，就地取材制作石器，所用的石器原料应采自附近河床和基岩，主要为黑色及灰黑色燧石。遗址内未发现石核，且出土的较多为废片。绝大多数石制品个体较小，边缘较为规则，一些边缘锋利、个体适中的石片可能被直接使用。综合来看，朝阳洞两处洞穴遗址可能为古人类临时活动场所，在该地点进行过简单的石器加工。

参 考 文 献

陈雍. 考古的天津［C］. 庆祝张忠培先生七十岁论文集. 北京：科学出版社，2004：563.

陈宇坤. 天津海河隐伏断裂构造活动特征与地震危险区段划分［D］. 中国地震局地质研究所博士学位论文，2007.

陈宇坤，李振海，邵永新，王志胜，高武平，杨绪连.天津地区第四纪年代地层剖面研究［J］.地震地质，2008（2）：383-399.

李锋，陈福友，高星，刘德成，张东菊，王山.甘肃省水洛河、清水河流域2009年旧石器考古调查［J］.人类学学报，2011，30（2）：137-148.

盛立双.天津蓟县发现二十七处旧石器地点——消灭了我国旧石器考古最后一处省区空白［N］.中国文物报，2005-6-24（1）.

盛立双，王春雪.天津蓟县东营坊旧石器遗址考古发掘［C］.2007中国重要考古发现.北京：文物出版社，2008.

盛立双，王春雪.天津蓟县野沟旧石器地点调查简报［C］.边疆考古研究（第14辑）.北京：科学出版社，2013：13-20.

盛立双，王春雪.蓟县大星峪旧石器地点调查简报［J］.文物春秋，2013（4）：32-36.

盛立双，王春雪，石晶.天津蓟县营坊旧石器地点调查简报［J］.北方文物，2016（3）：3-8.

王春雪.天津蓟县闯子峪和大孙各庄旧石器地点发现的石器研究［C］.第十三届中国古脊椎动物学学术年会论文集.北京：海洋出版社，2012：179-186.

王春雪，李万博，陈全家，盛立双，甘才超.天津蓟县杨庄西山旧石器地点发现的石制品［C］.边疆考古研究（第21辑）.北京：科学出版社，2017：1-12.

王春雪，盛立双.天津蓟县东大屯旧石器地点调查简报［C］.边疆考古研究（第17辑）.北京：科学出版社，2015：1-8.

王春雪，盛立双.天津蓟县七区旧石器地点调查简报［C］.砥砺集：丁村遗址发现60周年纪念文集.太原：三晋出版社，2017：202-208.

王春雪，盛立双，于青瑶.天津蓟县周庄旧石器地点调查简报［C］.边疆考古研究（第13辑）.北京：科学出版社，2013：21-27.

王春雪，盛立双，周振宇，李锋，陈雍，高星.天津蓟县东营坊遗址出土的石制品［J］.人类学学报，2015，34（1）：14-20.

第2章 天津石器工业研究

第1节 基本概念和术语

石器类型学分析一直是我国旧石器时代考古学中重要的方法之一。迄今为止，类型学分析法主要是在形态特征的基础上结合功能推测对石器及石器工业进行分类，而特定的石器工业或文化传统常常是根据一批代表性石器类型组合结合剥片及加工技术来予以定义和命名的。旧石器考古学者常根据这些石器工业或文化传统的异同来探讨旧石器文化的亲疏和传承，并以此为依据来复原更新世时期的史前史。然而，具有特定文化风格的典型器物固然是重要的研究对象。但在目前旧石器考古学界流行的分析方法中，渐为学者所关注的是某一地区或某个遗址的整体石器工业的生产、使用和废弃的过程。这些分析方法的目的是了解生存环境和生产生活行为对遗址中遗物的空间分布状态的影响。由于蓟县诸旧石器地点正处于MIS3～MIS2过渡阶段，当时的社会结构相对较为简单，主要是以小规模人群为基础的生存群活动，其石核剥片、工具制作与修理等生产活动的地域范围与全新世以后的定居群体相比较小，古人类的行为模式受到生态环境的影响比较大。因此，如何从旧石器时代的石制品中含人类文化信息相对较少的载体来探讨古人类当时使用的石核剥片及工具修理技术，以及如何更深入更客观地探索有关其行为模式的种种问题，是每位旧石器考古学者所面临的艰巨任务。

本书将在传统类学基础上利用测量形态学分析中一些重要参数，并使用统一分类标准，来界定石制品的客观形态，进而对其类型进行初步的判定。然而，石器的制作过程是个离心过程，在制作过程中会因为失误等造成器物形态的变化，在这种概念下石制品类型不再是固定的、静止的实体和人类技术的终极产品，而是受人类思维操控和条件影响的一系列操作环节中的某一环所产生的中间产品。要求应该用动态思维来分析工具的生命轨迹，研究的重点不再是个别所谓"典型标本"的分类属性和形态特征，而是全部标本所反映的人类技术、行为、思维及各类型间的内在联系。

第2节　石器工业概述

2.1　朝阳洞遗址

朝阳洞遗址于2015年重点调查时发现，2019年7月吉林大学考古学院（边疆考古研究中心）联合天津市文化遗产保护中心对朝阳洞遗址进行正式发掘，遗址由1号洞（大）和2号洞（小）两个洞组成。

2.1.1　地理位置

朝阳洞遗址位于天津市蓟县北部。该遗址北抵九龙山国家森林公园，南距蓟县县城约12km；距天津市区约115km；西距北京市区约95km。属低山丘陵地区（图版1）。海拔为270m。地理坐标为N40°8′2.64″；E117°30′4.39″。

1号洞地势较高，坐北朝南，四季朝阳。洞口宽6.3m，最高4.4m，深9.8m，洞内最宽处8.4m。洞内西北处有1号子洞，洞口最宽处4.2m，高1.75m；洞内最宽处5.1m，洞室最高1.7m，进深3.6m；有2号子洞（上洞），洞口宽0.7m，高1.2m。最宽均5m，进深5m。洞内十分宽敞，白天光线充足，洞口前有空地，视野开阔，自然条件适合古人类长时间居住（图2-1）。经简单探掘，洞内堆积较深，亦有零星的陶片发现。从采集到的打制石制品的特征判断，应为旧石器时代的遗物。据当地考古人员考察和村民介绍，早在历史时期就有人类长久居住，现在为当地村民供奉佛教和道教的庙宇，后被当地命名为"石佛寺"。为探明该洞穴遗址的规模和性质，在1号洞洞内布一个2米×4米的探方（T1）进行发掘，后扩方至35.5m²；在外西南坝台处布一个2m×2m的探方（T2）（图版2、图版3）。2号洞位于1号洞下方20m处，清理前洞内几乎被堆积填满，洞高330cm，洞宽188cm，洞内最大宽324cm，轴长390cm，洞口方向为北偏西31°（图2-2）。

2.1.2　调查情况

朝阳洞共采集石制品10件，原料均为角岩。器物类型为石片、工具和断块（图版4）。

2.1.2.1　石片

共7件，均为锤击石片。根据石片的完整程度分为完整石片和断片。

图2-1　朝阳洞遗址1号洞洞口

（由南向北观）

1）完整石片

共3件。长26～82.05mm，平均长57.7mm；宽55.49～81.98mm，平均宽64.45mm；厚9.47～32.32mm，平均厚24.12mm；重11.72～177.15g，平均重106.81g。台面均为自然台面。台面长17.28～49.76mm，平均长32.25mm，台面宽3.74～24.73mm，平均宽16.73mm；石片角94°～128°，平均109°。

标本15TJCY：9，长26mm，宽55.88mm，厚9.47mm，重11.72g。台面长17.28mm，宽3.74mm，石片角128°。劈裂面上打击点集中，半锥体较凸，同心波显著，放射线清晰。背面全疤（图2-3，3）。

2）断片

共4件。根据断裂方式的不同分为横向断片和纵向断片。

（1）横向断片

①近端断片

共1件。15TJCY：6，长97.27mm，宽70.95mm，厚23.02mm，重103.97g。台面为自然台

图2-2　朝阳洞遗址2号洞洞口

（由东南向西北观）

面，台面长50.65mm，宽21.39mm，石片角127°。劈裂面上打击点集中，半锥体较凸，同心波显著，放射线清晰。背面有少部分自然面（图2-3，2）。

②远端断片

共2件。长27.4～29.56mm，平均长28.48mm；宽29.79～43.54mm，平均宽36.67mm；厚11.85～12.65mm，平均厚12.25mm；重9.01～15.45g，平均重12.23g。

标本15TJCY：5，长27.4mm，宽29.79mm，厚11.85mm，重15.45g。同心波明显，背面均为石片疤（图2-3，4）。

（2）纵向断片

左裂片，共1件。15TJCY：8，长52.07mm，宽28.56mm，厚11.58mm，重18.7g。打击点集中，同心波明显，放射线清晰（图2-3，1）。

2.1.2.2　工具

共2件，二、三类工具各一件。均为单刃刮削器。根据刃缘形态分为直刃和凸刃。毛坯均为片状。

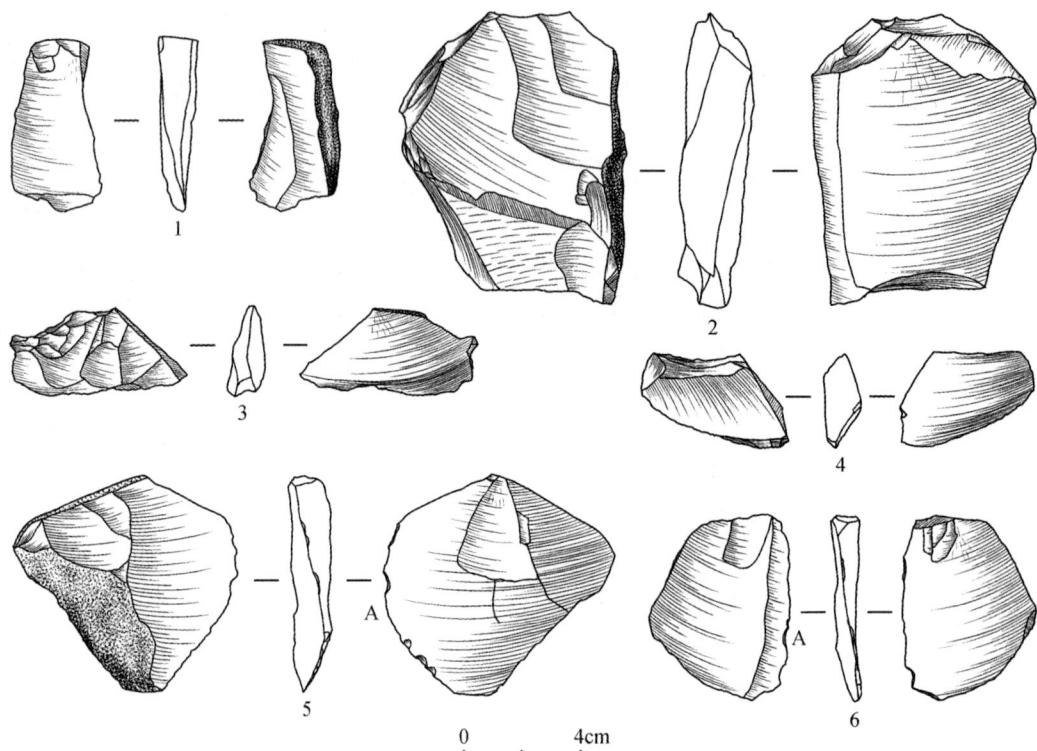

图2-3　朝阳洞遗址发现的石制品

1. 左裂片（15TJCY：8）　　2. 近端断片（15TJCY：6）　　3. 完整石片（15TJCY：9）　　4. 远端断片（15TJCY：5）

5. 二类单凸刃刮削器（15TJXC：3）　　6. 三类单直刃刮削器（15TJXC：2）

1）二类工具

单凸刃刮削器　　1件。标本15TJXC：3，长65.76mm，宽65.71mm，厚14.91mm，重54.07g。器物大小适中，A处以自然边为凸刃，刃长47.37mm，刃角25°。刃部薄锐，无需加工，方便直接使用（图2-3，5）。

2）三类工具

单直刃刮削器　　1件。标本15TJXC：2，长61.1mm，宽46.12mm，厚11.1mm，重22.16g。形状不规则。A处以自然边为直刃，刃长49.96mm，刃角10°，刃部十分薄锐，无需加工；底部处经简单修整，使大小合适，方便使用（图2-3，6）。

2.1.2.3　断块

共1件。长70.64mm，宽60.35mm；厚28.05mm；重125.09g。形状不规整。

2.1.3　考古发掘情况

2.1.3.1　地貌和地层

1）地貌

朝阳洞遗址位于蓟州区东北部，大地构造属于天山—阴山—燕山纬向构造带。经历了长期的海陆变迁过程，至中生代燕山运动，该地区发生了强烈的断裂、褶皱、隆起和岩浆活动，北部地区褶皱隆起成东西走向的燕山山脉，南部断裂下沉堆积为平原，主断裂线方向也呈东西走向。新生代第三纪末期的喜马拉雅运动和以后的新构造运动，在该地区表现为继承性活动，使北部地区继续隆起上升，南部地区继续下沉，造成遗址所在地区北高南低的地势（蓟县志编修委员会，1991）。

2）地层

1号洞堆积共分为两层，地层厚度约2.5m，具体描述如下（图版5、图版6）。

第1层：灰黑色黏土质粉砂层，土质较疏松，堆积较薄。遗物多出自此层，类型包括石制品、陶片等，并伴有少量炭屑，厚度为15～40cm；

第2层：黄褐色砂质亚黏土层，土质致密，胶结严重。最深处距地表超过2m，出土遗物均为动物骨骼。

2号洞堆积共分为三层，地层厚度约4m，具体描述如下。

第1层：灰黑色腐殖土层，土质较疏松，其中包含大量枯枝落叶，厚20～70cm；

第2层：红褐色黏土层，土质坚硬致密，胶结严重，最厚处近2m；

第3层：黄色砂土层，土质较为致密，出有石制品，内含少量钙质结核，厚度约1.2m。

2.1.3.2　遗物发现情况

1号洞遗物包括相当数量的石制品及少量动物骨骼。遗物中石制品为68件，类型包括完整石片、断片和断块，未发现经过明显修理加工的工具。第2层遗物均为动物骨骼，经初步鉴定动物骨骼种属包括羊亚科和啮齿目动物骨骼，骨骼破碎严重，保留可鉴定特征的骨骼比例较低（图版7～图版10）。

2号洞遗物均出自第3层，类型皆为石制品，种类包括石片和工具，工具为刮削器和尖刃器。共出土石制品66件。

朝阳洞遗址本次发掘所获得石制品134件，类型包括石片、断块和工具。原料以燧石为主。大部分石制品表面棱脊清晰，未见有水冲磨的痕迹，但有不同程度的风化，严重者失去光泽。

1）原料

出土石制品除个别为石英砂岩、硅质灰岩外，均为非常优质的燧石，颜色有灰绿色、灰黄色、黄色和黑色等；从遗址石制品类型与原料的利用率情况来看，表明了古人类剥片和加工工具时对燧石质料的偏爱；遗址所在区域存在蓟州区系雾迷组地层，雾迷组地层绝大多数是含燧石的、不同类型的白云岩，岩性多较坚硬，单层厚度大，推测该遗址所用原料应属此层基岩，具体原料产地需开展进一步工作后进行判断。

2）石制品大小

根据最大直径将石制品划分为微型、小型、中型、大型和巨型等（卫奇，2001）。完整石片和工具的统计表明，石制品以小型为主；微型、中型次之；大型较少，不见巨型标本。

重量的统计表明，石制品总体以小于5g的为主，其次为10～100g的标本，5～10g的标本较少，大于等于100g的标本最少。

石制品形态的分类依据标本的长宽指数和宽厚指数，应用黄金分割点（0.618）划分为四种类型：宽厚型、宽薄型、窄薄型和窄厚型（卫奇，2001）。该遗址出土的石制品以宽薄型为主，窄厚型次之，宽厚型、窄薄型较少。完整石片和石器均以宽薄型占绝大多数。

3）石制品分类与描述

（1）石片

1号洞和2号洞共出土石片127件，占石制品总数的94.78%。其中完整石片74件，不完整石片53件。原料以燧石为主，石英砂岩、硅质灰岩较少。依照完整程度、台面性质和背面特点可以将这些石片进一步划分（卫奇，2001）。

①完整石片

Ⅰ型共74件，占石片总数的58.26%，其中素台面（$n=25$，33.78%）、点台面（$n=17$，22.97%）、线台面（$n=18$，24.32%）、自然台面（$n=7$，9.46%）、有脊台面（$n=6$，8.12%）、有疤台面（$n=1$，1.35%）。综上统计显示，素台面占比最少，其次为点、线台面，有疤、有脊台面最少。另外，需要说明的是，1号洞出土的完整石片均为人工台面，台面类型为素、点和线三种；2号洞完整石片的台面类型要比1号洞丰富。从完整石片的统计表上来看，长度、宽度、厚度标准偏差值不大，而重量变化较大（表2-1）。石片背面绝大部分均为非自然面，自然面占比为20%～70%；从石片边缘形态来分析，边缘平行近似平行的长条形及梯形的石片为主，而边缘不甚规则者较少，表明多数石片形状较为规整。绝大多数石片远端为羽状尖灭，个别为阶梯状、内卷，少数存在外翻的现象。石片角多集中在97°左右，最小值70°，最大值112°，平均值95.3°。

19TJCYD2∶12，原料为灰黄色燧石，点状台面。近似梯形，长17.4mm，宽25.4mm，厚4.6mm，重1.61g。腹面半锥体明显，打击点凸；背面均为石片疤。19TJCYD2∶52，燧石，呈长方形，长10.1mm，宽11.8mm，厚2.9mm，重0.41g。台面为线台面。整体薄锐，腹面的打击点明显，半锥体凸，同心波、放射线可见。背、腹部较平坦，背面均为石片疤，远端尖灭。

19TJCYD2∶2，灰白色石英砂岩，呈椭圆形，长26.5mm，宽44.2mm，厚8.9mm，重

11.27g。台面为素台面，台面呈长条形，台面宽31.8mm，台面厚7.3mm，台面角124°，腹面半锥体明显，打击点微凸；背面全为石片疤。

表2-1 完整石片的测量统计

测量统计项目	长（mm）	宽（mm）	厚（mm）	重（g）
最小值	10.1	8.6	3.1	0.23
最大值	91.2	142.8	30.2	290
平均值	30.8	30.1	7.8	17.6
标准偏差	21.484	24.65	8.17	31.1

②不完整石片

1号洞和2号洞共出土53件，占石片总数的41.74%。从不完整石片的统计表上可以看出，长、宽、厚、重的标准偏差较大，表明标本尺寸差异较大（表2-2）。

表2-2 断片的测量统计

测量统计项目	长（mm）	宽（mm）	厚（mm）	重（g）
最小值	11.9	14.2	2.1	0.33
最大值	84	34	22.2	43.64
平均值	35.07	32.37	9.17	12.77
标准偏差	49.47	49.65	40.84	48.66

19TJCYD2：11，Ⅱ2-1型石片，燧石，长24.1mm，宽18.4mm，厚6.1mm，重2.27g。台面为素台面，台面宽9.1mm，台面厚5mm，石片角83°，腹面半锥体明显，打击点凸；背面均为石片疤。19TJCYD1：34，Ⅱ2-1型石片，长40mm，残宽41mm，厚15mm，残重20.18g。台面为素台面，台面宽mm，台面厚mm，石片角88°。原料为角岩，背面均为石片疤。劈裂面较平，打击点集中。19TJCYD1：8，Ⅱ1-1型石片，呈梯形，长36.5mm，宽37.4mm，厚15.9mm，重16.86g。台面为素台面，台面宽33.5mm，台面厚13.8mm，石片角90°，背面全部为石片疤；腹面打击点集中，半锥体凸。19TJCYD1：11，Ⅱ1-2型石片，近似梯形，长60.2mm，宽46mm，厚13.9mm，重28.34g。台面为素台面，台面宽32mm，台面厚13.9mm，石片角95°，腹面较平坦，远端尖灭，同心波清晰；背面均为石片疤。19TJCYD2：53，Ⅱ2-2型石片，呈梯形，长11.9mm，宽14.2mm，厚2.1mm，重0.33g。背面全部为石片疤。

（2）断块

1件。19TJCYD1：1，原料为角岩。长宽厚为46.5mm×25.1mm×16.1mm，重17.97g。

（3）工具

6件。占石制品总数的4.48%，包括刮削器、尖状器和凹缺器三种，原料以燧石为主，石英岩较少。根据工具的测量统计表来看，长、宽、厚、重标准偏差值较小，工具器形趋于标准化（表2-3）。

表2-3　工具的测量统计

测量统计项目	长（mm）	宽（mm）	厚（mm）	重（g）
最小值	19	26.2	3.9	1.49
最大值	53.1	36.4	7.9	17.58
平均值	30.8	30.1	6.65	5.75
标准偏差	10.39	7.98	2.64	5.19

①刮削器　5件。均为单刃器，原料以石英砂岩为主，燧石次之。根绝刃口数量，可以分为单刃及双刃。

单刃刮削器　4件。根据刃口形状和位置，又可分为单直刃、单凸刃。

单直刃刮削器　3件。原料为燧石4、石英岩1件。19TJCYD2：9，燧石，以石片为毛坯，长53.1mm，宽36.4mm，厚7.9mm，重17.58g。背面隆起，右侧边缘布满规整、浅平排列的修疤，整个刃缘平直。刃缘为锤击法正向加工而成。刃长30.5mm，刃宽10.1mm，刃角44°。

单凸刃刮削器　1件。19TJCYD2：26，灰绿色燧石，以石片为毛坯，长25mm，宽18.4mm，厚5.9mm，重2.87g。该标本背面隆起，左侧边缘可见浅平排列的修疤，整个刃缘微凸，刃缘为锤击法正向加工而成，刃长14.6mm，刃宽3.9mm，刃角43°。

单凸刃刮削器　1件。19TJCYD2：20，黑色燧石，以石片为毛坯，整体呈梯形。长37.8mm，宽35.2mm，厚6.1mm，重9.9g。加工刃缘疤痕浅平、连续，为软锤法向劈裂面修理而成。刃长21.2mm，宽7.8mm，刃角36°。

双刃刮削器　1件。19TJCYD2：14，直凸刃刮削器，原料为燧石，块状毛坯长53.1mm，宽21.2mm，厚13.5mm，重12.23g。背面隆起，通体布满规整、浅平的修疤，左侧刃缘平直，右侧凸起两侧刃长分别为31.8、29.8mm，刃角分别为67°和69°。

②凹缺器　1件。19TJCYD2：13，片状毛坯，长37.8mm，宽35.2mm，厚6.1mm，重9.9g。刃长21.2mm，宽7.8mm，刃角36°。

4）结语与讨论

（1）石器工业特点

根据以上对石制品的分析，现将朝阳洞遗址的石器工业特点简单归纳如下。

①石制品原料以燧石和角岩为主，石英砂岩、脉石英等原料较少。

②石制品应属小石片工业传统，未见石叶或细石叶技术的产品；石制品以小型为主，微型次之。石制品种类单一，未出土石核，石片占绝大多数。

③工具类型简单，仅有刮削器和尖刃器，毛坯均为石片。

④石制品均采用锤击法剥片，从石片特征观察，打击点集中，半锥体很凸，剥片技术应均为硬锤锤击法，不见砸击法剥片产品，器形大小多为小型，应受华北地区小石片工业传统影响较大。

⑤工具的修理均采用硬锤锤击技术，修理方式有正向、复向和通体加工的方式，未发现压

制修理技术存在。

（2）对比与讨论

朝阳洞遗址1号洞穴石制品组合有刮削器、尖刃器，这些器形为北方的典型石片石器工业组合中的常见类型，通过对遗址周围地区进行小规模区域地质调查来看，该遗址古人类因地制宜，就地取材制作石器，所用的石器原料应采自附近河床和基岩，主要为燧石和角岩；原料具有高含量、低质量的特点，这对原料的开采和石器加工有着重大的影响，导致原料的利用率较低。遗址内未发现石核，且出土的较多废片、断块较少。绝大多数石制品个体较小，边缘较为规则，一些边缘锋利、个体适中的石片可能被直接使用。综上所述，朝阳洞遗址可能为一处古人类临时活动场所，在该地点进行过简单的石器加工。

在过去的二三十年里，旧石器时代考古学的重心已经从类型和形态学分析转到了对石器技术的系统组织及石制品组合内部、不同组合之间的变异成因的探究上（高星，2001），进而来探讨遗址在人类迁徙和居住系统中所扮演的角色（Milliken S，1998）。Kuhn的技术装备论（technological provisioning）（Kuhn S L，1995）提出了两种相对立的技术方略：装备人员（provisioning individuals）和装备地点（provisioning sites），而朝阳洞遗址内尚未发现石核，只是出土了石片和少量断块，并且工具出土数量较少。由此可以得出，古人类并未在居住址内预先放置石核，以备需要时使用，一些优质工具可能被古人类随身携带，故而该遗址应属于装备人员。

更新世晚期到全新世初期，天津地区自然环境经历多次变化：末次冰期极盛期的来临与消退，致使天津地区气候处于波动时期。旧石器时代晚期环境对石器工业有深远影响。其中，环境包括自然地理环境、古气候环境和资源环境（Lawrence Guystraus L. et al.，1996）。环境对石器工业的一个重要影响体现在古人类对石料的选择。

2号洞穴遗址内石制品原料单一，以燧石占绝对优势，石英岩相对较少。存在部分修理规整的燧石制品，说明当时人们已经认识到燧石较其他原料更适合作为工具毛坯。石料质地的优劣会影响剥片和修整技术。从石制品类型与原料的利用率来看，遗址内的古人类对燧石质料的偏爱，除了进行石制品的剥片外还进行工具的加工。这反映了当时的古人类遵循因地制宜、就地择优取材的策略。

（3）年代分析

朝阳洞遗址1号洞堆积内出土的动物骨骼化石AMS ^{14}C测年，获得两个测年数据，分别为35715～34837 cal BP、35492～35040 cal BP；2号洞内未出任何动物化石，对其进行系统年代学采样，共采集了8个光释光样品，具体测年结果尚未得出（图版18）。根据1号洞测得的年代学数据，并结合2号洞穴石制品的出土情况及相关地层学研究材料可为遗址年代的确定提供参考，浅黄色土层是石制品的原生层位。根据天津地区区域地层的堆积年代分析，可以确定其原生层位应属于上更新统（国家地质总局书刊室，1979），推测其年代应为旧石器时代中晚期。

全球气候变化对人类活动的影响是当前第四纪环境研究中的前沿课题，距今5万～2.5万年深海氧同位素3阶段（MIS3）是古人类文化发展的重要时期，这一时期气候变化明显，人类正处于旧石器时代中期向晚期过渡阶段，旧石器文化面貌也发生了明显改变。MIS3阶段是寒冷干燥的末次冰期中一个气候相对比较温暖湿润的间冰阶。国内外大量的考古资料表明，这一时期全球人类活动都十分活跃，不仅文化遗址分布广泛、数目众多，而且人类文化也出现显著的进步，石器形态更加规范，软锤等技术被广泛使用，狩猎工具更加专业化，遗址功能分区日趋明显等。

　　朝阳洞遗址是首次在天津进行正式发掘的旧石器时代洞穴遗址，不但确定了天津地区旧石器时代存在洞穴类型遗址，还为中国北方旧石器主工业增加了新的材料，扩大了其分布范围，说明该区域在晚更新世之末存在人类活动，对于揭示晚更新世MIS3阶段古人类对该遗址占据的行为特点及环境动因具有重要学术意义；为研究环渤海地区旧石器时代晚期以来人类生活的环境背景、旧石器文化内涵及旧石器时代向新石器时代过渡提供的线索；此外，在阐释区域性技术传统的成因、远古文化的发展和变异，以及晚更新世人类在东亚的迁徙、扩散和交流方面具有重要地位。

2.2　赤霞峪西岭地点

2.2.1　地理位置与地貌

　　赤霞峪西岭旧石器地点位于天津市蓟县北部，东邻小港，西靠船舱峪村，北抵八仙山国家级自然保护区，东北距清东陵约7km，西南距蓟县县城约20km；西距北京市区约100km。该区域属低山丘陵地区，泃河在其南部自西向东流过。该地点位于泃河北岸的二级阶地上，海拔为173m。地理坐标为N40°9′19″，E117°33′39.7″（图2-4；图版19）。

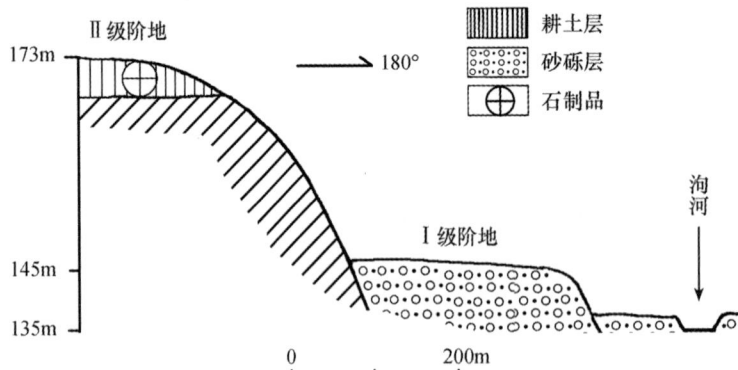

图2-4　赤霞峪西岭地点河谷剖面示意图

2.2.2　石制品的分类与描述

赤霞峪西岭地点共采集石制品59件，原料全部为石英砂岩，器物类型为石片和工具（图版20～图版22）。

2.2.2.1　石片

共30件，均为锤击石片。根据石片的完整程度分为完整石片和断片（表2-4）。

表2-4　石片统计表

名称	类别	数量（件）	百分比（%）
完整石片		18	60
断片	近端石片	4	13.3
	左侧断片	3	10
	右侧断片	2	6.7
	远端断片	3	10
合计		30	100

1）完整石片

共18件。长24.92～64.97mm，平均长38.12mm；宽23.03～71.65mm，平均宽45.52mm；厚6.63～25.89mm，平均厚13.5mm；重3.22～85.5g，平均重25.82g。台面分为自然台面、打击台面和有疤台面。台面长10.3～58.73mm，平均长26.75mm，台面宽2.83～26.98mm，平均宽11.35mm。石片角79°～129°，平均96.28°。石片背面可分为全疤、含少部分自然面及全部自然面三种。背面石片疤数量最多的达6个。

标本15TJCX：25，长62.8mm，宽71.65mm，厚18.54mm，石片角101°，重85.5g。形状不规则，台面为打击台面，台面长58.73mm，宽18.38mm。劈裂面上打击点集中，半锥体较凸，同心波不显著，放射线清晰，背面全疤（图2-5，1）。

2）断片

共12件，根据断裂方式的不同分为横向断片（近端、远端断片）和纵向断片（左裂片、右裂片）。

（1）横向断片

①近端断片

共4件。长27.23～57.41mm，平均长41.18mm；宽53.02～81.79mm，平均宽67.13mm；厚9.6～21.93mm，平均厚17.04mm；重24.68～68.09g，平均重45.27g。台面均为打击台面。台面长25.55～64.42mm，平均长47.69mm，台面宽9.01～18.09mm，平均宽14.98mm，石片角

89°~111°，平均97.75°。

标本15TJCX：15，长57.41mm，宽81.79mm，厚18.45mm，重64.42g。形状不规则，打击点集中，同心波明显，有放射线，背面全疤（图2-5，3）。

②远端断片

共3件。长27.19~46.74mm，平均长35.76mm；宽32.78~57.34mm，平均宽42.73mm；厚8.84~12.58mm，平均厚11.19mm；重10.02~31.48g，平均重17.53g。

标本15TJCX：21，长46.74mm，宽57.34mm，厚12.58mm，重31.48g。同心波明显，背面全疤（图2-5，5）。

（2）纵向断片

①左裂片

共2件。长48.11~56.47mm，平均长52.29mm；宽38.53~42.17mm，平均宽40.35mm；厚17.8~23.87mm，平均厚20.84mm；重41.41~41.9g，平均重41.66g。

标本15TJCX：12，长56.47mm，宽42.17mm，厚17.8mm，重41.9g。打击点集中，半锥体较平，同心波明显，有放射线，背面全疤（图2-5，2）。

②右裂片

共3件。长41.67~50.3mm，平均长46.77mm；宽33.2~42.39mm，平均宽36.71mm；厚13~22.67mm，平均厚16.74mm；重26.07~40.69g，平均重31.09g。

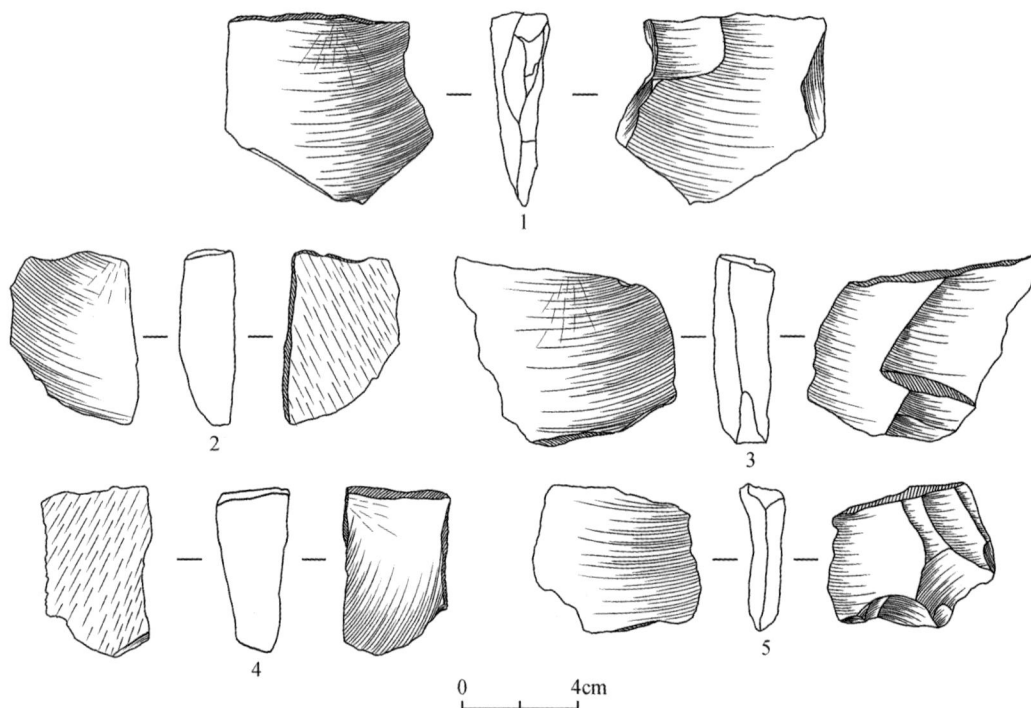

图2-5 赤霞峪西岭地点发现的石片

1.完整石片（15TJCX：25） 2.左裂片（15TJCX：12） 3.近端断片（15TJCX：15） 4.右裂片（15TJCX：39）

5.远端断片（15TJCX：21）

标本15TJCX：39，长50.3mm，宽34.54mm，厚22.67mm，重40.69g。打击点集中，半锥体较平，同心波不明显，有放射线，背面全疤（图2-5，4）。

2.2.2.2 工具

共29件，可分为二、三类工具（表2-5）。

表2-5 工具统计表

分类	类型			数量（件）	百分比（%）	修理部位
二类	刮削器	单刃	直	4	13.79	/
			凸	11	37.93	/
			凹	1	3.45	/
		双刃	凸-凹	1	3.45	/
三类	刮削器	单刃	直	3	10.34	刃、形
			凸	1	3.45	刃
			凹	2	6.90	刃
			尖	4	13.79	刃、把手
		双刃	直-凹	1	3.45	刃
	砍砸器	单刃	直	1	3.45	刃
总计				29	100	/

1）二类工具

共17件。均为刮削器，根据刃的数量分为单刃和双刃。毛坯均为片状。

（1）单刃刮削器

共16件。根据刃缘形态的不同分为直刃、凸刃、凹刃三类。

①单直刃刮削器

共4件。长44.77～98.36mm，平均长66.23mm；宽32.2～91.09mm，平均宽63.34mm；厚12.51～29.41mm，平均厚22.63mm；重18.7～222.93g，平均重108.04g。刃缘长39.7～83.65mm，平均长52.78mm。刃角30°～50°，平均36.25°。石器在刃部均有不连续的小疤，个别刃部也有磨光的现象，应为刃部作用于被加工物所留下的痕迹。

标本15TJCX：2，长98.36mm，宽90.58mm，厚25.74mm，重222.93g。片状毛坯，形状不规则。刃长83.65mm，刃角35°。器物大小适中，刃部薄锐，无需加工，方便直接使用。刃部劈裂面一侧有细小的不规则的疤，除后期自然磕碰处外，其余均为与被加工物体接触所致（图2-6，4）。

②单凸刃刮削器

共11件。长36.93～89.31mm，平均长59.98mm；宽31.7～60.52mm，平均宽44.83mm；厚8.25～25.02mm，平均厚16.27mm；重12.79～107.58g，平均重41.94g。刃缘长35.4～83.37mm，

平均长47.91mm。刃角20°~50°，平均34.09°。在刃部均有不连续的小疤，个别刃部也有磨光的现象，应为刃部作用于被加工物所留下的痕迹。

标本15TJCX：43，长57.03mm，宽60.52mm，厚17.5mm，重47.87g。形状不规则。刃长39.93mm，刃角25°。器物大小适中，刃部薄锐，无需加工，方便直接使用。刃部劈裂面一侧有细小的不规则的疤，除后期自然磕碰处外，其余均为与被加工物体接触所致（图2-6，2）。

③单凹刃刮削器

共1件。标本15TJCX：46，长40.07m，宽30.05mm，厚11.52mm，重11.96g。形状不规则。刃长29.28mm，刃角50°。器物大小适中，刃部薄锐，无需加工，方便直接使用。刃部劈裂面一侧有细小的不规则的疤，除后期自然磕碰处外，其余均为与被加工物体接触所致（图2-6，1）。

（2）双刃刮削器

共1件，为凸-凹刃刮削器。标本15TJCX：11，长116.45mm，宽92.52mm，厚25.44mm，重156.84g。形状不规则。B处以自然边作凸刃，刃长90.2mm，刃角30°；A处以自然边作凹刃，刃长92.48mm，刃角40°。器物大小适中，刃部薄锐，无需加工，方便直接使用。刃部劈裂面一侧有细小的不规则的疤，除后期自然磕碰处外，其余均为与被加工物体接触所致（图2-6，3）。

2）三类工具

共12件。可分为刮削器和砍砸器。毛坯均为片状。

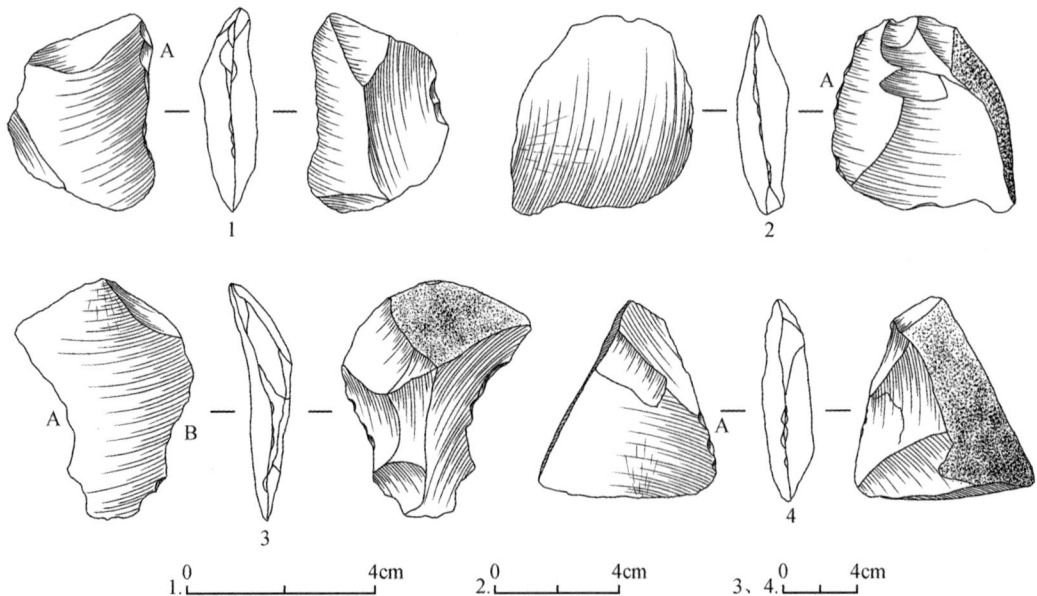

图2-6 赤霞峪西岭地点发现的使用石片

1. 单凹刃刮削器（15TJCX：46）　2. 单凸刃刮削器（15TJCX：43）　3. 凸-凹刃刮削器（15TJCX：11）

4. 单直刃刮削器（15TJCX：2）

（1）刮削器

共11件。分为单刃（10件）和双刃（1件）两类。单刃根据刃的形态可分为直、凸、凹和尖刃。双刃为直凹刃。

①单刃刮削器

单直刃刮削器

共3件。长37.08～87.87mm，平均长67.15mm；宽47.12～71.91mm，平均宽62.14mm；厚11.1～32.32mm，平均厚23.55mm；重21.49～211.94g，平均重136.3g。刃长32.21～76.14mm，平均长53.55mm，刃角45°～70°，平均58.33°。加工方式包括正向和反向。

标本15TJCX：1，形状不规则。长87.87mm，宽71.91mm，厚32.32mm，重211.94g。刃长76.14mm，刃角60°。A处为反向修理，形成刃缘；B处为修形，使石器大小合适，方便使用（图2-7，6）。

单凸刃刮削器

共1件。标本15TJCX：27。长33.96mm，宽36.78mm，厚11.4mm，重9.47g。A处经连续的反向加工，形成凸刃，刃长43.1mm，刃角65°（图2-7，3）。

单凹刃刮削器

共2件。长73.11～92.24mm，平均长82.68mm；宽46.23～70.39mm，平均宽58.31mm；厚15.71～20.16mm，平均厚17.94mm；重49.68～146.68g，平均重98.18g。刃长23.43～72.89mm平均长48.16mm，刃角45°～50°，平均47.5°。

标本15TJCX：7，形状不规则。长92.24mm，宽70.39mm，厚20.16mm，重146.68g。刃长72.89mm，刃角50°。A处为反向修理，形成刃缘；B处为修形，使石器大小合适，方便使用（图2-7，5）。

单尖刃刮削器

共4件。长35.26～96.96mm，平均长62.43mm；宽43.2～126.24mm，平均宽83.9mm；厚11.3～45.26mm，平均厚23.24mm；重15.27～337.01g，平均重134.62g。刃角93°～126°。加工方向为正向。

标本15TJCX：50，形状不规则。长35.26mm，宽43.2mm，厚11.5mm，重15.27g。A、B两处经正向修理，形成刃缘。刃长分别为19.34、11.48mm，所夹刃角50°（图2-7，2）。

②双刃刮削器

直凹刃刮削器

共1件。标本15TJCX：42，形状不规则。长51.93mm，宽35.68mm，厚13.26mm，重19.4g。A处以自然边作直刃，刃长37.81mm，刃角45°；B处经正向修理为凹刃，刃长19.97mm，刃角60°（图2-7，4）。

（2）砍砸器

1件，单直刃砍砸器，15TJCX：10。长158.68mm，宽98.78mm，厚49.12mm，重778.18g。器体厚重，A处为反向修理，形成直刃，刃长150.99mm，刃角60°（图2-7，1）。

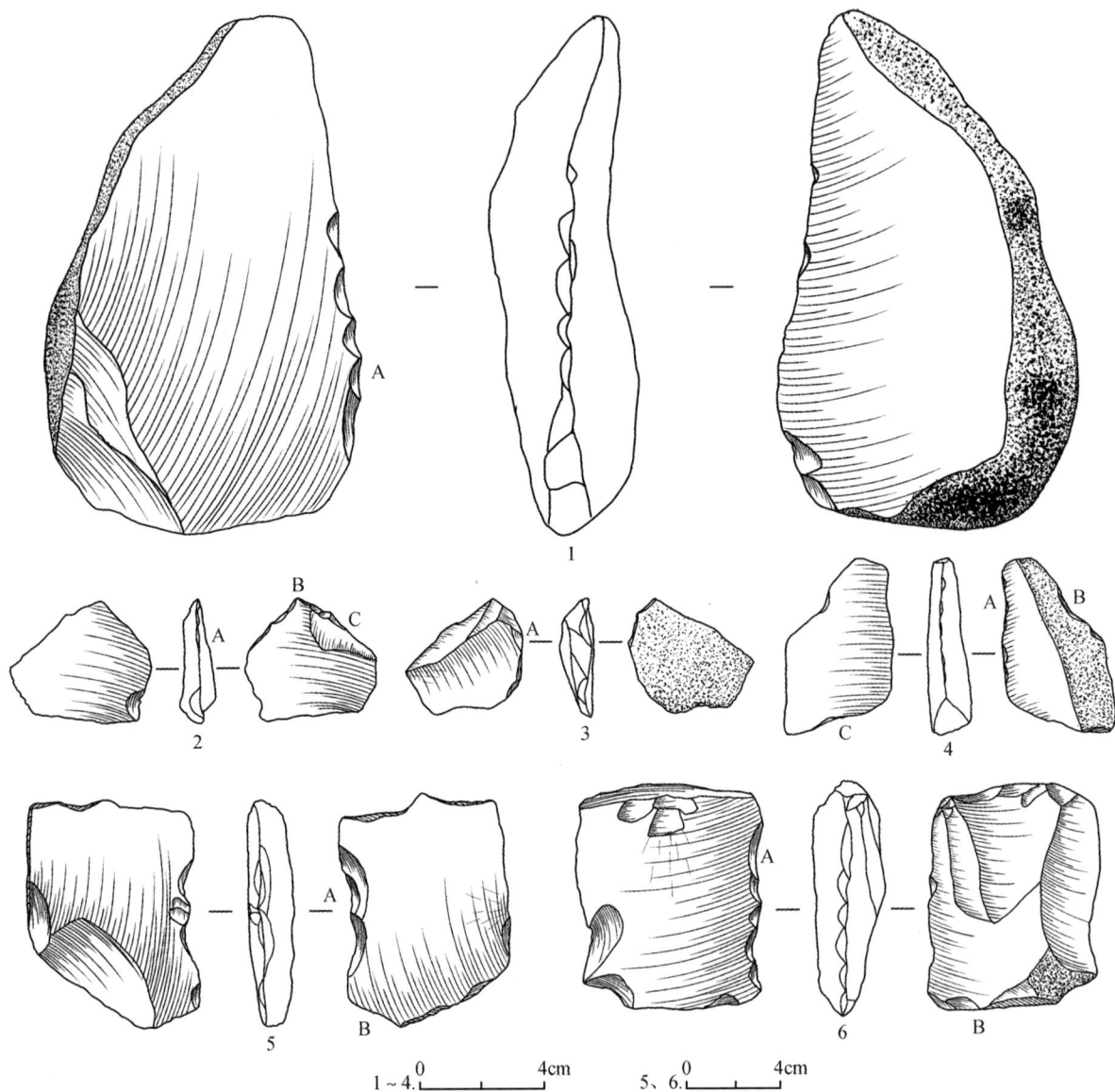

图2-7　赤霞峪西岭地点发现的三类工具

1. 单直刃砍砸器（15TJCX：10）　2. 单尖刃刮削器（15TJCX：50）　3. 单凸刃刮削器（15TJCX：27）

4. 直凹刃刮削器（15TJCX：42）　5. 单凹刃刮削器（15TJCX：7）　6. 单直刃刮削器（15TJCX：1）

2.2.2.3　讨论与结语

1）工业特征

（1）石制品原料全部为石英砂岩，原料采自河漫滩砾石，属于就地取材。

（2）该地点石制品共59件。总体上看，包括石片30件，其中完整石片18件，断片12件；工具29件，其中二类工具17件，三类工具12件，不见一类工具。

（3）根据石制品的最大直径，可分为微型（＜20mm）、小型（20～50mm）、中型

（50～100mm）、大型（100～200mm）、巨型（≥200mm）五种类型[5]（卫奇，2001）。经统计，该地点的石制品，大型4件，中型29件，小型26件。

（4）石片30件，均为锤击剥片，大部分打击点集中，有清晰的放射线，同心波不太明显，少部分石片保留少量自然砾石面。

（5）二类工具17件，均为刮削器，质地粗糙，但石片刃部锋利程度尚可，无需修理，直接使用。三类工具12件，修理方法以硬锤直接打击技术为主，加工方向为正向和反向加工。毛坯选择均为片状，修理的部位以修刃为主，其次为修形和修理把手。说明古人类在有意地选择合适的坯材和部位进行修理，以便于制造出适合人类使用的工具，进行生产生活。

2）讨论

（1）工业类型

赤霞峪西岭旧石器地点的石制品以中小型的石片为主，进而加工成工具，同样存在少量的大型工具，符合小石器工业类型的特点。

（2）地点性质和年代分析

通过上述石制品的研究，该地点没有发现石核类的石制品，石片和工具数量众多，本文推测，赤霞峪西岭可能为加工工具或狩猎等活动场所。

该地点虽然未发现可供测年的动物化石，且没有发现原生层位，石制品均为地表采集，但由于没有陶片或磨制石器等遗物的发现，根据天津地区区域地层的堆积年代及该地点的河流阶地性质分析，赤霞峪西岭地点年代归入旧石器时代晚期。

2.3 船舱峪东岭地点

2.3.1 地理位置、地貌与地层

船舱峪东岭旧石器地点位于天津市蓟县北部，东邻小港，西靠船舱峪，北抵八仙山国家自然保护区，南距天津市区约120km；西距北京市区约100km。属低山丘陵地区，沟河自西向东流过。该地点位于沟河东岸的三级阶地上，海拔为221m。地理坐标为N 40°9′51.4″，E 117°32′14.5″（图2-8；图版23、图版24）。

2.3.2 石制品的分类与描述

船舱峪东岭地点共采集石制品48件，原料以石英砂岩为主，器物类型包括石核、石片、断块和工具等（图版25、图版26）。

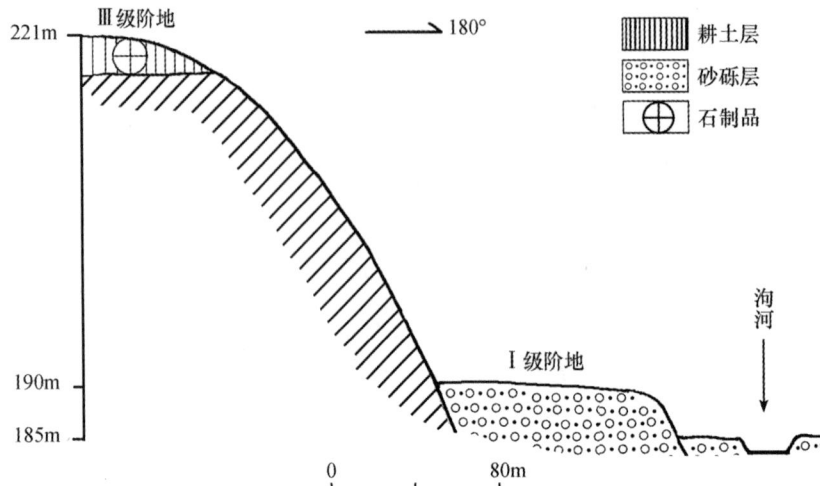

图2-8 船舱峪东岭河谷剖面示意图

2.3.2.1 石核

1件，双台面锤击石核。标本15TJCD：1，原料为石英砂岩。长39.22mm，宽86.13mm，厚93.14mm，重463.31g，器体较大，形状不规则。主台面A为自然台面，台面长81.45mm，宽83.69mm，台面角为81°。剥片面1个，剥片数量2个，最大疤长29.82m，宽65.47mm。台面B为自然台面，剥片面1个，剥片数量1个。自然面残留较多，约占80%，利用率较低。从剥片角度来看，还可继续剥片，剥片疤完整，推测此石核还在使用中。

2.3.2.2 石片

共22件，根据石片的完整程度分为完整石片和断片（表2-6）。

表2-6 石片统计表

名称	类别	数量（件）	百分比（%）
完整石片		7	31.8
断片	近端石片	5	22.7
	左裂片	2	9.1
	右裂片	3	13.6
	中段断片	1	4.6
	远端断片	4	18.2
合计		22	100

1）完整石片

共7件。原料除1件为砂岩外，其余均为石英砂岩。长21.6～88.5mm，平均长56.07mm；宽30.35～89.74mm，平均宽55.56mm；厚6.32～26.05mm，平均厚19.9mm；重5.55～131.44g，平

均重63.02g。台面分为自然台面、打击台面、点状台面和线状台面。台面长12.65～47.26mm，平均长35.74mm，台面宽5.28～17.02mm，平均宽13.6mm。石片角81°～102°，平均88.2°。石片背面可分为全疤、含少部分自然面和全为自然面三种。背面石片疤数量最多为3个。

标本15TJCD：36，长32.59mm，宽48.69mm，厚15.12mm，石片角81°，重19.56g。形状不规则，台面为打击台面，台面长44.12mm，宽15.86mm。劈裂面上打击点集中，半锥体较凸，同心波不显著，放射线清晰，背面全疤。

2）断片

共15件。根据断裂方式的不同分为横向断片（近端、中段和远端断片）和纵向断片（左裂片和右裂片）。

（1）横向断片

①近端断片

共5件。原料均为石英砂岩。长31.74～47.72mm，平均长38.78mm；宽38.53～47mm，平均宽43.74mm；厚7.75～16.92mm，平均厚12.56mm；重12.05～27.34g，平均重19.79g。台面包括自然台面、线状台面和打击台面。台面长21.85～34.92mm，平均长30.53mm，台面宽5.76～17.77mm，平均宽12.29mm。石片角81°～129°，平均101.25°。

标本15TJCD：35，长45.73mm，宽46.33mm，厚10.79mm，重20.96g。自然台面，台面长34.92mm，宽10.48mm。形状不规则，打击点集中，同心波不明显，有放射线，背面有少部分自然面。

②中段断片

共1件。标本15TJCD：23，长61.47mm，宽72.85mm，厚23.09mm，重117.5g。两端折断，同心波明显，背面全部为自然面。

③远端断片

共4件。长25.55～42.15mm，平均长34.91mm；宽36.07～50.65mm，平均宽44.92mm；厚8.79～14.56mm，平均厚11.45mm；重11.2～28.87g，平均重18.5g。

标本15TJCD：6，长25.55mm，宽50.65mm，厚10.82mm，重11.2g。同心波明显，背面均为自然面。

（2）纵向断片

①左裂片

共2件，原料均为石英砂岩。长50.73～61.47mm，平均长56.1mm；宽44.85～66.77mm，平均宽55.81mm；厚21.53～23.58mm，平均厚22.56mm；重38.95～109.45g，平均重74.2g。

标本15TJCD：31，长61.47mm，宽66.77mm，厚23.58mm，重109.45g。打击点集中，半锥体凸，同心波不明显，有放射线，背面有少部分自然面。

②右裂片

共3件。长30.71～54.06mm，平均长42.32mm；宽30.4～39.67mm，平均宽35.83mm；厚

13.06～28.71mm，平均厚18.91mm；重16.25～33.31g，平均重25.93g。

标本15TJCD：44，长54.06mm，宽37.43mm，厚14.96mm，重28.22g。打击点集中，半锥体较凸，同心波不明显，有放射线，背面全疤。

2.3.2.3　断块

共8件。原料除一件为硅质泥岩外，其余均为石英砂岩。长31.9～92.8mm，平均长48.5mm；宽20.58～61.96mm，平均宽34.59mm；厚9.52～30.78mm，平均厚17.63mm；重3.89～164.8g，平均重38.29g。器体普遍较小，形状不规整。

2.3.2.4　工具

共17件，可分为二、三类工具（表2-7）。

表2-7　工具统计表

分类	类型			数量（件）	百分比（%）	修理部位
二类	刮削器	单刃	直	3	17.5	/
			凸	4	23.5	/
			凹	2	11.8	/
	砍砸器	单刃	直	2	11.8	/
			凸	2	11.8	/
三类	刮削器	单刃	直	2	11.8	刃、形、把手
	凹缺器			2	11.8	刃
总计				17	100	/

1）二类工具

13件。分为刮削器和砍砸器，均为单刃器。毛坯均为片状。

（1）刮削器

共9件。根据刃缘形态的不同分为直刃、凸刃和凹刃三类。

①单直刃刮削器

共3件。原料均为石英砂岩。长43.06～58.88mm，平均长48.66mm；宽30.34～65.16mm，平均宽49.04mm；厚13.71～27.04mm，平均厚18.25mm；重17.38～82.16g，平均重41.41g。刃缘长28.29～32.51mm，平均长30.21mm。刃角30°～45°，平均38.33°。

标本15TJCD：15，长43.06mm，宽30.34mm，厚14mm，重17.38g。形状不规则。A处以自然边为直刃，刃长28.29mm，刃角40°。器物大小适中，刃部薄锐，无需加工，方便直接使用。刃部劈裂面一侧有细小的不规则的疤，除后期自然磕碰处外，其余均为与被加工物体接触所致（图2-9，7）。

②单凸刃刮削器

共4件。原料除一件为砂岩外，其余均为石英砂岩。长43.37~66.83mm，平均长56.69mm；宽39.31~64.92mm，平均宽47.97mm；厚10.81~25.55mm，平均厚17.06mm；重18.84~102.22g，平均重55.53g。刃缘长37.73~71.2mm，平均长55.68mm。刃角40°~60°，平均53.75°。

标本15TJCD：46，原料为石英砂岩。长66.83mm，宽41.85mm，厚14.69mm，重40.04g。形状不规则。A处以自然边为凸刃，刃长71.2mm，刃角60°。器物大小适中，刃部薄锐，无需加工，方便直接使用。刃部劈裂面一侧有细小的不规则的疤，除后期自然磕碰处外，其余均为与被加工物体接触所致（图2-9，4）。

③单凹刃刮削器

共2件。原料均为石英砂岩。长59.91~70.52mm，平均长65.22mm；宽46.14~52.52mm，平均宽49.33mm；厚14.2~19.32mm，平均厚16.76mm；重46.99~69.78g，平均重58.39g。刃缘长33.56~35.3mm，平均长34.43mm。刃角35°~70°，平均52.5°。

标本15TJCD：40，长59.91m，宽52.52mm，厚41.2mm，重46.99g。形状不规则。A处以自然边为凹刃，刃长35.3mm，刃角35°。器物大小适中，刃部薄锐，无需加工，方便直接使用。刃部劈裂面一侧有细小的不规则的疤，除后期自然磕碰处外，其余均为与被加工物体接触所致（图2-9，5）。

（2）砍砸器

共4件。根据刃缘形态的不同分为直刃和凸刃。

①单直刃

共2件。原料均为石英砂岩。长110.5~124.32mm，平均长117.41mm；宽75.51~91.19mm，平均宽83.35mm；厚39.01~41.16mm，平均厚40.09mm；重284.18~330.2g，平均重307.19g。刃缘长48.6~57.71mm，平均长53.16mm。刃角50°~55°，平均52.5°。

标本15TJCD：45，长110.5mm，宽75.51mm，厚41.16mm，重284.18g。形状不规则。A处以自然边为直刃，刃长48.6mm，刃角50°。器物大小适中，刃部薄锐，无需加工，方便直接使用。刃部劈裂面一侧有细小的不规则的疤，除后期自然磕碰处外，其余均为与被加工物体接触所致（王春雪等，2017）（图2-9，3）。

②单凸刃

共2件。原料均为石英砂岩。长89.26~154.32mm，平均长121.79mm；宽74.52~137.98mm，平均宽106.25mm；厚37.39~60.07mm，平均厚48.73mm；重172.8~1038.02g，平均重605.41g。刃缘长74.5~123.4mm，平均长98.95mm。刃角45°~65°，平均55°。

标本15TJCD：47，原料为石英砂岩。长154.32mm，宽137.98mm，厚60.07mm，重1038.02g。形状不规则。A处以自然边为凸刃，刃长123.4mm，刃角45°。器体厚重，刃部薄锐，无需加工，方便直接使用。刃部劈裂面一侧有细小的不规则的疤，除后期自然磕碰处外，

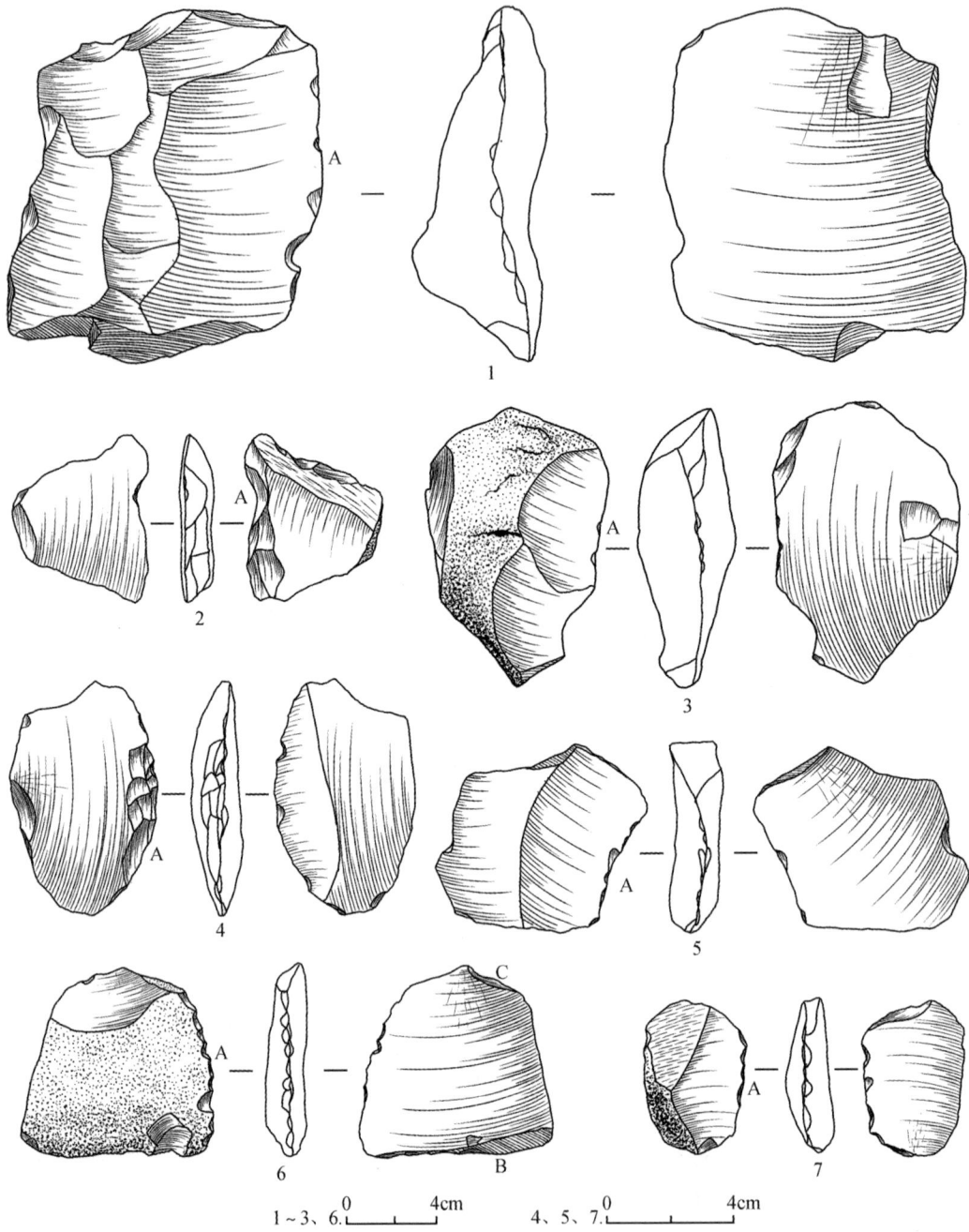

图2-9　船舱峪东岭地点发现的部分二、三类工具

1. 二类单凸刃砍砸器（15TJCD：47）　　2. 三类凹缺器（15TJCD：19）　　3. 二类单直刃砍砸器（15TJCD：45）

4. 二类单凸刃刮削器（15TJCD：46）　　5. 二类单凹刃刮削器（15TJCD：40）　　6. 三类单直刃刮削器（15TJCD：48）

7. 二类单直刃刮削器（15TJCD：15）

其余均为与被加工物体接触所致（图2-9，1）。

2）三类工具

4件。可分为刮削器和凹缺器。毛坯片状。原料均为硅质灰岩。原料除一件为砂岩外，其余均为石英砂岩。

（1）刮削器

共2件，均为单直刃。长71.01～73.64mm，平均长72.33mm；宽49.15～80.22mm，平均宽64.69mm；厚13.5～20.21mm，平均厚16.86mm；重49.25～116.47g，平均重82.86g。加工方向为正向加工。刃长53.37～69.2mm，平均长61.29mm；刃角30°～35°，平均32.5°。

标本15TJCD：48，原料为砂岩，形状不规则。长73.64mm，宽80.22mm，厚20.21mm，重116.47g。A处采用指垫法修理，形成直刃刃长69.2mm，刃角30°；B处有意把毛坯截断，为修形，使大小合适，方便使用；C处经简单修整，为修理把手。整件器物加工十分精细（图2-9，6）。

（2）凹缺器

共2件。长43.01～66.25mm，平均长54.63mm；宽23.93～55mm，平均宽39.47mm；厚12.24～14.5mm，平均厚13.37mm；重15.96～60.75g，平均重38.36g。加工方向为正向。刃长15.99～24.39mm，平均长20.19mm；刃角60°～70°，平均65°。

标本15TJCD：19。长66.25mm，宽55mm，厚14.5mm，重60.75g。器体适中，A处经为正向修理，刃长24.39mm，刃角70°，形成凹缺形的刃（图2-9，2）。

2.3.3 结语

2.3.3.1 工业特征

（1）石制品原料主要是石英砂岩，砂岩和硅质泥岩极少。原料采自附近河漫滩，属就地取材。

（2）该地点石制品共48件。总体上看，包括石核1件，石片22件，其中完整石片7件，断片15件；工具17件，其中二类工具13件，三类工具4件，不见一类工具。

（3）根据石制品的最大直径，可分为微型（＜20 mm）、小型（20～50 mm）、中型（50～100 mm）、大型（100～200 mm）、巨型（≥200 mm）五种类型（卫奇，2001）。经统计，该地点的石制品，大型3件，中型26件，小型19件，不见微型和巨型。

（4）石核仅1件，推测属于剥片阶段。石片均为锤击剥片，大部分打击点集中，有清晰的放射线，同心波不明显，少部分石片保留少量自然砾石面。

（5）二类工具包括刮削器和砍砸器，质地较粗糙，但石片刃部锋利程度尚可，无需修理，直接使用。三类工具修理方法以硬锤直接打击技术为主，加工方向为正向。毛坯选择均为片状，修理的部位以修刃、修形为主。其中一件单直刃刮削器加工十分精致，应采用指垫法修理。这说明古人是在有意地选择合适的坯材和部位进行修理，以便于制造出适合人类使用的工具，进行生产生活。

2.3.3.2　讨论与结语

1）工业类型

船舱峪东岭旧石器地点的石制品以中小型的石片为主，进而加工成工具，同样存在少量的大型工具，应属小石器工业类型。

2）地点性质和年代分析

通过上述石制品的研究，该地点仅发现1件石核类的石制品，石片和工具数量众多，且加工成器者较少，因此推测，船舱峪东岭可能为临时加工工具场所。

该地点虽然未发现可供测年的动物化石，且没有发现原生层位，石制品均为地表采集，但由于没有陶片或磨制石器等遗物的发现，又根据天津地区区域地层的堆积年代及该地点所处的河流三级阶地等性质分析，船舱峪东岭地点年代应属于旧石器时代晚期早段。

2.4　东井峪骆驼岭地点

2.4.1　地理位置与地貌

骆驼岭旧石器地点位于天津市蓟县北部，东邻于桥水库，西靠府君山公园，南距天津市区约100km；西距北京市区约90km。属低山丘陵地区。该地点处于低山丘陵区的黄土台地上，海拔为59m。地理坐标为N40°4′2.87″，E117°26′14.33″（图2-10；图版27）。

2.4.2　石制品的分类与描述

骆驼岭地点共采集石制品77件，原料以硅质灰岩为主，少量为硅质泥岩。器物类型为石片、断块和工具（图版28～图版30）。

2.4.2.1　石片

共49件，均为锤击石片。根据石片的完整程度分为完整石片和断片（表2-8）。

表2-8　石片统计表

名称	类别	数量（件）	百分比（%）
完整石片		19	38.8
断片	近端断片	7	14.3
	左侧断片	2	4.1
	右侧断片	5	10.2
	中段断片	7	14.3
	远端断片	9	18.3
合计		49	100

1）完整石片

共19件。长12.4～64.08mm，平均长33.89mm；宽18.29～81.92mm，平均宽38.44mm；厚2.23～23.36mm，平均厚10.86mm；重0.54～62.74g，平均重20.90g。台面分为自然台面、打击台面、有疤台面和线状台面。台面长8.3～44.23mm，平均长23.25mm，台面宽5.02～18.76mm，平均宽7.64mm，石片角63°～126°，平均99.08°。石片背面可分为全疤、含少部分自然面两种。背面石片疤数量最多的达9个。

标本15TJLL：6，长34.83mm，宽46.98mm，厚8.52mm，石片角90°，重14.61g。形状不规则，台面为自然台面，台面长33.96mm，宽7.39mm。劈裂面上打击点较为集中，半锥体较凸，同心波不明显，放射线较为清晰，背面均为石片疤（图2-10，1）。

2）断片

共30件。根据断裂方式的不同分为近端、左侧、右侧和远端断片。

（1）横向断片

①近端断片

共7件。长8.82～46.54mm，平均长24.63mm；宽15.16～51.29mm，平均宽32.59mm；厚4.48～18.08mm，平均厚9.37mm；重0.71～35.4g，平均重10.33g。台面包括自然台面、线状台面和有疤台面。台面长12.98～44.1mm，平均长27.39mm，台面宽5.17～18.13mm，平均宽10.33mm，石片角81°～108°，平均95.2°。

标本15TJLL：42，长46.54mm，宽51.29mm，厚18.08mm，重35.4g。自然台面，台面长44.1mm，宽18.13mm。形状不规则，打击点集中，同心波明显，有放射线，背面全疤（图2-10，2）。

②中段断片

共7件。长14.58～26.77mm，平均长20.17mm；宽13.69～36.16mm，平均宽23.45mm；厚2.54～13.14mm，平均厚6.08mm；重0.7～9.44g，平均重3.42g。

标本15TJLL：21，长26.77mm，宽22.1mm，厚6.45mm，重4.34g。两端折断，同心波明显，背面全疤（图2-10，6）。

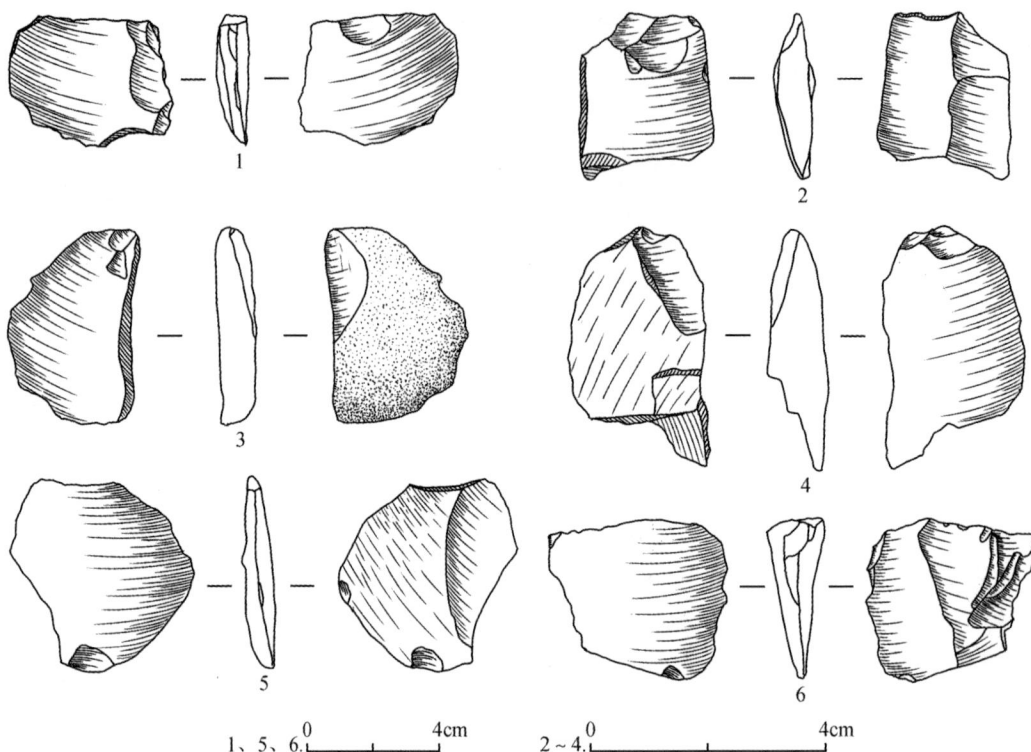

图2-10　东井峪骆驼岭地点发现的部分石片

1.完整石片（15TJLL：6）　2.近端断片（15TJLL：42）　3.左裂片（15TJLL：9）　4.右裂片（15TJLL：57）

5.远端断片（15TJLL：32）　6.中段断片（15TJLL：21）

③远端断片

共9件。长15.4～53.79mm，平均长28.57mm；宽20.82～52.88mm，平均宽31.68mm；厚4.37～9.63mm，平均厚7.43mm；重1.57～15.34g，平均重7.41g。

标本15TJLL：32，长53.79mm，宽52.88mm，厚7.63mm，重21.34g。同心波明显，背面含有少部分自然面（图2-10，5）。

（2）纵向断片

①左裂片

共2件。长30.85～31.48mm，平均长31.17mm；宽22.6～31.02mm，平均宽26.81mm；厚6.36～9.41mm，平均厚7.89mm；重4.67～9.43g，平均重7.05g。

标本15TJLL：9，长31.48mm，宽22.6mm，厚6.36mm，重4.67g。打击点集中，半锥体凸，同心波明显，有放射线，背面有少部分自然面（图2-10，3）。

②右裂片

共5件。长27.44～60.25mm，平均长41.39mm；宽16.46～27.62mm，平均宽22.9mm；厚7.7～14.18mm，平均厚11.17mm；重3.6～19.39g，平均重9.64g。

标本15TJLL：57，长40mm，宽25.45mm，厚10.04mm，重7.75g。打击点散漫，半锥体较平，同心波不明显，有放射线，背面全疤（图2-10，4）。

2.4.2.2 断块

共14件。长11.21～41.51mm，平均长30.09mm；宽8.72～37.26mm，平均宽24.34mm；厚1.42～18.88mm，平均厚10.58mm；重0.17～29.71g，平均重10.76g。器体普遍较小，形状不规整。

2.4.2.3 工具

共14件，可分为二、三类工具（表2-9）。

表2-9 工具统计表

分类	类型			数量（件）	百分比（%）	修理部位
二类	刮削器	单刃	直	3	21.4	/
			凸	2	14.2	/
			尖	1	7.2	/
		双刃	直-凹	1	7.2	/
三类	刮削器	单刃	直	2	14.2	形
			凹	1	7.2	刃
		双刃	直-直	1	7.2	形
	凹缺器			3	21.4	刃、形、把手
	总计			14	100	/

1）二类工具

共7件。均为刮削器，根据刃的数量分为单刃和双刃。毛坯均为片状，原料除1件为硅质泥岩外，其余均为硅质灰岩。

（1）单刃刮削器

共6件。根据刃缘形态的不同单刃分为直、凸和尖刃。双刃为直-凹刃。

①单直刃刮削器

共3件。长31.67～58.69mm，平均长42.3mm；宽20.84～31.31mm，平均宽27.48mm；厚9.09～9.72mm，平均厚9.4mm；重5.6～14.77g，平均重8.83g。刃缘长18.43～42.79mm，平均长29.87mm。刃角10°～30°，平均20°。

标本15TJLL：58，原料为硅质灰岩。长58.69mm，宽30.3mm，厚9.09mm，重14.77g。形状不规则。A处以自然边为直刃，刃长42.79mm，刃角25°。器物大小适中，刃部薄锐，无需进行第二步加工，可以直接来使用。刃部劈裂面一侧有细小的不规则的疤痕，推测为与被加工物体接触所致（图2-11，2）。

②单凸刃刮削器

共2件。长42.7～44.48mm，平均长43.59mm；宽23.7～40.62mm，平均宽32.16mm；厚

7.87～14.12mm，平均厚10.99mm；重10.25～24.68g，平均重17.47g。刃缘长49～57.1mm，平均长53.05mm。刃角40°～45°，平均42.5°。

标本15TJLL：47，原料为硅质灰岩。长44.48mm，宽40.62mm，厚14.12mm，重24.68g。形状不规则。A处以自然边为直刃，刃长57.1mm，刃角45°。器物大小适中，刃部薄锐，刃部有细小的、不规则的片疤，推测为使用所产生（图2-11，3）。

③单尖刃刮削器

共1件。标本15TJLL：31，原料为硅质泥岩。长61.34m，宽41.81mm，厚12.64mm，重22.29g。形状不规则。AB刃长32.47mm，BC刃长32.81mm，所夹刃角50°。器物大小适中，刃部薄锐，无需加工，方便直接使用。刃部劈裂面一侧有细小的不规则的使用疤（图2-11，1）。

（2）双刃刮削器

共1件。直-凹刃，标本15TJLL：46，原料为硅质灰岩。长31.86mm，宽33mm，厚7.97mm，重8.85g。形状不规则。A处以自然边作直刃，刃长28.31mm，刃角30°；B处以自然边作凹刃，刃长31.13mm，刃角20°。器物大小适中，刃部薄锐，无需加工，方便直接使用。刃部有细小的不规则的疤，除后期自然磕碰处外，其余均为与被加工物体接触所致（图2-11，4）。

2）三类工具

共7件。可分为刮削器和凹缺器。毛坯除1件为石叶外，其余均为片状。原料均为硅质灰岩。

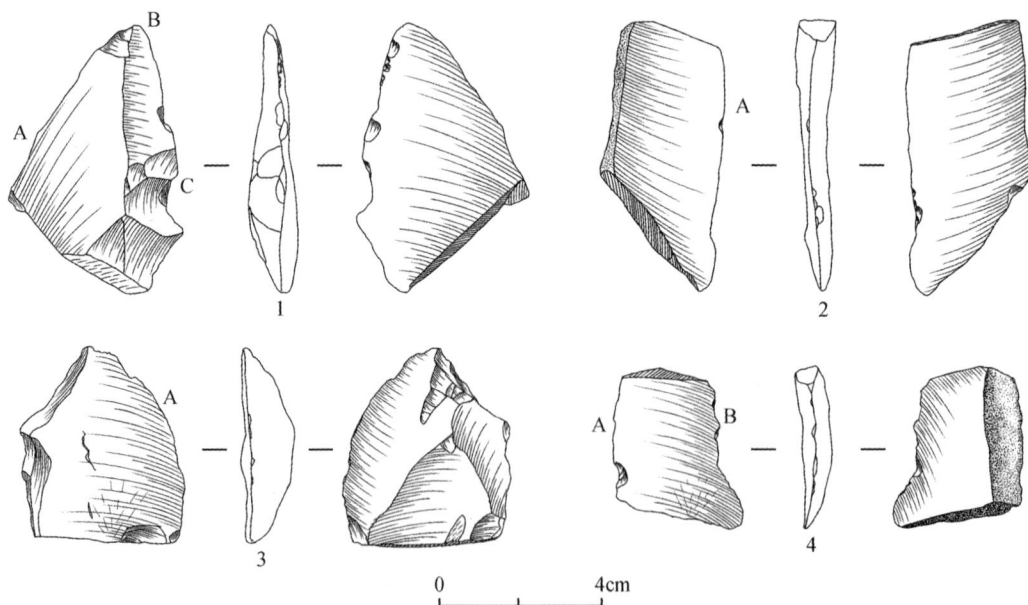

图2-11　东井峪骆驼岭地点发现的部分二类工具

1. 单尖刃刮削器（15TJLL：31）　2. 单直刃刮削器（15TJLL：58）　3. 单凸刃刮削器（15TJLL：47）

4. 直-凹刃刮削器（15TJLL：46）

（1）刮削器

共4件。分为单刃和双刃器。单刃根据刃的形态可分为直和凹刃。双刃为直-直刃。

①单直刃刮削器

共2件。长27.17～32.86mm，平均长30.12mm；宽22.85～23.87mm，平均宽23.36mm；厚5.46～7.58mm，平均厚6.52mm。重3.62～5.37g，平均重4.49g。加工方式包括正向和反向。刃长21.37～22.3mm，平均长21.84mm；刃角15°～20°，平均17.5°。两件均为修理把手。

标本15TJLL：5，形状不规则。长32.86mm，宽22.85mm，厚7.58mm，重5.37g。A处以自然边为刃缘，形成直刃，刃长22.3mm，刃角20°，直接使用；B处为修形，使大小合适，方便使用（图2-12，2）。

②单凹刃刮削器

共1件。标本15TJLL：24，形状不规则。长43.72mm，宽36.48mm，厚15.47mm，重20.08g。A处为反向修理，形成凹刃，刃长21.95mm，刃角45°（图2-12，3）。

③双直刃刮削器

共1件。标本15TJLL：34，形状规整。长47.51mm，宽32.2mm，厚7.8mm，重10.13g。毛坯为石叶近端，背面有Y字形脊。A处以自然边为直刃，刃长45.7mm，刃角15°；B处以自然边为凹刃，刃长40.82mm，刃角30°。石叶远端C处为有意折断，保留近端，为修形。这是古人有意识选择合适的坯材和大小做工具使用（图2-12，1）。

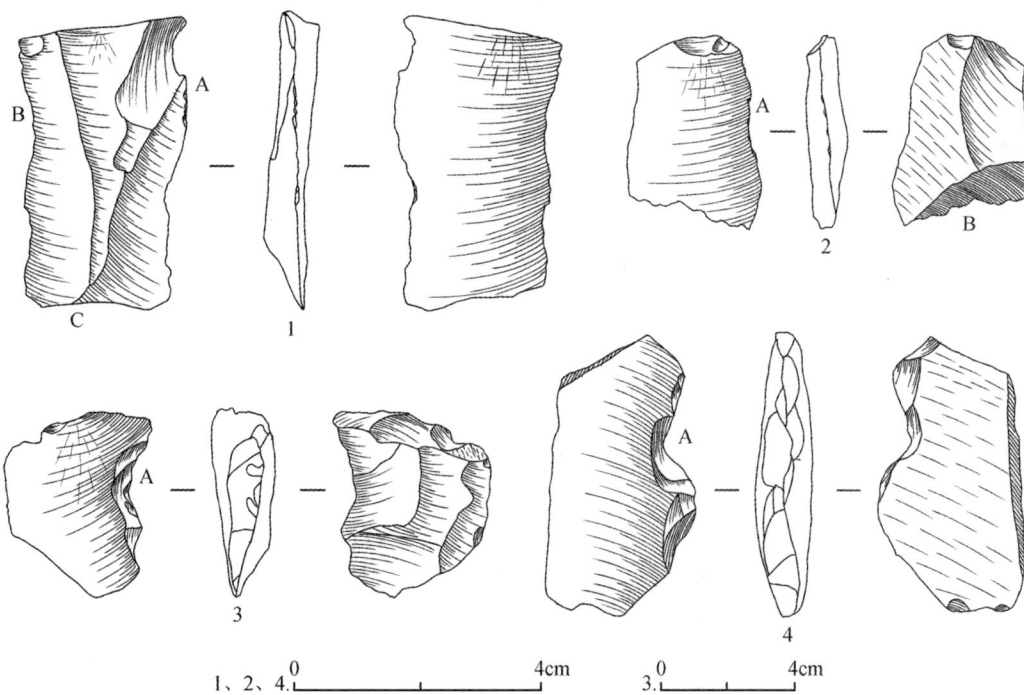

图2-12 东井峪骆驼岭地点发现的三类工具

1. 双直刃刮削器（15TJLL：34） 2. 单直刃刮削器（15TJLL：5） 3. 单凹刃刮削器（15TJLL：24） 4. 凹缺器（15TJLL：66）

（2）凹缺器

共3件。原料均为硅质灰岩，片状毛坯。长28.73～60.4mm，平均长43.41mm；宽22.45～56.61mm，平均宽36.85mm；厚8.83～13.59mm，平均厚11.7mm；重7.98～38.39g，平均重18.93g。加工方式包括正向和反向。刃长10.8～17.2mm，平均长13.6mm；刃角30°～50°，平均41.67°。

标本15TJLL：66。长41.1mm，宽22.45mm，厚8.83mm，重10.42g。器体轻便，A处为复向修理，形成凹缺形，刃长17.2mm，刃角50°，多层修疤（图2-12，4）。

2.4.3 讨论与结语

2.4.3.1 石器工业特征

1）石制品原料以硅质灰岩为主，存在少量硅质泥岩。实地观察发现，该地点附近山脉有硅质岩初露。由此推断，硅质灰岩属于就地取材。同蓟县发现的其他以石英砂岩为主要原料的遗址相比，硅质岩质感更为细腻，具有贝壳状破裂，属于优质的打制原料。但遗址内发现的硅质岩分布较多节理，具有小块斑晶。

2）该地点石制品共发现77件。总体上看，包括石片49件，其中完整石片19件，断片30件；工具14件，其中二类工具7件，三类工具7件，不见一类工具。断块14件。

3）根据石制品的最大直径，可分为微型（＜20 mm）、小型（20～50 mm）、中型（50～100 mm）、大型（100～200 mm）、巨型（≥200 mm）五种类型。经统计，该地点的石制品，微型6件，小型59件，中型12件，不见大型和巨型。

4）石片49件，均为锤击剥片，大部分打击点集中，有清晰的放射线，同心波不太明显。

5）二类工具7件，均为刮削器，以石片锋利的边缘作刃，无需修理，直接使用，边缘可见细小的使用疤。三类工具7件，修理方法主要采用锤击法，修理方式包括反向加工和复向加工。工具主要以片状毛为主，类型包括石叶或石片。工具的修理以修刃为主，存在修形的现象。综上分析，说明生活在本地区的古人类在工具的修理加工方面存在有意选择合适的坯材和部位的观念，便于制造适合人类使用的工具，从而适用于生产生活。

2.4.3.2 结论

东井骆驼岭旧石器地点的石制品以小型的石片为主，不存在大型工具，属于小石器工业。通过上述石制品的研究，该地点没有发现石核类的产品，"精致"工具数量也较少，断块断片数量很大。由此推测，骆驼岭地点是古人类临时加工工具的场所。

该地点虽然未发现可供测年的动物化石，且没有发现原生层位，石制品均为地表采集，但由于没有陶片或磨制石器等遗物的发现，结合石制品特征，根据天津地区区域地层的堆积年代及该地点的河流阶地性质分析，我们推测骆驼岭地点年代属于旧石器时代晚期。

2.5　太子陵地点

2.5.1　地理位置与地貌

太子陵旧石器地点位于天津市蓟县北部，东邻孙各庄，西靠小港村，南距蓟县县城约20km，距天津市区约115km；西距北京市区约100km。该地点处于清代皇家园寝的荣亲王园寝东侧黄土台地上，海拔为127m。地理坐标为N40°08.941′，E117°35.039′（图版31）。

2.5.2　石制品的分类与描述

太子陵地点共采集石制品35件，原料以石英砂岩和灰岩为主，其他原料占少数。器物类型包括石核、石片、细石叶、工具和断块（图版32、图版33）。

2.5.2.1　石核

共1件，为多台面锤击石核。标本15TJTL：6，原料为石英砂岩。长98.29mm，宽56.89mm，厚75.01mm，重452.11g，器体适中，台面A为打击台面，台面长38.62mm，宽25.75mm，台面角110°～115°，剥片面2个，剥片数量4个，最大疤长68.55mm，宽60.74mm；B台面为自然台面，台面长64.56mm，台面宽83.77mm，台面角73°～105°，剥片面1个，剥片数量2个，最大疤长42.63mm，宽36.75mm；C台面为打击台面，台面长23.93mm，宽23.65mm，台面角87°，剥片面1个，剥片数量1个，最大疤长30.61mm，宽37.67mm。石核有少部分自然面残留，约占30%，利用率较高。从剥片角度来看，还可继续剥片，剥片疤相对较小，推测此石核还在使用中（图2-13，3）。

2.5.2.2　石片

共21件，根据石片的完整程度分为完整石片和断片。原料包括石英砂岩和灰岩。

1）完整石片

共17件。约占石片总数的80.6%。长21.51～69.06mm，平均长34.47mm；宽18.14～56.83mm，平均宽34.86mm；厚5.79～22.14mm，平均厚12.04mm；重2.71～57.71g，平均重17.67g。台面分为自然、打击和线状台面。台面长11.58～45.92mm，平均长24.73mm，台面宽5.04～15.86mm，平均宽10.43mm。石片角63°～122°，平均90.89°。

标本15TJTL：16，长54.81mm，宽47.8mm，厚22.14mm，重57.71g。形状不规则，台面为打击台面，台面长38.47mm，宽15.86mm，石片角92°。打击点较为集中，半锥体凸，同心波不明显，放射线较为清晰，背面有少部分自然面（图2-13，4）。

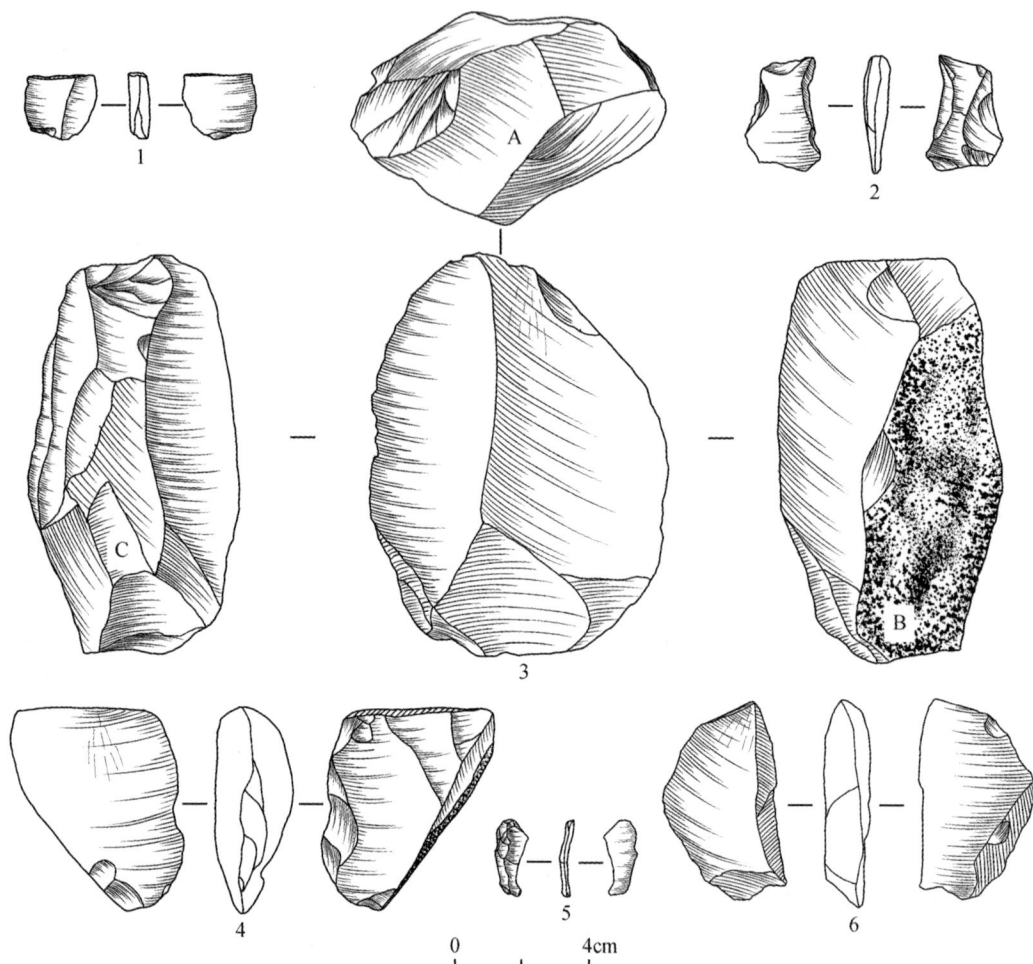

图2-13　太子陵地点发现的石核和石片

1. 中间断片（15TJTL：23）　2. 远端断片（15TJTL：25）　3. 多台面石核（15TJTL：6）　4. 完整石片（15TJTL：16）

5. 细石叶（15TJTL：35）　6. 左裂片（15TJTL：14）

2）断片

共4件。根据断裂方式的不同，可分为横向断片和纵向断片。

（1）横向断片

①中间断片

共2件，原料均为灰岩。长18.33～20.37mm，平均长19.35mm；宽21.15～29.34mm，平均宽25.25mm；厚5.6～6.11mm，平均厚5.86mm；重2.69～4.05g，平均重3.37g。

标本15TJTL：23，长18.33mm，宽21.15mm，厚5.6mm，重2.69g。同心波不明显，有放射线，背面全疤（图2-13，1）。

②远端断片

共1件。标本15TJTL：25，原料为灰岩。长21.68mm，宽32.86mm，厚6.64mm，重4.73g。同心波明显，背面全疤（图2-13，2）。

（2）纵向断片

左裂片

共1件。标本15TJTL：14，原料为石英砂岩。长51.63mm，宽36.24mm，厚11.36mm，重24.05g。打击点集中，同心波不显著（图2-13，6）。

2.5.2.3 细石叶

共1件，为完整细石叶。标本15TJTL：35，原料为黑曜岩，长22.37mm，宽10.38mm，厚3.4mm，重0.45g。点状台面，打击点集中，半锥体凸，同心波显著，放射线清晰，背面全疤，有一条脊（图2-13，5）。

2.5.2.4 断块

共7件。原料包括石英砂岩、灰岩和硅质泥岩。长12.65～65.47mm，平均长32.22mm；宽7.93～45.13mm，平均宽22.44mm；厚5.1～27.11mm，平均厚13.5mm；重0.47～78.47g，平均重21.34g。形状不规整，大小不一。

2.5.2.5 工具

共5件，可分为二、三类工具。

1）二类工具

共1件，单直刃刮削器。标本15TJTL：26，原料为石英砂岩。长37.87mm，宽35.85mm，厚15.19mm，重21.61g。形状不规则，器物大小适中，A处以自然边为直刃，刃长31.25mm，刃角45°，刃部较薄锐，无需加工，方便直接使用。刃部劈裂面一侧有细小的不规则的疤，均为与被加工物体接触所致（图2-14，1）。

2）三类工具

共4件。可分为单刃刮削器和凹缺器。原料包括燧石、石英砂岩、硅质泥岩和灰岩。

（1）单刃刮削器

共3件。根据刃缘的不同分为直刃和尖刃。

①单直刃刮削器

共1件。标本15TJTL：15，原料为燧石。长46.59mm，宽16.77mm，厚9.66mm，重5.68g。毛坯为石叶近端，A处以石叶自然边作直刃，刃长17.05mm，刃角20°；B处为有意折断，意为修形，使得器体大小适中，方便把握（图2-14，3）。

②单尖刃刮削器

共2件。均为片状毛坯，长27.32～44.8mm，平均长36.06mm；宽16.57～44.42mm，平均宽30.50mm；厚10.22～15.21mm，平均厚12.72mm；重3.03～20.57g，平均重11.8g。所夹刃角57°～75°，平均66°。修理方向均为反向。

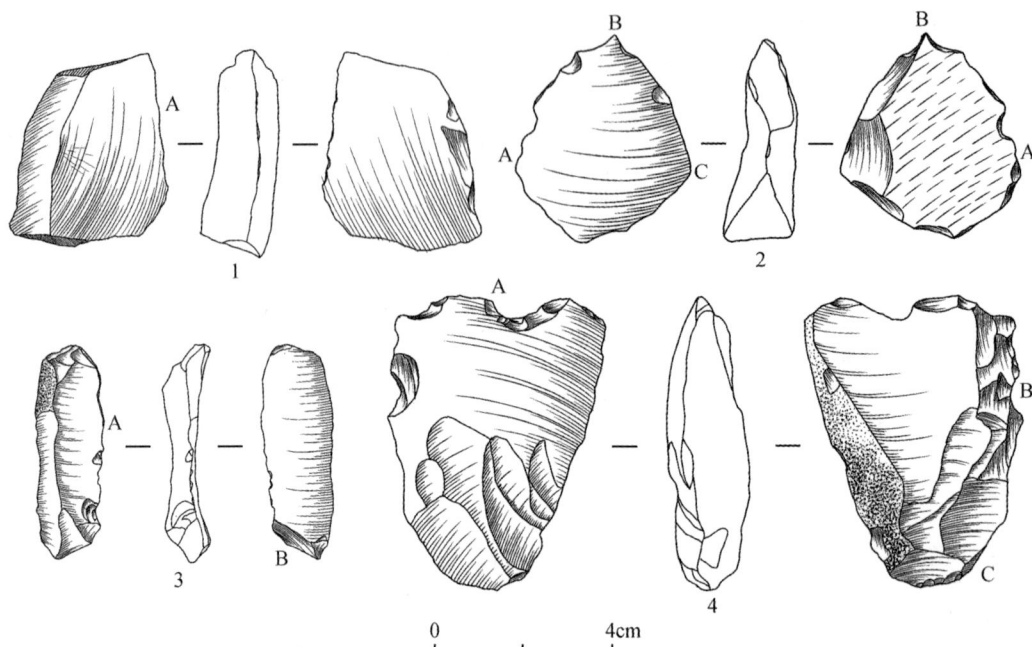

图2-14　太子陵地点发现的二、三类工具

1. 二类单直刃刮削器（15TJTL：26）　2. 三类单尖刃刮削器（15TJTL：2）　3. 三类单直刃刮削器（15TJTL：15）

4. 三类凹缺器（15TJTL：5）

标本15TJTL：2，原料为石英砂岩，长44.8mm，宽44.42mm，厚15.21mm，重20.57g。AB以自然边作刃，刃长22.1mm，BC经反向修理，刃长22.21mm，所夹刃角75°。器体大小合适，方便使用（图2-14，2）。

（2）凹缺器

共1件。标本15TJTL：5，原料为灰岩。长46.91mm，宽62.51mm，厚16.48mm，重51.86g。A处经反向加工，形成凹缺形的刃，刃长20.35mm，刃角67°。B、C处经简单修整，意为修形和修理把手，使得器体大小合适，方便使用（图2-14，4）。

2.5.3　讨论与结语

2.5.3.1　工业特征

1）石制品原料以石英砂岩（$n=18$）和灰岩（$n=15$）为主，此外还包括硅质泥岩和黑曜岩。

2）该地点石制品共35件。总体上看，包括石核1件；石片21件，其中完整石片17件，断片4件；细石叶1件。工具5件，其中二类工具1件，三类工具4件，不见一类工具。断块7件。

3）根据石制品的最大直径，可将石器分为微型（<20 mm）、小型（20～50 mm）、中型

（50～100 mm）、大型（100～200 mm）、巨型（≥200 mm）五种类型（卫奇，2001）。经统计，该地点的石制品，中型8件，小型27件，不见微型、大型和巨型。

4）石核尚处于剥片阶段。石片均为锤击剥片，大部分打击点集中，有清晰的放射线，同心波不太明显，少部分石片保留少量自然砾石面。细石叶仅1件。

5）二类工具质地较粗糙，刃部较为锋利，可直接使用。三类工具修理简单，存在修刃、修形和修理把手的情况。说明古人类存在有意识选择合适的坯材和部位进行修理，以便于制造出适合使用的工具进行生产生活。

2.5.3.2　讨论

1）工业类型

太子陵旧石器地点的石制品以中小型的石片工具为主，存在以石叶、细石叶为毛坯的工具，不见大型工具。因此，该地点应属细石叶工业类型，同时出现了石叶技术。

2）地点性质和年代分析

通过上述石制品的研究，该地点仅发现1件石核，但石片和断片数量众多，且加工成器者较少，因此推测，太子陵可能为临时加工场所。

对太子陵地点石制品所处的第2层，即浅黄色粉砂质黏土层不同深度取2个光释光样品，测得年代分别为距今16.44 ka和44.18 ka，因此该地点年代大致处于旧石器中期至晚期。

2.6　下营梁峪黄土地地点

2.6.1　地理位置与地貌

下营梁峪黄土地旧石器地点位于天津市蓟县北部。东邻下营村，西靠杨庄水库，北抵中营村，南距蓟县县城约16km，南距天津市区约120km；西距北京市区约90km。属低山丘陵地区，沟河自西向东流过。该地点位于沟河北岸的三级阶地上，海拔为227m。地理坐标为N40°10′39.53″，E117°25′45.15″（图2-15；图版34、图版35）。

2.6.2　石制品的分类与描述

下营黄土地地点共采集石制品12件，器物类型为石片和工具（图版36、图版37）。

2.6.2.1　石片

共12件，均为锤击石片。根据石片的完整程度分为完整石片和断片。原料均为石英砂岩。

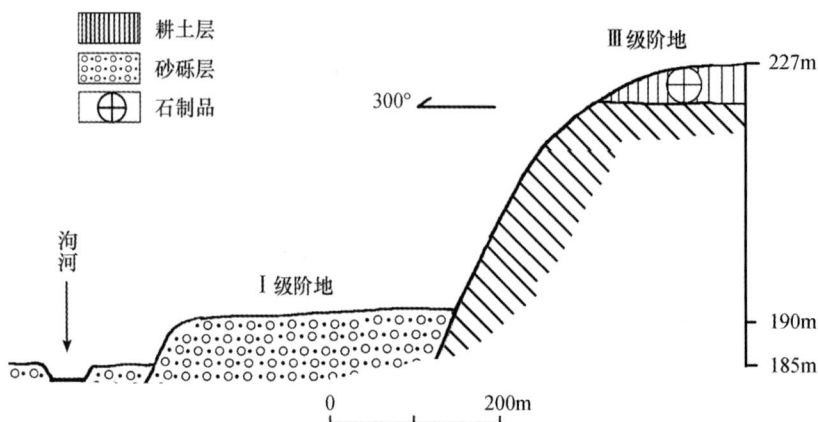

图2-15　下营梁峪黄土地地点河谷剖面示意图

1）完整石片

共3件。长33.07～62.46mm，平均长51.12mm；宽47.16～83.31mm，平均宽69.54mm；厚9.47～16.99mm，平均厚13.96mm；重13.85～65.44g，平均重46.24g。台面为自然台面和打击台面。台面长29.03～62.61mm，平均长48.05mm，台面宽6.71～15.97mm，平均宽11.41mm；石片角79°～111°，平均94°。

标本15TJCH：3，长62.46mm，宽83.31mm，厚16.99mm，重65.44g。台面为自然台面，台面长52.51mm，宽11.56mm，石片角92°。劈裂面上打击点集中，半锥体较凸，同心波不显著，放射线清晰。背面全疤（图2-16，1）。

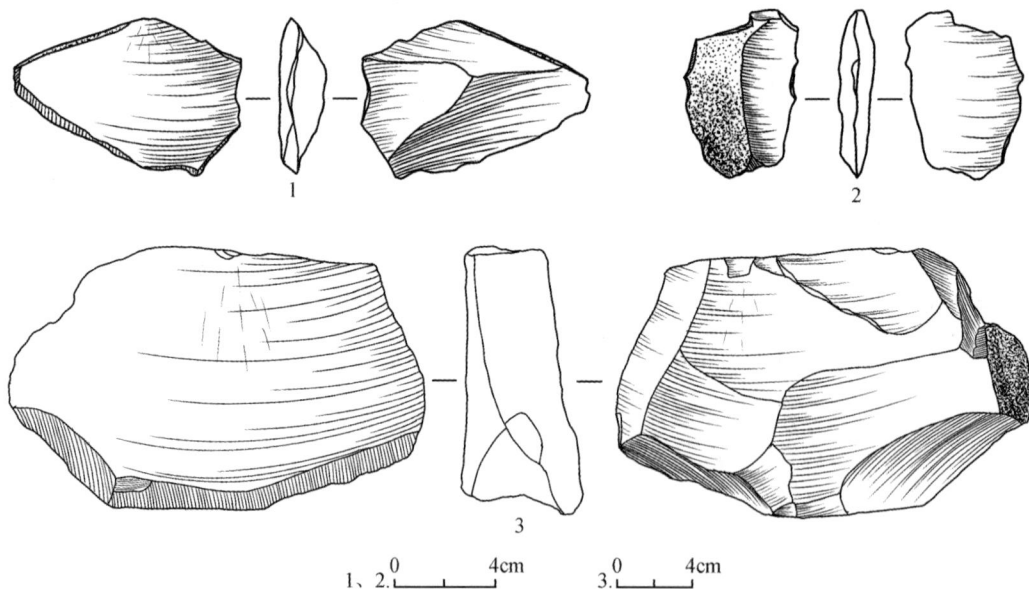

图2-16　下营梁峪黄土地地点发现的石片

1.完整石片（15TJCH：3）　2.远端断片（15TJCH：4）　3.近端断片（15TJCH：9）

2）断片

共2件。根据断裂方式的不同分为近端和远端断片。

（1）近端断片

共1件。标本15TJCH：9，长126.11mm，宽208.67mm，厚55.58mm，重1666.49g。台面为自然台面，台面长119.21mm，宽37.79mm，石片角95°。劈裂面上打击点集中，半锥体较平，同心波不显著，放射线清晰（图2-16，3）。

（2）远端断片

共1件。标本15TJCH：4，长61.63mm，宽43.76mm，厚12.97mm，重32.99g。同心波明显，背面有少量自然面（图2-16，2）。

2.6.2.2　工具

共7件，分为二、三类工具。

1）二类工具

共5件。类型包括刮削器和砍砸器。原料均为石英砂岩。

（1）刮削器

共2件，均为单直刃刮削器。长38.79～63.45mm，平均长51.12mm；宽44.68～54.89mm，平均宽49.79mm；厚12.38～30.27mm，平均厚21.33mm；重21.39～76.9g，平均重49.15g。刃缘长30.54～51.36mm，平均长40.95mm。刃角30～70°，平均50°。

标本15TJH：5，长63.45mm，宽54.89mm，厚30.27mm，重76.9g。形状不规则。器物大小适中，A处以自然边为直刃，刃长51.36mm，刃角70°，刃部薄锐，无需加工，方便直接使用（图2-17，1）。

（2）砍砸器

共3件。均为单刃砍砸器。根据刃缘形态分为凸刃、直刃两种。

①单凸刃砍砸器

共2件。长118.87～128.31mm，平均长123.59mm；宽115.04～124.22mm，平均宽119.63mm；厚29.9～53.34mm，平均厚41.62mm；重309.25～494.84g，平均重402.05g。刃缘长119.3～151.7mm，平均长135.5mm。刃角45°～50°，平均47.5°。

标本15TJH：11，长118.87mm，宽124.22mm，厚53.34mm，重494.84g。器物较大，A处以自然边为凸刃，刃长151.7mm，刃角45°，刃部薄锐，无需加工，方便直接使用（图2-17，4）。

②单直刃砍砸器

共1件。标本15TJH：10，长130.07mm，宽108.1mm，厚53.29mm，重694.81g。器物较大，A处以自然边为直刃，刃长119.55mm，刃角55°，刃部薄锐，无需加工，方便直接使用（图2-17，3）。

2）三类工具

共2件。类型包括刮削器和手镐。

（1）单尖刃刮削器

标本15TJH：6，原料为角岩。长44.24mm，宽23.39mm，厚10.23mm，重9.31g。AB以自然边作刃，刃长28.15mm，BC以自然边作刃，刃长35.96mm，所夹刃角为52°。D处为有意折断，意为修形，使器体大小合适，方便使用（图2-17，2）。

（2）手镐

标本15TJH：12，原料为石英砂岩。长252.72mm，宽102.71mm，厚54.76mm，重1774.65g。毛坯为长形石片。器体两侧经过数次打击，有不规则的片疤，使器身规整，修长；底部亦经过较为细致的修整。背面几乎为砾石面。整件标本形似"手斧"，从两侧有崩断的疤及加工角度不甚理想的情况推测，此件器物应很难继续进一步精细加工，达到两面加工的效果。不过，从尖部的形态判断，已经在使用之中（图2-17，5）。

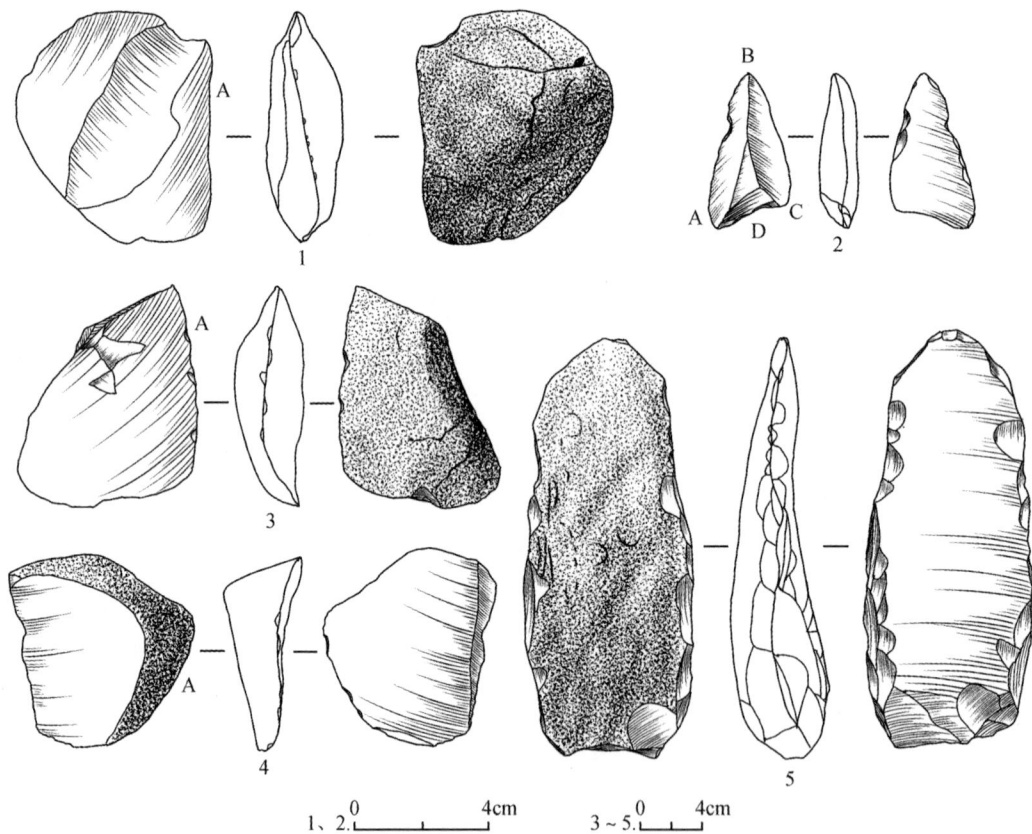

图2-17　下营梁峪黄土地地点发现的二、三类工具

1. 二类单直刃刮削器（15TJH：5）　2. 三类单尖刃刮削器（15TJH：6）　3. 二类单直刃砍砸器（15TJH：10）

4. 二类单凸刃砍砸器（15TJH：11）　5. 三类手镐（15TJH：12）

2.6.3 讨论与结语

2.6.3.1 工业特征

1）石制品原料除1件为角岩外，其余均为石英砂岩。原料采自附近河滩，属就地取材。

2）石制品类型简单，仅包括石片及工具。

3）根据石制品的最大直径，可分为微型（<20mm）、小型（20~50mm）、中型（50~100mm）、大型（100~200mm）、巨型（≥200mm）五种类型（卫奇，2001）。经统计，该地点的石制品，小型3件，中型4件，大型3件和巨型2件，不见微型。

4）石片均为锤击剥片，大部分打击点集中，有清晰的放射线，同心波不太明显。

5）二类工具主要为刮削器和砍砸器，以石片锋利的边缘作刃，无需修理，直接使用。三类工具2件，加工较为粗糙。

2.6.3.2 讨论

1）石器工业类型

下营梁峪黄土地旧石器地点的石制品以大型的石片工具为主，其余应为剥片或加工大型工具的遗留产品，反映了砾石石器工业面貌。

2）地点性质和年代分析

通过上述石制品的研究，该地点没有发现石核类及进一步加工的石制品，工具和断片数量都很少。因此，本书推测，黄土地地点可能为古人类临时活动的地点。

该地点虽然未发现可供测年的动物化石，且没有发现原生层位，石制品均为地表采集，但由于没有陶片或磨制石器等遗物的发现，根据天津地区区域地层的堆积年代及该地点的河流阶地性质分析，可将下营黄土地地点年代归入旧石器时代晚期。

2.7 下营南岭地点

2.7.1 地理位置与地貌

下营南岭地点东邻国家地质公园中上元古界景区，西靠中营村，北抵段庄村，南距蓟县县城约16km，南距天津市区约120km；西距北京市区约95km。属低山丘陵地区，泃河自西向东流过。该地点位于泃河东岸的四级阶地上，海拔为272m。地理坐标N40°11′3.7″，E117°27′36.55″（图2-18；图版38）。

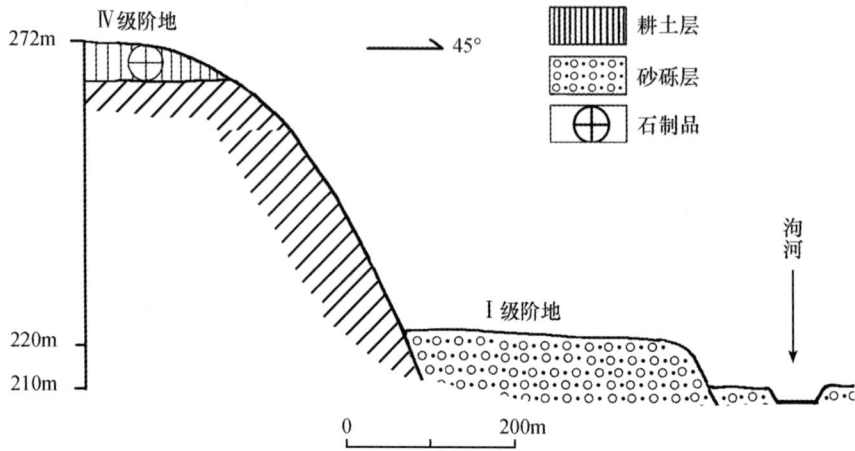

图2-18　下营南岭地点的河谷剖面示意图

2.7.2　石制品的分类与描述

下营南岭地点共采集石制品16件，原料均为石英砂岩，器物类型包括石核、石片、工具和断块（图版39、图版40）。

2.7.2.1　石核

共2件，均为锤击石核，根据台面数量分为双台面和多台面石核。

1）双台面石核

标本15TJXN：16，长86.29mm，宽144.53mm，厚123.72mm，重2037.38g，器体较大，形状不规则。主台面A为自然台面，台面长134.62mm，宽120.07mm，台面角76°～82°。剥片面1个，剥片数量15个，最大疤长79.32mm、宽92.65mm；台面B为自然台面，台面长73.92mm，台面宽101.96mm，台面角85°～88°。剥片面1个，剥片数量4个，最大疤长85.29mm，宽59.95mm。从疤间关系判断，A、B两个台面应为同时剥片。自然面残留较多，约占65%，利用率较好。从剥片角度来看，还可继续剥片，剥片疤相对完整，推测此石核还处在使用阶段（图2-19，3）。

2）多台面石核

标本15TJXN：15，长100.55mm，宽98.83mm，厚127.66mm，重1392.62g，器体较大，形状不规则。台面A和台面B互为台面，A台面长64.61mm，宽89.23mm，台面角86°～99°，剥片面1个，剥片数量4个，最大疤长71.67mm，宽51.56mm；B台面长51.64mm，宽73.45mm，台面角78°。剥片面1个，剥片数量2个，最大疤长60.83mm，宽86.06mm；C台面长53.08mm，宽39.83mm，台面角76°～86°，剥片面1个，剥片数量2个，最大疤长54.74mm，宽48.83mm；D台面长59.7mm，宽49.09mm，台面角98°～104°。剥片面1个，剥片数量3个，最大疤长56.55mm，宽39.64mm。从疤间关系推测，先以C、D为台面进行剥片，剥片不理想后，又以A、B为台面进行剥片。石核有部分自然面残留，约占50%，利用率尚可。从剥片角度来看，还可继续剥片，剥片疤相对较小，推测此石核还在使用中（图2-19，4）。

2.7.2.2　石片

共5件，根据石片的完整程度分为完整石片和近端断片。

1）完整石片

共3件。长25.01～69.85mm，平均长47.56mm；宽37.45～60.25mm，平均宽49.68mm；厚13.55～15.81mm，平均厚14.7mm；重13.19～56.21g，平均重33.45g。台面分为自然台面和打击台面。台面长19.87～30.36mm，平均长25.56mm，台面宽7.1～13.02mm，平均宽10.33mm。石片角87°～121°，平均104.33°。石片背面为全疤。背面石片疤数量最多为5个。

标本15TJXN：5，长69.85mm，宽60.25mm，厚14.75mm，重56.21g。形状不规则，台面为自然台面，台面长30.36mm，宽10.86mm，石片角105°。劈裂面上打击点集中，半锥体较凸，同心波不显著，放射线清晰，背面全疤（图2-19，1）。

2）断片

近端断片

共2件。长32.83～35.52mm，平均长34.18mm；宽55.27～68.12mm，平均宽61.7m；厚8.64～15.6mm，平均厚12.12mm；重18.52～38.32g，平均重28.42g。台面包括线状台面和打击

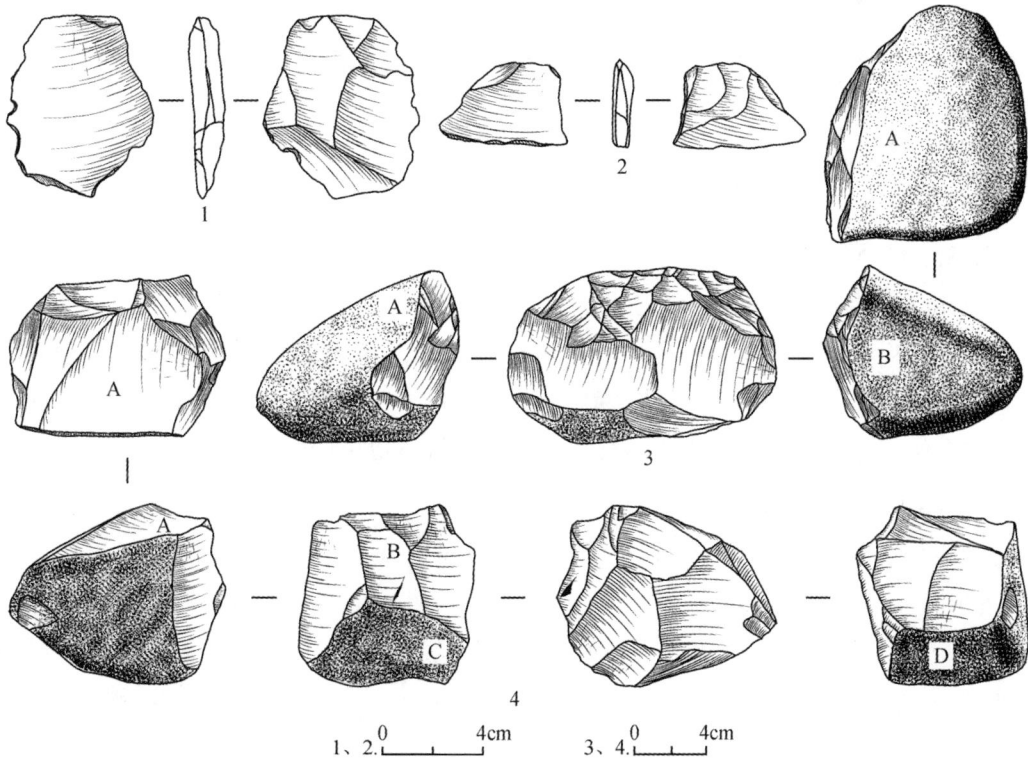

图2-19　下营南岭地点发现的石核和石片

1. 完整石片（15TJXN：5）　2. 近端断片（15TJXN：10）　3. 双台面石核（15TJXN：16）　4. 多台面石核（15TJXN：15）

台面。

标本15TJXN：10，长32.83mm，宽55.27mm，厚8.64mm，重18.52g。台面为线状台面，石片角119°。形状不规则，打击点集中，半锥体略平，同心波不明显，有放射线，背面全疤（图2-19，2）。

2.7.2.3 断块

1件，长47.47mm，宽39.84mm，厚18.66mm，重28.94g。形状不规整。

2.7.2.4 工具

共8件，可分为二、三类工具。

1）二类工具

共6件。均为单刃刮削器。根据刃缘形态的不同分为直刃和凸刃。毛坯均为片状。

（1）单直刃刮削器

共4件。长65.5~99.8mm，平均长78.75mm；宽48.95~70.35mm，平均宽61.68mm；厚14.67~26.66mm，平均厚21.58mm；重56.92~118.19g，平均重93.74g。刃缘长40.63~67.35mm，平均长54.82mm。刃角35°~50°，平均41.25°。

标本15TJXN：4，长67.61mm，宽62.86mm，厚14.67mm，重58.05g。形状不规则。器物大小适中，A处以自然边为直刃，刃长58.57mm，刃角35°。刃部薄锐，无需加工，方便直接使用。刃部劈裂面一侧有细小的不规则的疤，除后期自然磕碰处外，其余均为与被加工物体接触所致（图2-20，1）。

（2）单凸刃刮削器

共2件。长52.06~95.32mm，平均长73.69mm；宽34.77~48.59mm，平均宽41.68mm；厚16.65~19.38mm，平均厚18.02mm；重24.3~79.55g，平均重51.93g。刃缘长51.2~130.3mm，平均长90.75mm。刃角30°~50°，平均40°。

标本15TJXN：6，长95.32mm，宽48.59mm，厚19.38mm，重79.55g。形状不规则，器物大小适中，A处以自然边作凸刃，刃长130.3mm，刃角50°。刃部劈裂面一侧有细小的不规则的疤，除后期自然磕碰处外，其余均为与被加工物体接触所致（图2-20，2）。

2）三类工具

2件。分为单直刃刮削器和凹缺器两类，毛坯均为片状。

（1）单直刃刮削器

标本15TJXN：1，长90.48mm，宽59.49mm，厚28.38mm，重147.55g。A处以自然边为直刃，刃长36.78mm，刃角65°，刃部薄锐，无需加工，方便直接使用；B处经简单修整，为修理把手（图2-20，3）。

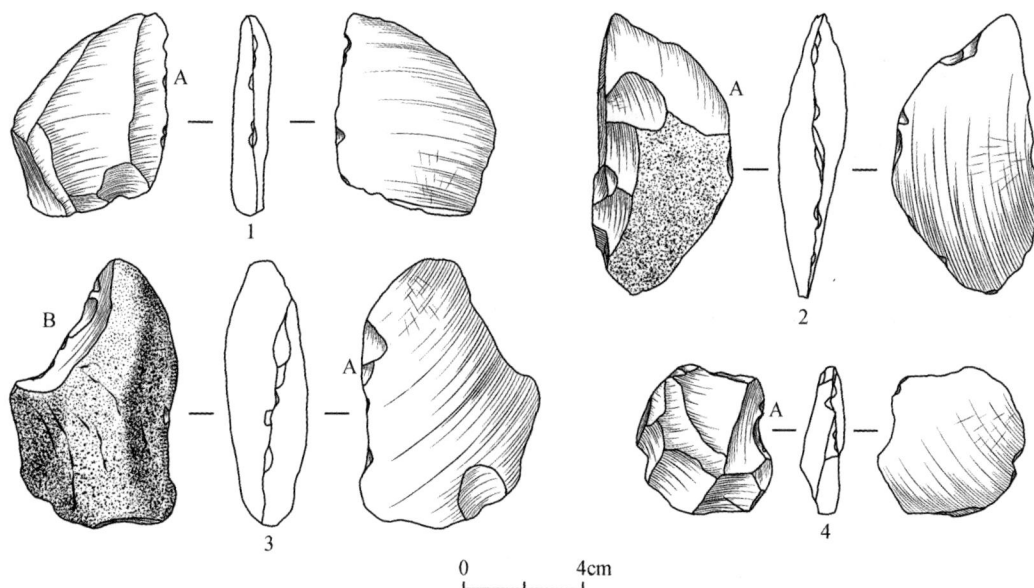

图2-20　下营南岭地点发现的二、三类工具

1.二类单直刃刮削器（15TJXN：4）　　2.二类单凸刃刮削器（15TJXN：6）　　3.三类单直刃刮削器（15TJXN：1）

4.三类凹缺器（15TJXN：12）

（2）凹缺器

标本15TJXN：12，长44.99mm，宽45.14mm，厚12.91mm，重15.64g。器体适中，A处经为正向修理，形成凹缺形的刃，刃长27.07mm，刃角70°（图2-20，4）。

2.7.3　讨论与结语

2.7.3.1　工业特征

1）石制品原料均为石英砂岩，采自附近河漫滩，属于就地取材。

2）该地点石制品类型简单，主要包括石核、石片、断块及工具。

3）该地点的石制品大型2件，中型11件，小型3件，不见微型和巨型。

4）石核均处于剥片阶段。石片均为锤击剥片，大部分打击点集中，有清晰的放射线，同心波不太明显，少部分石片保留少量自然砾石面。

5）工具修理简单，存在修刃和修理把手的情况。这说明古人是在有意地选择合适的坯材和部位进行修理，以便于制造出适合人类使用的工具。

2.7.3.2　讨论

1）石器工业类型

从石制品组合来看，以中小型的石片为主，属于加工工具或剥片遗留的产物，且该地点同样存在一定数量的大型工具，因此，下营南岭地点应为石片石器工业类型。

2）地点性质和年代分析

通过上述石制品的研究，该地点发现2件石核，但石片和工具数量众多，且加工成器者较少，因此推测，下营南岭可能为临时加工场所。

该地点虽然未发现可供测年的动物化石，且没有发现原生层位，石制品均为地表采集，但由于没有陶片或磨制石器等遗物的发现，又根据天津地区区域地层的堆积年代及该地点所处的河流四级阶地等性质分析，推测下营南岭地点年代为旧石器时代中期。

2.8　小穿芳峪地点

2.8.1　地理位置与地貌

小穿芳峪旧石器地点位于天津市蓟县东北部。该地点东邻伯王庄，西靠穿芳峪，南抵于桥水库，西南距蓟县县城约13km，南距天津市区约110km；西距北京市区约100km。该地区位于低山丘陵区的黄土台地上，海拔为65m。地理坐标为N40°6′15.42″，E117°32′25.58″（图版41）。

2.8.2　石制品的分类与描述

小穿芳峪地点共采集石制品15件，原料以硅质泥岩和角岩为主。器物类型为石片、工具和断块（图版42、图版43）。

2.8.2.1　石片

共6件，均为锤击石片。根据石片的完整程度分为完整石片和断片。

1）完整石片

共2件。原料为砂岩和硅质泥岩。长15.58～38.3mm，平均长26.94mm；宽16.33～38.92mm，平均宽27.63mm；厚4.32～8.39mm，平均厚12.15mm；重1.03～10.81g，平均重5.92g。台面为自然台面和线状台面。

标本15TJXC：1，原料为砂岩。长38.3mm，宽38.92mm，厚8.39mm，重10.81g。台面为自然台面，台面长22.02mm，宽8.21mm。石片角77°劈裂面上打击点集中，半锥体较凸，同心波不显著，放射线不清晰（图2-21，1）。

2）断片

共4件。根据断裂方式的不同分为横向断片和纵向断片。

（1）横向断片

远端断片

1件。标本15TJXC：10，长25.09mm，宽19.71mm，厚5.9mm，重2.85g。同心波明显（图2-21，4）。

（2）纵向断片

①左裂片

1件。标本15TJXC：2，原料为石英岩。长48.65mm，宽49.04mm，厚12.15mm，重28.73g。打击点集中，半锥体略平，同心波不明显，放射线清晰（图2-21，2）。

②右裂片

2件。原料均为角岩。长44.38～60.44mm，平均长52.41mm；宽41.44～75.12mm，平均宽58.28mm；厚15.75～22.87mm，平均厚19.31mm；重25.83～80.89g，平均重53.36g。

标本15TJXC：8，长60.44mm，宽75.12mm，厚22.87mm，重80.89g。打击点集中，半锥体较平，同心波明显，放射线清晰（图2-21，3）。

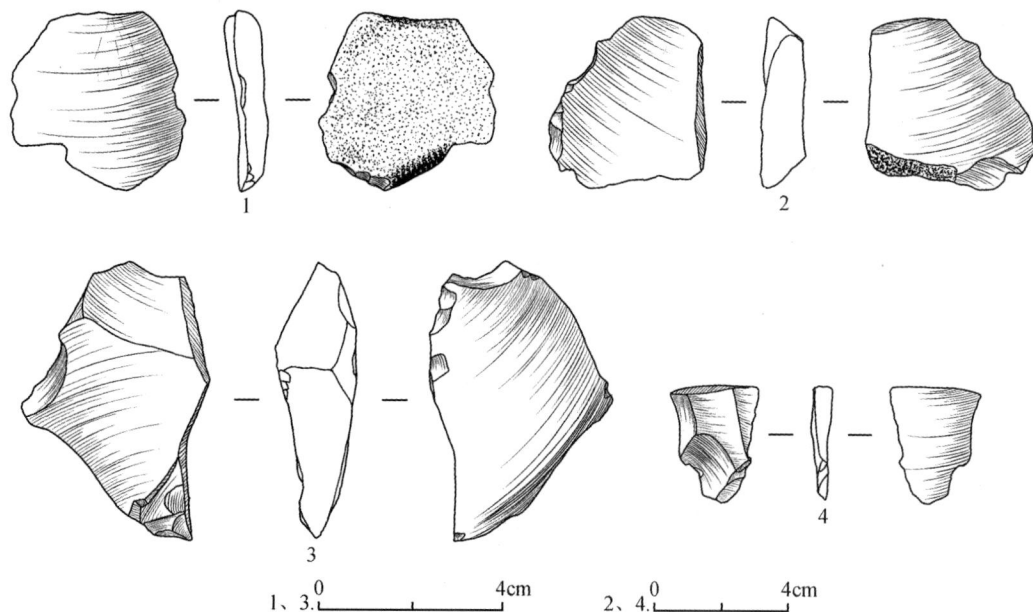

图2-21　小穿芳峪地点发现的部分石片

1.完整石片（15TJXC：1）　2.左裂片（15TJXC：2）　3.右裂片（15TJXC：8）　4.远端断片（15TJXC：10）

2.8.2.2　断块

1件，长37.32mm，宽22.3mm，厚13.65mm，重12.24g，形状不规整。

2.8.2.3　工具

8件，分为二、三类工具。

1）二类工具

共3件，均为单刃刮削器。根据刃缘形态分为直刃和凹刃。毛坯均为片状，原料包括燧石、硅质泥岩及砂岩。

（1）单直刃刮削器

共1件。标本15TJXC：15，原料为燧石。长27.37mm，宽17.13mm，厚6.4mm，重3.54g。形状不规则。刃长19.6mm，刃角45°。器物大小适中，A处以自然边为直刃，刃部薄锐，无需加工，方便直接使用（图2-22，2）。

（2）单凹刃刮削器

共2件。长44.09~52.57mm，平均长48.33mm；宽24.67~30.04mm，平均宽27.36mm；厚9.93~14.59mm，平均厚12.26mm；重8.81~16.27g，平均重12.54g。刃缘长22.42~34.66mm，平均长28.54mm。刃角30°~60°，平均45°。

标本15TJXC：6，原料为硅质泥岩。长52.57mm，宽30.04mm，厚14.59mm，重16.27g。刃长34.66mm，刃角60°。器物大小适中，A处以自然边为凹刃，刃部薄锐，无需加工（图2-22，5）。

2）三类工具

共5件，均为刮削器，根据刃的数量可分为单刃和双刃。单刃根据刃的形态可分为凸刃和尖刃。双刃为双尖刃。毛坯均为片状。原料包括硅质泥岩和角岩。

（1）单凸刃刮削器

共3件。长34.39~56.04mm，平均长47.5mm；宽33.76~57.02mm，平均宽41.85mm；厚

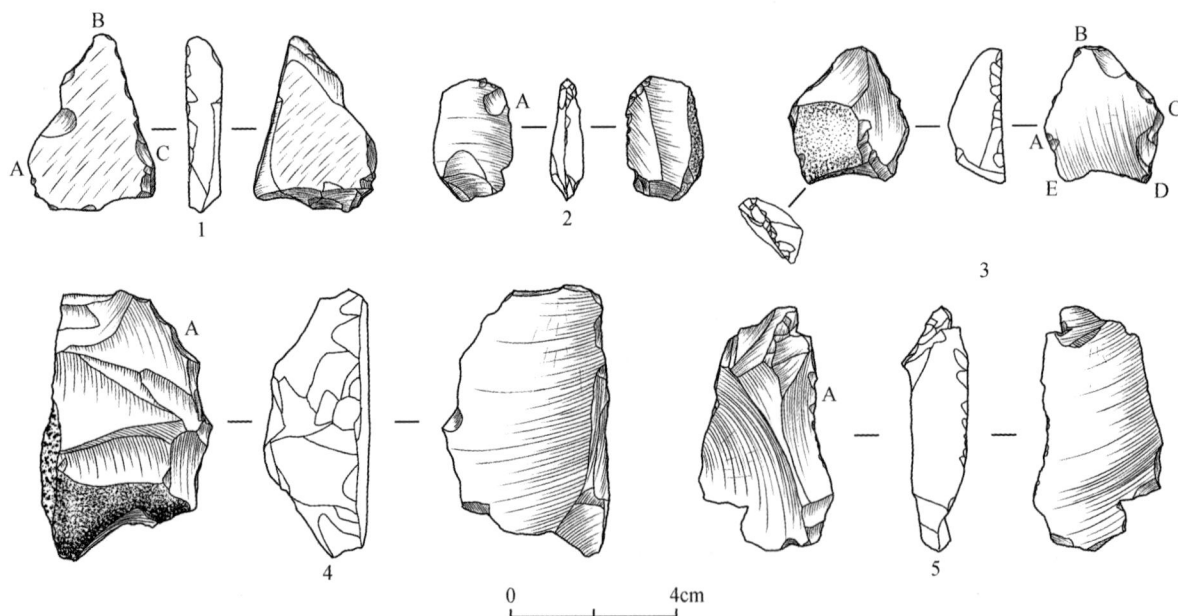

图2-22　小穿芳峪地点发现的部分二、三类工具

1. 三类单尖刃刮削器（15TJXC：4）　2. 二类单直刃刮削器（15TJXC：15）　3. 三类双尖刃刮削器（15TJXC：5）

4. 三类单凸刃刮削器（15TJXC：11）　5. 二类单凹刃刮削器（15TJXC：6）

9.56～18.33mm，平均厚14.85mm；重21.14～29.91g，平均重25.12g。加工方向包括正向和反向。刃长45.3～58.99mm，平均长51.83mm；刃角25°～35°，平均30°。3件均为修理刃缘。

标本15TJXC：11，形状不规则，原料为角岩。长56.04mm，宽33.76mm，厚18.33mm，重29.91g。刃长58.99mm，刃角35°。A侧经正向修理，形成凸刃，刃缘较钝（图2-22，4）。

（2）单尖刃刮削器

共1件。标本15TJXC：4，形状似三角形，原料为硅质泥岩。长41.7mm，宽30.71mm，厚8.17mm，重10.41g。AB以自然边作刃缘，有细小的使用疤，刃长28.77mm；BC经正向修理，刃长28.58mm，所夹刃角57°（图2-22，1）。

（3）双尖刃刮削器

共1件。标本15TJXC：5，形状不规则，原料为硅质泥岩。长33.27mm，宽29.96mm，厚14.28mm，重12.21g。AB、BC采用正向修理，刃缘较薄锐，刃长分别为20.09、19.12mm，所夹刃角为73°；CD、DE采用错向修理方法，刃缘较钝，刃长分别为16.02、20.49mm，所夹刃角为81°。器体轻巧，方便使用（图2-22，3）。

2.8.3 讨论与结语

2.8.3.1 工业特征

1）石制品原料包括角岩、硅质泥岩、砂岩、石英岩及燧石等。虽然数量少，但种类较多，材料大部分较为优质，适合作为加工原料，从周边环境观察来看应为就地取材。

2）该地点石制品共15件。总体上看，包括石片6件，其中完整石片2件，断片4件；工具8件，其中二类工具3件，三类工具5件，不见一类工具。断块1件。

3）该地点的石制品，微型1件，小型9件，中型5件，不见大型和巨型。

4）石片6件，均为锤击剥片，大部分打击点集中，有清晰的放射线，同心波不太明显。

5）二类工具均为刮削器，以石片锋利的边缘作刃，无需修理，直接使用。三类工具修理方法以硬锤直接打击技术为主，加工方向包括正向、反向和错向加工，其中一件双尖刃刮削器较为精美。毛坯选择均为片状，修理的部位以修刃为主。这说明古人是在有意选择合适的坯材和部位进行修理，以便于制造出适合人类使用的工具，进行生产生活。

2.8.3.2 结论

小穿芳峪旧石器地点的石制品以中小型的石片为主，不存在大型工具，毛坯均为片状毛坯，这符合小石器工业类型的特点。通过上述石制品的研究，该地点没有发现石核类的石制品，且石制品数量很少。因此，本书推测，小穿芳峪地点可能为古人类临时活动的场所。

该地点虽然未发现可供测年的动物化石，且没有发现原生层位，石制品均为地表采集，但由于没有陶片或磨制石器等遗物的发现，根据天津地区区域地层的堆积年代及该地点的河流阶地性质分析，小穿芳峪地点年代应属旧石器时代晚期。

2.9　小港地点

2.9.1　地理位置与地貌

小港旧石器地点位于天津市蓟县北部，东邻石头营，西靠船舱峪，北抵赤霞峪，南距蓟县县城18km，距天津市区约120km；西距北京市区约100km。沟河在地点南部自西向东流过。该地点位于沟河北岸的二级阶地上，海拔为176m。地理坐标为N40°9′35.08″，E117°33′16.26″（图2-23；图版44）。

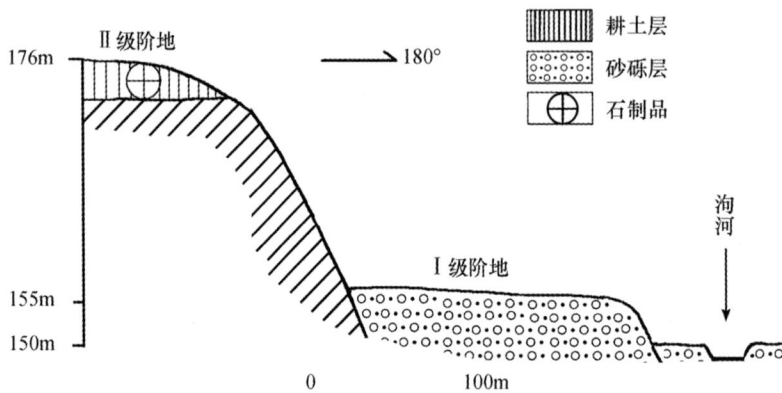

图2-23　小港地点河谷剖面示意图

2.9.2　石制品的分类与描述

小港地点共采集石制品52件，原料全部为石英砂岩，器物类型为石片和工具（图版45、图版46）。

2.9.2.1　石片

共40件，均为锤击石片。根据石片的完整程度分为完整石片和断片（表2-10）。

1）完整石片

共14件。长32.82～126.74mm，平均长55.49mm；宽34.88～199.06mm，平均宽64.94mm；厚9.86～60.77mm，平均厚21.47mm；重13.3～1191.25g，平均重130.31g。台面分为自然台面、打击台面和线状台面。台面长14.83～99.1mm，平均长40.27mm；台面宽7.38～40.69mm平均宽15.6mm。石片角57°～129°，平均91°。石片背面可分为全疤和含少部分自然面两种。背面石片疤数量最多的达9个。

标本15TJXG：7，长71mm，宽55.48mm，厚21.63mm，重80.21g。形状不规则，台面为自然台面，台面长30.13mm，宽12.14mm，石片角84°。劈裂面上打击点集中，半锥体平，同心波不显著，放射线清晰，背面含少部分自然面（图2-24，1）。

表2-10 石片统计表

名称	类别	数量（件）	百分比（%）
完整石片		14	35
断片	近端断片	11	27.5
	左裂片	5	12.5
	右裂片	5	12.5
	远端断片	5	12.5
合计		40	100

2）断片

共26件。根据断裂方式的不同分为近端、左裂片、右裂片和远端断片。

（1）横向断片

①近端断片

共11件。长33.5～58mm，平均长44.61mm；宽43.74～122.04mm，平均宽71.55mm；厚11.34～24.76mm，平均厚16.14mm；重15.35～123.79g，平均重54.72g。台面分为自然台面和打击台面。台面长14.41～91.02mm，平均长41.04mm，台面宽7.26～24.18mm，平均宽14.28mm。石片角68°～128°，平均93.27°。

标本15TJXG：6，长50.18mm，宽73.11mm，厚14.8mm，重51.19g。自然台面，台面长25.73mm，宽7.26mm，台面角75°。打击点集中，同心波不明显，有放射线，背面全部为自然面（图2-24，2）。

②远端断片

共5件。长26.58～49.46mm，平均长40.56mm；宽20.38～65.73mm，平均宽44.47mm；厚6.55～13.74mm，平均厚11.42mm；重9.06～51.72g，平均重22.04g。

标本15TJXG：41，长26.58mm，宽41.41mm，厚12.9mm，重15.77g。同心波明显，背面全疤（图2-24，3）。

（2）纵向断片

①左裂片

共5件。长57.95～68.07mm，平均长57.24mm；宽27.98～67.06mm，平均宽47.38mm；厚7.66～27.91mm，平均厚17.74mm；重8.3～79.66g，平均重46.9g。

标本15TJXG：31，长68.07mm，宽53.15mm，厚22.08mm，重54.33g。打击点集中，半锥体较平，同心波明显，有放射线，背面全疤（图2-24，4）。

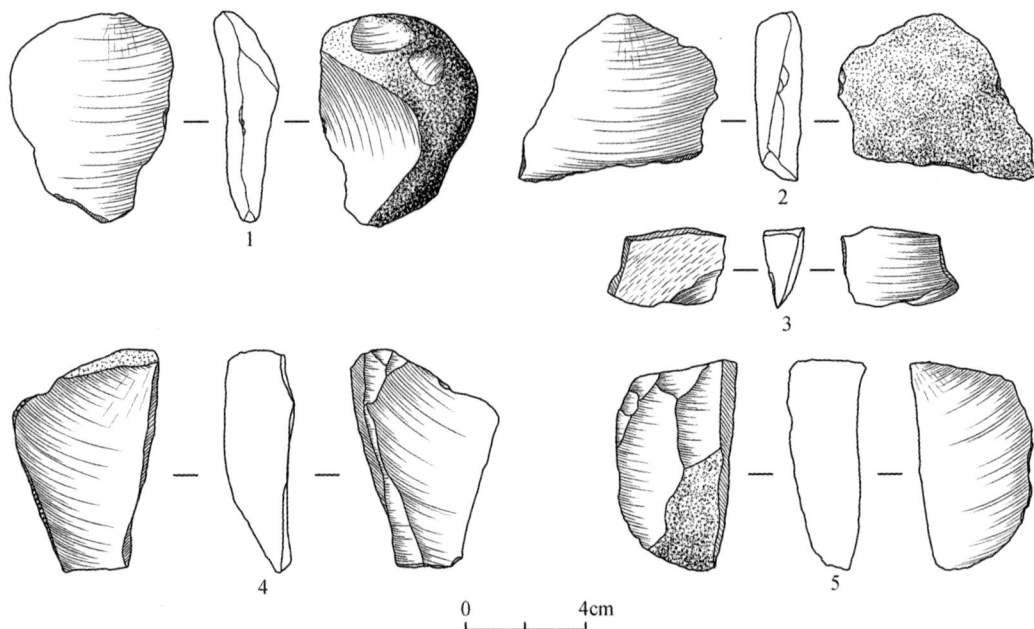

图2-24　小港地点发现的部分石片

1.完整石片（15TJXG：7）　2.近端断片（15TJXG：6）　3.远端断片（15TJXG：41）　4.左裂片（15TJXG：31）

5.右裂片（15TJXG：36）

②右裂片

共5件。长56.38～82.63mm，平均长66.92mm；宽36.8～96.42mm，平均宽54.18mm；厚13.2～27.43mm，平均厚20.87mm；重30.92～149.73g，平均重81.79g。

标本15TJXG：36，长67.12mm，宽44.75mm，厚23.62mm，重61.2g。打击点集中，同心波明显，有放射线，背面有少部分自然面（图2-24，5）。

2.9.2.2　工具

共12件，可分为一、二、三类工具。

1）一类工具

1件，锤击石锤，标本15TJXG：52，长93.66mm，宽69.33mm，厚57.68mm，重562.64g。A处有不规则的浅疤，应为锤击剥片时留下的崩疤；B处有磨损磕碰的痕迹，应为锤击剥片时留下的痕迹。器体浑圆，大小适中（图2-25，1）。

2）二类工具

共5件。均为单刃刮削器，根据刃缘形态的不同分为直刃和凸刃。毛坯均为片状。

（1）单直刃刮削器

共2件。长55.5～119.71mm，平均长87.61mm；宽42.98～75.37mm，平均宽59.18mm；厚10.07～28.2mm，平均厚19.14mm；重35.29～192.07g，平均重113.68g。刃缘长43.16～101.15mm，平均长72.16mm；刃角均为30°。在刃部均有不连续的小疤，应为刃部作用

于被加工物所留下的痕迹。

标本15TJXG：46，长55.5mm，宽42.98mm，厚10.07mm，重35.29g。器物大小适中，A处为自然边作直刃，刃长43.16mm，刃角30°。刃部薄锐，无需加工，方便直接使用。刃部劈裂面一侧有细小的使用疤（图2-25，2）。

（2）单凸刃刮削器

共3件。长40.33～92.88mm，平均长60.74mm；宽38.72～67.85mm，平均宽48.93mm；厚9.57～18.48mm，平均厚12.97mm；重13.17～99.87g，平均重44.63g。刃缘长44.6～73.05mm，平均长57.98mm。刃角30°～45°，平均36.67°。刃部均有不连续的小疤，刃部也有磨光的现象，应为加工柔韧性较强的物质所留下的痕迹。

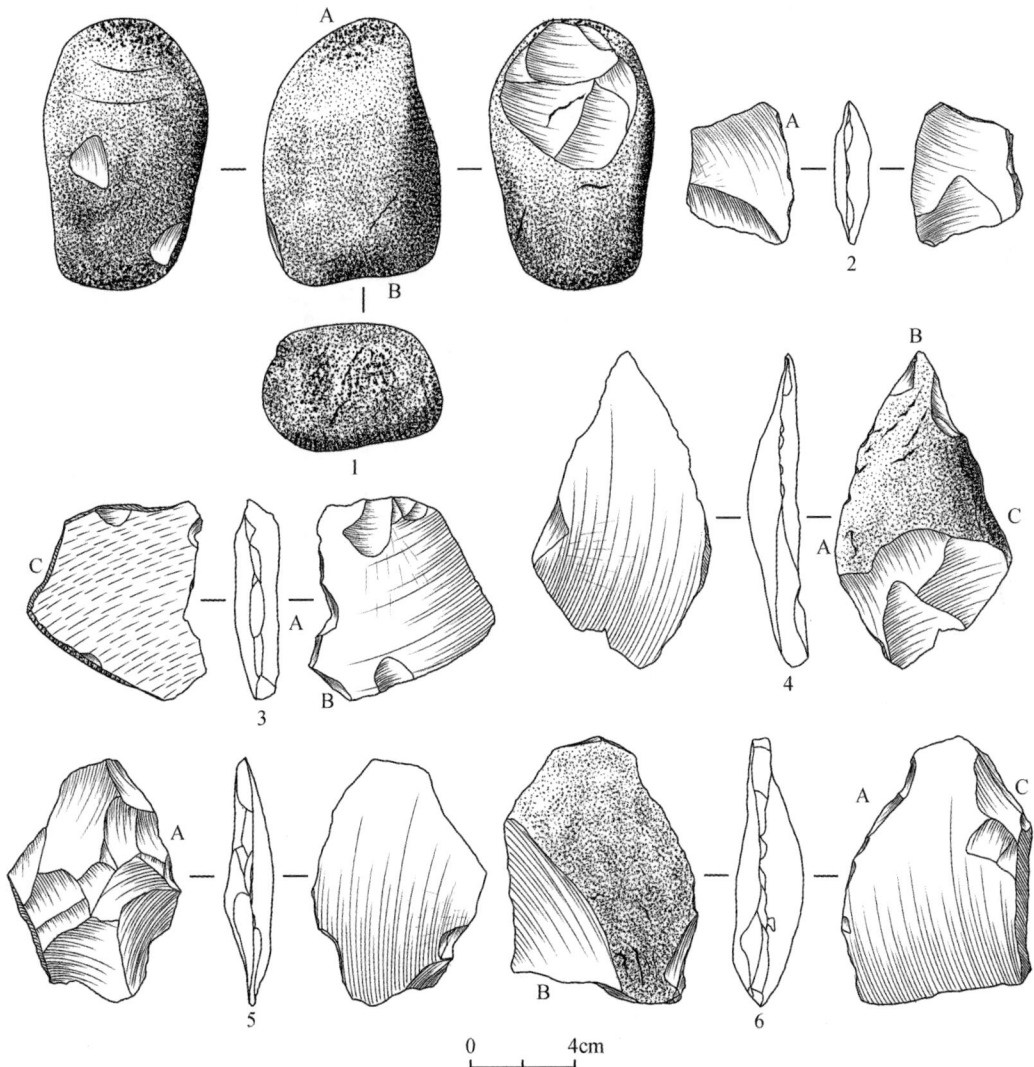

图2-25　小港地点发现的部分工具
1. 石锤（15TJXG：52）　2. 二类单直刃刮削器（15TJXG：46）　3. 三类单凹刃刮削器（15TJXG：50）　4. 三类单尖刃刮削器
（15TJXG：11）　5. 二类单凸刃刮削器（15TJXG：12）　6. 三类单凸刃刮削器（15TJXG：47）

标本15TJXG：12，长92.88mm，宽67.85mm，厚18.48mm，重99.87g。形状不规则。器物大小适中，A处以自然边作凸刃，刃长73.05mm，刃角35°。刃部薄锐，无需加工，方便直接使用。刃部劈裂面一侧有细小的不规则的疤，均为与被加工物体接触所致（图2-25，5）。

3）三类工具

共6件。均为单刃刮削器。根据刃的形态可分为凸、凹和尖刃。

（1）单凸刃刮削器

共3件。长37.52～92.29mm，平均长59.76mm；宽46.51～77.36mm，平均宽58.11mm；厚12.83～28.91mm，平均厚19.37mm；重22.32～192.63g，平均重94.12g。刃长30.5～82.4mm，平均长62.2mm；刃角60°～65°，平均61.67°。

标本15TJXG：47。长92.29mm，宽77.36mm，厚28.91mm，重192.63g。A处以自然边作凸刃，刃长82.4mm，刃角60°；B、C处为修形、修把手之用（图2-25，6）。

（2）单凹刃刮削器

1件，标本15TJXG：50，形状不规则。长73.3mm，宽75.57mm，厚25.24mm，重134.27g。A处以自然边为凹刃，刃长59.76mm，刃角50°；B、C处为修形、修把手，使大小合适，方便使用（图2-25，3）。

（3）单尖刃刮削器

2件。长115～115.84mm，平均长115.42mm；宽69.51～87.06mm，平均宽78.29mm；厚20.36～27.87mm，平均厚24.12mm；重120.66～185.09g，平均重152.88g。夹角62°～95°。加工方向为正向。

标本15TJXG：11，形状不规则。长115.84mm，宽69.51mm，厚20.36mm，重120.66g。AB为自然边作刃，刃长为92.3mm；BC经正向加工，刃长34.61mm，所夹刃角62°（图2-25，4）。

2.9.3 讨论与结语

石器工业特征

1）石制品原料全部为石英砂岩，原料采自河漫滩砾石，属于就地取材。

2）石制品共52件，包括石片40件，其中完整石片14件，断片26件；工具12件，其中一类工具1件，二类工具5件，三类工具6件。

3）该地点的石制品，大型6件，中型31件，小型15件。

4）石片40件，均为锤击剥片，大部分打击点集中，有清晰的放射线，同心波不太明显，少部分石片保留少量自然砾石面。

5）一类工具1件，石锤，两端均有锤击痕迹。二类工具5件，均为刮削器，质地粗糙，但石片刃部锋利程度尚可，无需修理，直接使用。三类工具6件，修理方法以硬锤直接打击技术为主，加工方向为正向。修理的部位以修形和修理把手为主。

小港旧石器地点的石制品虽以中小型的石制品为主，但断片比例较大，为加工工具的副产品，而且该地点的工具几乎都以大石片加工而成，这符合石片石器工业类型的特点。

通过上述石制品的研究，该地点没有发现石核类的石制品，石片类和工具数量众多，本书推测，小港可能为加工工具的临时活动场所。

该地点虽然未发现可供测年的动物化石，且没有发现原生层位，石制品均为地表采集，但由于没有陶片或磨制石器等遗物的发现，根据天津地区区域地层的堆积年代及该地点的河流阶地性质分析，小港地点应属旧石器时代晚期。

2.10 小平安地点

2.10.1 地理位置与地貌

小平安旧石器地点位于天津市蓟县北部，东邻九山顶景区，西靠石炮沟村，北抵黄崖关长城景区，南距蓟县县城约20km，距天津市区约127km；西距北京市区约92km。属低山丘陵地区，泃河自北向南流过。该地点位于泃河东岸的II级阶地上，海拔为232m。地理坐标为N40°12.991′，E117°26.650′（图2-26；图版47）。

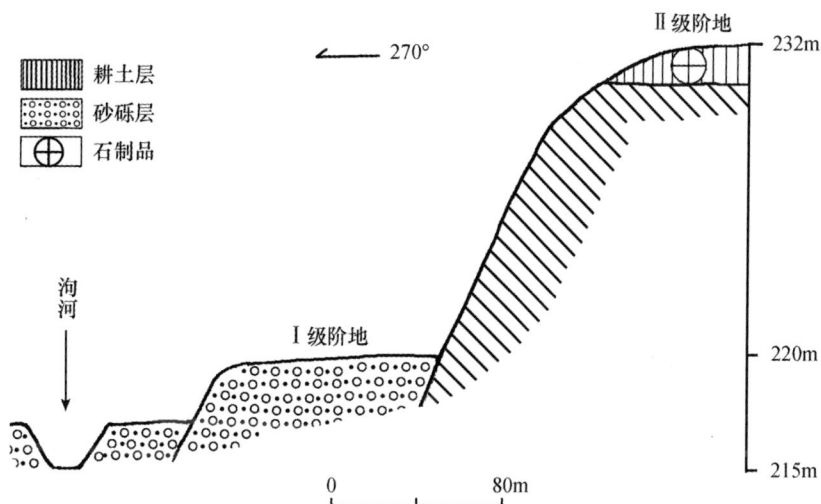

图2-26 小平安地点河谷剖面示意图

2.10.2　石制品的分类与描述

小平安地点共采集石制品22件，原料均为石英砂岩，器物类型包括石核、石片、工具和断块（图版48、图版49）。

2.10.2.1　石核

共3件，均为锤击石核，根据台面数量分为单台面和双台面石核。

1）单台面石核

共2件。长50.1～65.17mm，平均长57.64mm；宽80.06～88.5mm，平均宽84.28mm；厚42.95～64.64mm，平均厚53.80mm，重179.52～313.65g，平均重246.59g。台面类型包括自然和打击两种，台面角70°～85°。

标本15TJX：14，长65.17mm，宽88.5mm，厚64.64mm，重313.65g，器体较大，形状不规则。台面A为自然台面，台面长80.88mm，宽56.47mm，台面角70°。剥片面1个，剥片数量5个，最大疤长42.78mm，宽6.72mm。自然面残留约占65%，利用率较高。从剥片角度来看，还可继续剥片，剥片疤相对完整，推测此石核还在使用中（图2-27，4）。

2）双台面石核

1件，标本15TJX：16，长27.49mm，宽74.63mm，厚75.55mm，重204.2g，坯体为卵石，器体较小，形状呈圆形。台面A和台面B互为台面，A台面长75.63mm，宽53.52mm，台面角85°，剥片面1个，剥片数量4个，最大疤长47.2mm，宽29.43mm；B台面长73.50mm，台面宽47.45mm，台面角87°。剥片面1个，剥片数量1个，最大疤长27.70mm，宽40.55mm；石核有部分自然面残留，约占50%，利用率尚可。从剥片角度来看，还可继续剥片，剥片疤相对较小，推测此石核还在使用中（图2-27，1）。

2.10.2.2　石片

共8件，根据石片的完整程度分为完整石片和断片。

1）完整石片

共4件。长10.94～48.6mm，平均长35.9mm；宽55.12～82.89mm，平均宽74.28mm；厚11.8～34.77mm，平均厚19.41mm；重34.38～272.55g，平均重98.16g。台面分为自然、打击和线状台面。台面长37.24～61.94mm，平均长49.36mm，台面宽12.76～28.7mm，平均宽18.71mm。石片角101°～114°，平均107°。

标本15TJX：6，长10.94mm，宽82.85mm，厚34.77mm，重272.55g。形状不规则，台面为自然台面，台面长61.94mm，宽28.7mm，石片角101°。劈裂面上打击点集中，半锥体较平，同心波显著，放射线清晰，背面有少部分自然面（图2-27，6）。

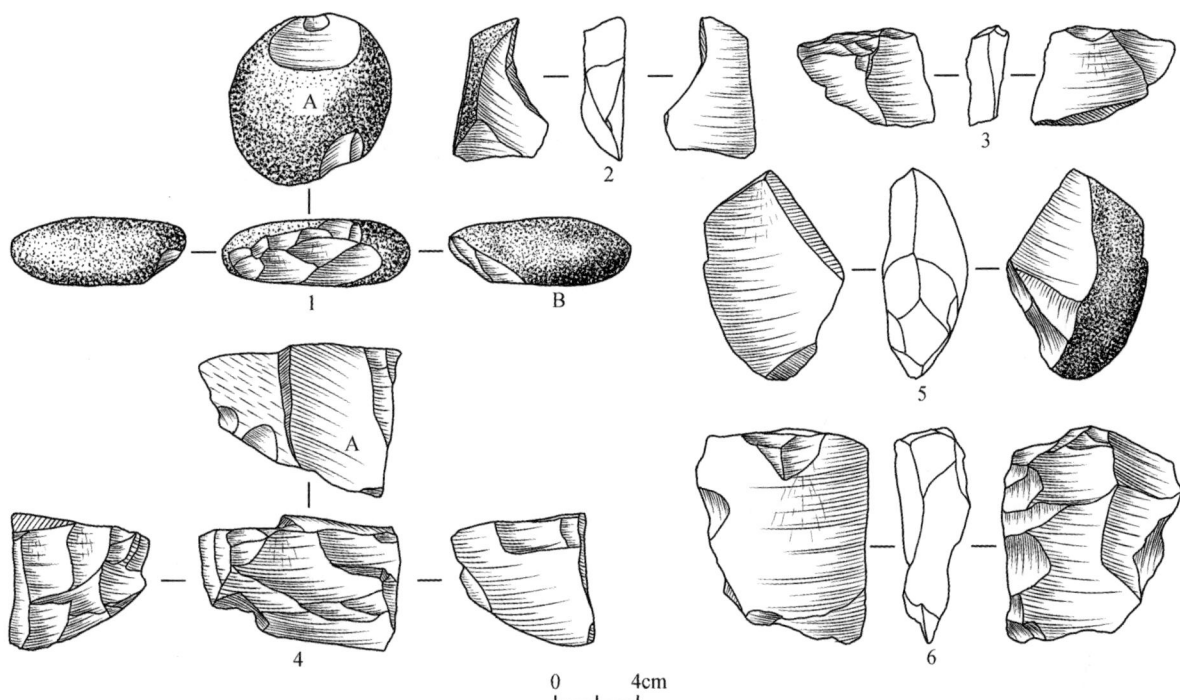

图2-27　小平安地点发现的部分石核和石片

1. 双台面石核（15TJX：16）　　2. 远端断片（15TJX：18）　　3. 近端断片（15TJX：3）　　4. 单台面石核（15TJX：14）

5. 左裂片（15TJX：17）　　6. 完整石片（15TJX：6）

2）断片

共4件。根据断裂方式的不同，分为横向断片和纵向断片2种。

（1）横向断片

①近端断片

共1件。标本15TJX：3，长44.02mm，宽63.32mm，厚20.64mm，重52.71g。台面为打击台面，台面长53.64mm，宽18.35mm，石片角84°。形状不规则，打击点集中，半锥体略平，同心波不明显，有放射线，背面全疤（图2-27，3）。

②远端断片

共1件。标本15TJX：18，长41.49mm，宽67.23mm，厚20.06mm，重50.88g。同心波明显（图2-27，2）。

（2）纵向断片

左裂片

共2件。长45.01～82.43mm，平均长63.72mm；宽30.05～66.04mm，平均宽48.05mm；厚13.16～33.94mm，平均厚23.55mm；重12.72～174.72g，平均重93.72g。

标本15TJX：17，长82.43mm，宽66.04mm，厚33.94mm，重174.72g。台面为自然台面，打击点集中，同心波显著（图2-27，5）。

2.10.2.3 断块

2件。长43.85～94.96mm，平均长69.41mm；宽34.86～50.16mm，平均宽42.51mm；厚18.3～39.82mm，平均厚29.06mm；重23.35～160.85g，平均重92.1g。形状不规整。

2.10.2.4 工具

共9件，可分为二、三类工具。

1）二类工具

共4件。均为刮削器，根据刃缘形态的不同分为直刃、凸刃两类。毛坯均为片状。

（1）单直刃刮削器

共1件。标本15TJX：1，长65.59mm，宽32.11mm，厚30.98mm，重71.28g。形状不规则。器物大小适中，A处以自然边为直刃，刃长43.5mm，刃角20°，刃部薄锐，无需加工，方便直接使用。刃部劈裂面一侧有细小的不规则的疤，均为与被加工物体接触所致（图2-28，5）。

（2）单凸刃刮削器

共3件。长49.21～82.01mm，平均长64.05mm；宽39.2～74.72mm，平均宽55.85mm；厚18.27～33.07mm，平均厚23.99mm；重28.55～130.87g，平均重88.67g。刃缘长37.89～53.79mm，平均长47.11mm。刃角40°～60°，平均46.67°。

标本15TJX：4，长82.01mm，宽74.72mm，厚20.65mm，重130.87g。形状不规则，器物大小适中，A处以自然边为凸刃，刃长53.79mm，刃角40°。刃部劈裂面一侧有细小的不规则的疤，除后期自然磕碰处外，其余均为与被加工物体接触所致（图2-28，2）。

2）三类工具

共5件。均为单刃刮削器。根据刃缘的不同分为直刃和凸刃。毛坯均为片状。

（1）单直刃刮削器

共2件。长84.31～87.54mm，平均长85.93mm；宽55.47～76.62mm，平均宽66.05mm；厚16.59～19.06mm，平均厚17.83mm；重84.22～135.83g，平均重110.03g。刃缘长50.76～82.03mm，平均长66.40mm。刃角20°～45°，平均32.5°。

标本15TJX：12，长87.54mm，宽55.47mm，厚16.59mm，重84.22g。A处以自然边作直刃，刃长50.76mm，刃角20°，刃部除了微小的使用疤外还存在磨光的现象，应是加工柔韧性较强的物质，如动物皮革；B、C处经简单加工，意为修形和修理把手。使得器体大小适中，方便使用（图2-28，1）。

（2）单凸刃刮削器

共2件。长45.88～72.49mm，平均长59.19mm；宽52.13～60.13mm，平均宽56.13mm；厚8.34～29.1mm，平均厚18.72mm；重19.24～92.5g，平均重55.87g。刃缘长31.09～62.2mm，平均长46.65mm。刃角50°～65°，平均57.5°。修理方向包括正向和反向。

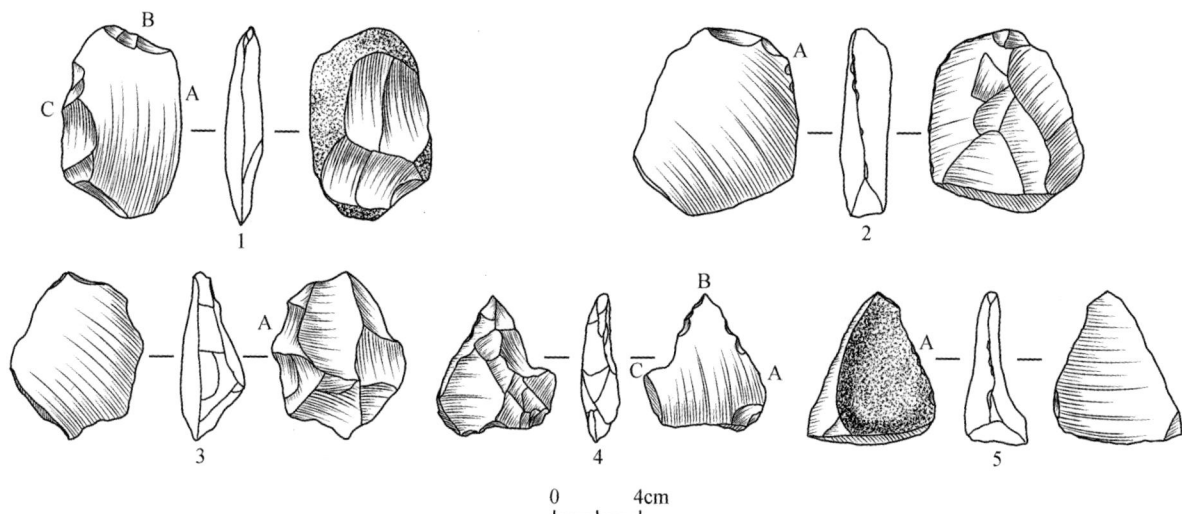

图2-28 小平安地点发现的部分工具

1. 三类单直刃刮削器（15TJX：12） 2. 二类单凸刃刮削器（15TJX：4） 3. 三类单凸刃刮削器（15TJX：10）

4. 三类单尖刃刮削器（15TJX：2） 5. 二类单直刃刮削器（15TJX：1）

标本15TJX：10，长72.49mm，宽60.13mm，厚29.1mm，重92.5g。A侧经正向修理形成直刃，刃长62.2mm，刃角65°，刃部较钝（图2-28，3）。

（3）单尖刃刮削器

共1件。标本15TJX：2，长49.77mm，宽54.2mm，厚14.59mm，重135.83g。AB刃经反向修理，刃长32.68mm，BC刃经反向修理，长24.54mm，所夹刃角70°。器体大小合适，方便使用（图2-28，4）。

2.10.3 讨论与结语

2.10.3.1 石器工业特征

1）石制品原料均为石英砂岩，采自附近河漫滩，属于就地取材。

2）该地点石制品共22件。总体上看，包括石核3件，石片8件，其中完整石片4件，断片4件；工具9件，其中二类工具4件，三类工具5件，不见一类工具。断块2件。

3）该地点的石制品中型19件，小型3件，不见微型、大型和巨型。

4）石核3件，推测均尚处于剥片阶段。石片均为锤击剥片，大部分打击点集中，有清晰的放射线，同心波不太明显，少部分石片保留少量自然砾石面。

5）二类工具均为单刃刮削器，质地较粗糙，但石片刃部锋利程度尚可，无需修理，直接使用。三类工具5件，修理简单，存在修刃、修形和修理把手的情况。

2.10.3.2　结论

此次调查小平安旧石器地点的石制品虽以中小型的石片为主，石核和工具较少，应为剥片和加工大型工具遗留的产品，但根据2005年调查结果来看，该地点应属砾石石器工业类型。

通过上述石制品的研究，该地点发现3件石核，但石片和工具数量众多，且加工成器者较少，因此推测，小平安地点可能为临时加工场所。

该地点虽然未发现可供测年的动物化石，且没有发现原生层位，石制品均为地表采集，根据天津地区区域地层的堆积年代及该地点所处的河流阶地等性质分析，推测小平安地点年代为旧石器时代晚期。

2.11　丈烟台东山地点

2.11.1　地理位置与地貌

丈烟台东山旧石器地点位于天津市蓟县东北部。该地点东邻龙门口水库，西靠丈烟台村，北距清东陵约5km，西南距蓟县县城约20km，南距天津市区约120km；西距北京市区约105km。属低山丘陵地区，泃河自西向东流过。该地点位于泃河北岸的Ⅱ级阶地上，海拔为144m。地理坐标为N40°8′53.48″，E117°36′42.91″（图2-29；图版50）。

2.11.2　石制品的分类与描述

丈烟台东山地点共获得石制品20件，原料均为石英砂岩。器物类型为石片、工具和断块（图版51、图版52）。

2.11.2.1　石片

共12件，均为锤击石片。根据石片的完整程度分为完整石片和断片。

1）完整石片

3件。长34～67.97mm，平均长45.97mm；宽41.34～84.82mm，平均宽58.83mm；厚10.54～25.1mm，平均厚17.51mm；重15.13～109.2g，平均重49.26g。台面为自然台面和打击台面。台面长26.2～76.39mm，平均长43.08mm，台面宽7.62～25.49mm，平均宽14.28mm；石片角78°～103°，平均93.67°。

标本15TJZD：1，长67.97mm，宽84.82mm，厚25.1mm，重109.2g。台面为自然台面，台面长76.39mm，宽25.49mm，石片角103°。劈裂面上打击点集中，半锥体较平，同心波不显

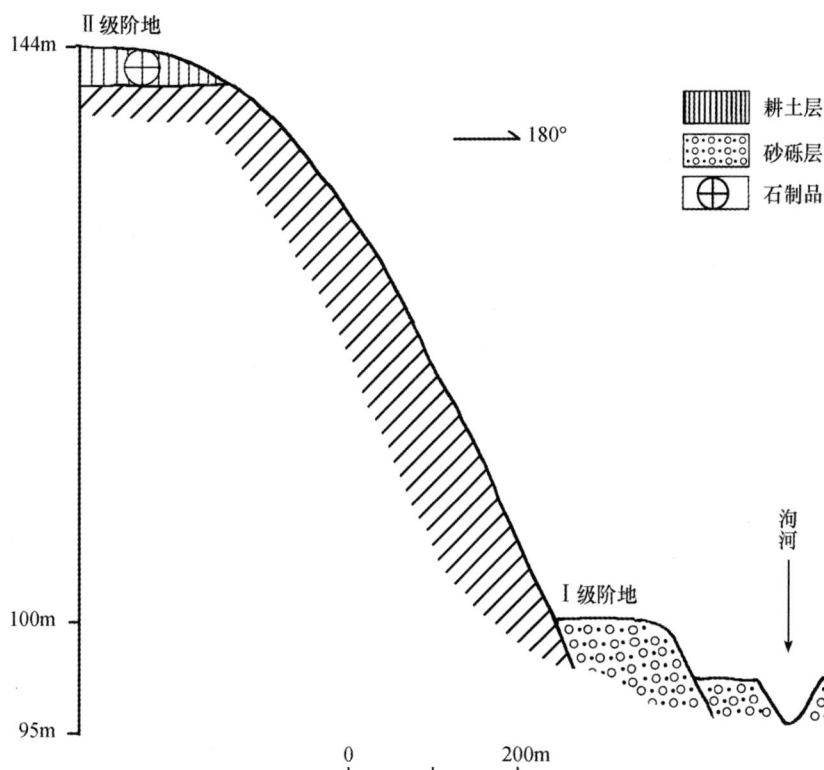

图2-29　丈烟台东山地点河谷剖面示意图

著，放射线清晰。背面全疤（图2-30，1）。

2）断片

共9件。根据断裂方式的不同分为横向断片和纵向断片。

（1）横向断片

①近端断片

3件。长28.27～64.09mm，平均长44.86mm；宽13.23～46.34mm，平均宽34.82mm；厚6.98～14.35mm，平均厚10.45mm；重2.69～44.41g，平均重26.60g。台面为线状台面和打击台面。

标本15TJZD：3，长42.23mm，宽46.34mm，厚14.35mm，重32.71g。台面为自然台面，台面长33.86mm，宽8.99mm，石片角93°。劈裂面上打击点集中，半锥体较平，同心波不显著，放射线清晰。背面均为自然面（图2-30，3）。

②远端断片

共3件。长28.97～31.15mm，平均长30.32mm；宽29.55～49.86mm，平均宽40.21mm；厚9.98～13.61mm，平均厚11.57mm；重8.67～17.85g，平均重12.83g。

标本15TJZD：16，长31.15mm，宽49.86mm，厚11.11mm，重17.85g。同心波明显，放射线清晰（图2-30，4）。

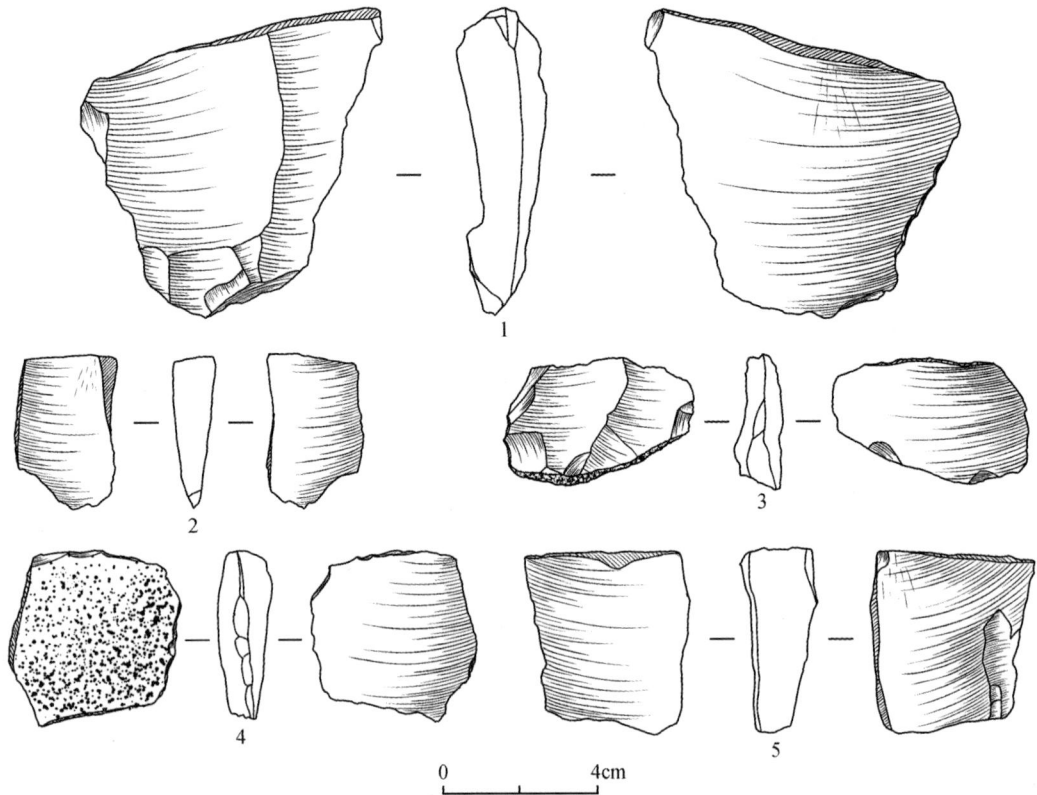

图2-30　丈烟台东山地点发现的部分石片

1.完整石片（15TJZD：1）　2.左裂片（15TJZD：11）　3.近端断片（15TJZD：3）　4.远端断片（15TJZD：16）

5.右裂片（15TJZD：15）

（2）纵向断片

①右裂片

1件。标本15TJZD：15，长47.57mm，宽39.79mm，厚18.77mm，重41.33g。打击点集中，同心波不明显，放射线清晰（图2-30，5）。

②左裂片

2件。长28.78～36.93mm，平均长32.86mm；宽26～34.72mm，平均宽30.36mm；厚9.37～14.54mm，平均厚11.96mm；重9.09～15.47g，平均重12.28g。

标本15TJZD：11，长36.93mm，宽26mm，厚9.37mm，重9.09g。打击点集中，同心波不明显，放射线清晰（图2-30，2）。

2.11.2.2　断块

共1件。15TJZD：20，长48.95mm，宽40.41mm；厚22.65mm；重43.71g。形状不规整。

2.11.2.3　工具

共7件，其中二类工具6件，三类工具1件。根据刃缘形态分为直、凸和凹刃三种。

1）二类工具

共6件，均为二类工具。均为单刃刮削器。根据刃缘形态分为直、凹和凸刃。毛坯均为片状。

（1）单直刃刮削器

共1件。15TJZD：13，长53.27mm，宽44.28mm，厚18.5mm，重36.77g。形状不规则。器物大小适中，A处以自然边为直刃，刃长34.95mm，刃角35°，刃部薄锐，无需加工，方便直接使用（图2-31，3）。

（2）单凸刃刮削器

共5件。长41.19～71.11mm，平均长53.67mm；宽26.57～84.24mm，平均宽57.96mm；厚11.85～42.57mm，平均厚19.83mm；重12.93～163.49g，平均重48.58g。刃缘长27.11～97.2mm，平均长54.92mm。刃角30°～50°，平均39°。

标本15TJZD：8，长41.19mm，宽26.57mm，厚11.85mm，重12.93g。器物大小适中，A处以自然边为凸刃，刃长44.5mm，刃角50°。刃部薄锐，无需加工，方便直接使用（图2-31，2）。

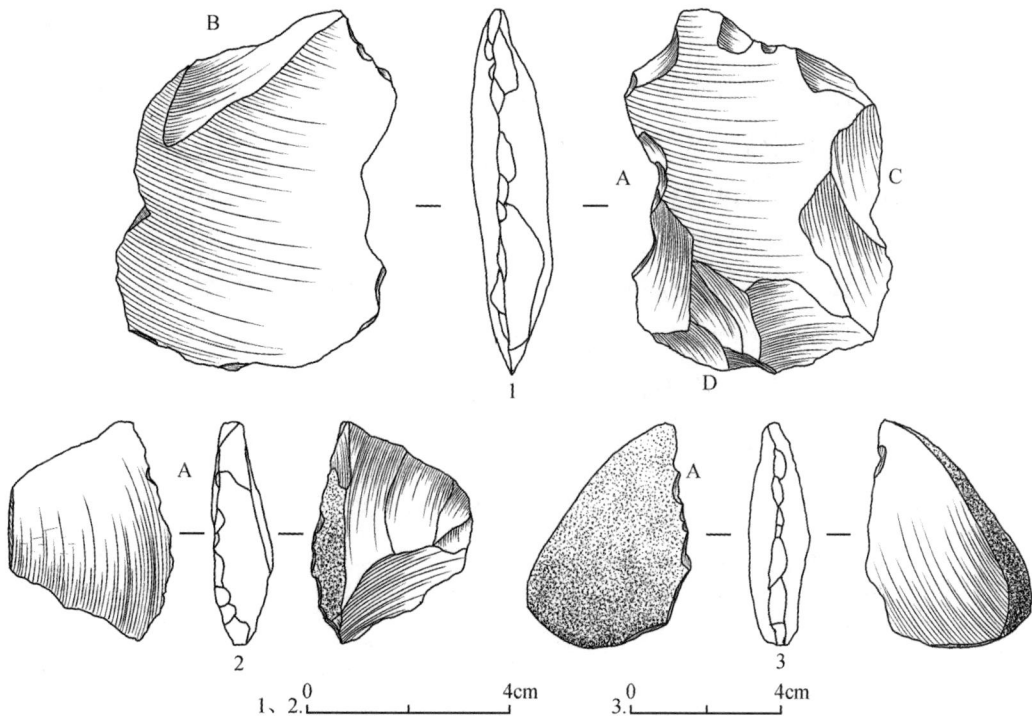

图2-31　丈烟台东山地点发现的部分工具

1. 三类单凹刃刮削器（15TJZD：4）　2. 二类单凸刃刮削器（15TJZD：8）　3. 二类单直刃刮削器（15TJZD：13）

2）三类工具

共1件，单凹刃刮削器。标本15TJZD：4，长73.91mm，宽54.92mm，厚16.27mm，重65.46g。A处经正向加工，形成凹刃，刃长37.43mm，刃角55°。B、D处经简单修整，为修形，C处为修理把手，使得器身规整，方便使用（图2-31，1）。

2.11.3 讨论与结语

2.11.3.1 石器工业特征

1）石制品原料均为石英砂岩。原料采自附近河滩，属就地取材。

2）该地点石制品共20件。总体上看，包括石片12件，其中完整石片3件，断片9件，断块1件；工具7件。

3）根据石制品的最大直径，可分为微型（＜20mm）、小型（20～50mm）、中型（50～100mm）、大型（100～200mm）、巨型（≥200mm）五种类型。该地点的石制品，小型12件，中型8件，不见微型、大型和巨型。

4）石片12件，均为锤击剥片，大部分打击点集中，有清晰的放射线，同心波不太明显。

5）二类工具6件，均为刮削器，以石片锋利的边缘作刃，无需修理，直接使用。

2.11.3.2 结论

丈烟台东山旧石器地点的石制品虽然以中小型的石片为主，但从石制品特征来看，应为剥片或加工大型工具的遗留产品，应反映的是砾石工业面貌。

通过上述石制品的研究，该地点没有发现石核类及进一步加工的石制品，工具和断片数量很大。因此，本书推测，丈烟台东山地点可能为古人类临时加工工具的场所。

该地点虽然未发现可供测年的动物化石，且没有发现原生层位，石制品均为地表采集，由于没有陶片或磨制石器等遗物的发现，根据天津地区区域地层的堆积年代及该地点的河流阶地性质分析，丈烟台东山地点年代应属旧石器时代晚期。

2.12 杨庄西山地点

2.12.1 地理位置、地貌与地层

2.12.1.1 地理位置

杨庄西山旧石器地点位于天津市蓟县罗庄子镇北部，与杨庄水库相依。东邻翟庄，西靠

黑豆庄，北抵张家峪村，南距罗庄子镇中心约1.5km；南距蓟县县城约10km，距天津市区约110km；西距北京市区约90km。两个采集地点的地理坐标分别为N40°8′53.7″、E117°25′28.9″和N40°9′28.5″、E117°25′44″（图版53、图版54）。

2.12.1.2 地貌

蓟县位于天津市区北部，属于天山—阴山—燕山纬向构造带，经历了长期的海陆变迁过程。地势北高南低，呈阶梯状分布。杨庄西山地处蓟县北部，属低山丘陵地区，境内泃河自北向南流过。地点位于泃河西岸的三级阶地上，海拔为197m。

2.12.1.3 地层

地层剖面由上到下依次为：

第1层：黑色耕土层，厚30~40cm；

第2层：土黄色粉砂质黏土层，厚约90cm，未见底。

在采集石制品的区域内为果树种植区，由于翻土及雨水的作用，使石制品暴露，26件发现于此，另1件采自地层剖面中（图2-32）。

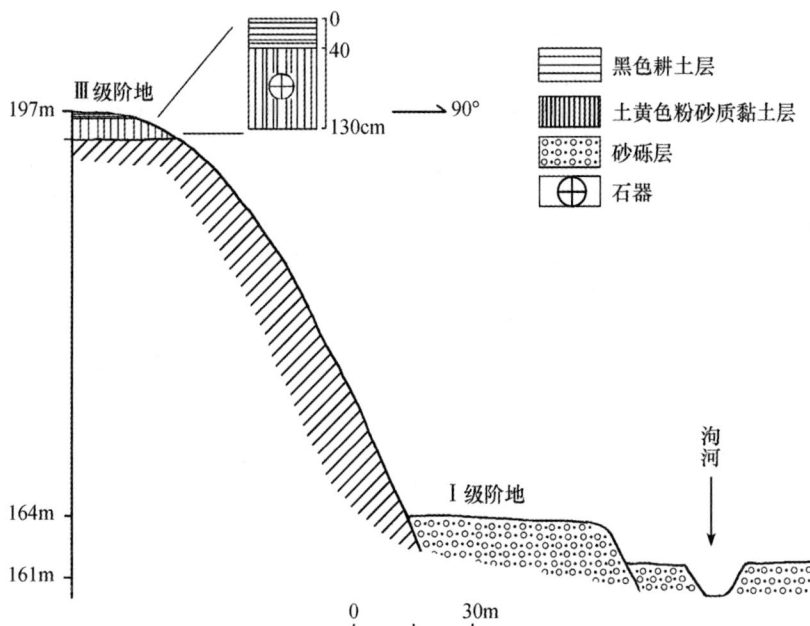

图2-32 杨庄西山地点河谷剖面图

2.12.2 石器的分类与描述

杨庄西山地点共采集石器27件，原料以石英砂岩和石英岩为主，器物类型包括石核、石片、工具和断块等（图版55~图版57）。

2.12.2.1　石核

共4件，根据台面数量可分为单台面石核和双台面石核（表2-11）。

1）单台面石核

2件。原料均为石英砂岩。长145.2～158.5mm，平均长151.9mm；宽71.9～76.7mm，平均宽74.3mm；厚102.8～135.6mm，平均厚119.2mm；重1276～1957.9g，平均重1617g。形状均不规则，台面类型为自然砾石面。台面角为75°～85°。剥片疤数量分别为4、9个。自然面比例占65%以上。

标本15TJYN：1，长158.5mm，宽76.7mm，厚135.6mm，重1957.9g，器体适中，形状不规则。台面为自然台面，较为平坦光滑，台面长153.3mm，宽122.5mm。剥片方法为硬锤直接打击，台面角为80°～85°，只有1个剥片面，剥片疤数量为9个，最大疤长76.8mm，宽55.8mm。自然砾石面约占65%。从形态上看，石核方便手握，台面角角度利于剥片；从石核上留下的疤痕来看，还可继续剥片，为正在使用阶段（图2-33，1）。

2）双台面石核

2件。原料均为石灰岩。长26.7～81.3mm，平均长54mm；宽26.9～41.2mm，平均宽34.1mm；厚24.1～36.3mm，平均厚30.2mm；重28.5～143g，平均重85.8g。形状均不规则，台面类型分为打击、有疤台面两种。台面角约70°～95°之间。剥片疤数量均为4个。

标本15TJYX：7，长26.7mm，宽26.9mm，厚24.1mm，重28.5g，器体较小，形状不规则。主台面A为有疤台面，台面长32.1mm，宽23.7mm。采用直接打击法进行剥片，台面角为70°～95°。剥片面为2个，剥片数量为4个，最大疤长18.1mm，宽11.2mm。台面B是以A台面的剥片面为台面，台面为打制，剥片面1个。石核形态较小，从剥片角度来看，还可继续剥片，剥片疤完整，推测此石核还在使用中（图2-33，2）。

2.12.2.2　石片

共5件，根据石片的完整程度分为完整石片和中段断片（表2-11）。

表2-11　石核、石片统计表

名称	类别	数量（件）	百分比（%）
石核	单台面石核	2	50
	双台面石核	2	50
合计		4	100
石片	完整石片	4	80
	断片	1	20
合计		5	100

1）完整石片

4件。均为锤击剥片。长33.1～118.8mm，平均长79.3mm；宽46～258.4mm，平均宽114.8mm；厚10.3～41.2mm，平均厚20.3mm；石片角74°～105°，平均90.5°。重14.9～1421.7g，平均重400.9g。台面分为自然台面和打击台面。石片背面可分为全疤、含少部分自然面以及全部自然面三种。背面石片疤数量最多的达7个。

标本15TJYN：5，原料为石英岩。长33.1mm，宽46mm，厚10.3mm，石片角74°，重14.9g。形状不规则，台面为自然台面，台面长27.3mm，宽10.4mm。劈裂面上打击点集中，半锥体较凸，同心波不显著，放射线清晰。边缘有折断。背面均为自然面，远端尖灭，边缘处另有几处小的疤痕，似为磕碰所致（图2-33，3）。

2）断片

中段断片

1件。标本15TJYX：6，原料为砂岩。长39.7mm，宽49mm，厚12.6mm，重26.4g。形状不规则，同心波不显著，有放射线。两边近似平行，背面大部分为自然面（图2-33，4）。

2.12.2.3 断块

1件。标本15TJYN：10，原料为燧石。长43.8mm，宽36.2mm，厚22.4mm，重24.6g。器形较小，形态不规则。

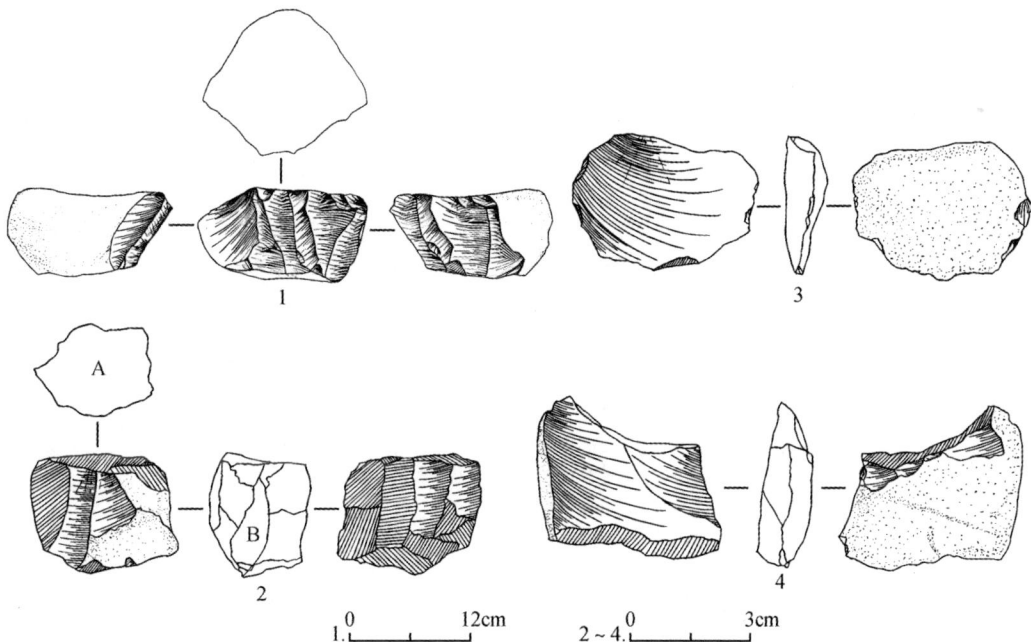

图2-33 杨庄西山地点发现的部分石核和石片

1.单台面石核（15TJYN：1） 2.双台面石核（15TJYX：7） 3.完整石片（15TJYN：5） 4.中段断片（15TJYX：6）

2.12.2.4 工具

共17件，可分为一、二、三类工具（表2-12）。

表2-12 工具统计表

分类	类型			数量（件）	百分比（%）	修理部位
一类	石锤			1	5.9	/
二类	刮削器	单刃	凸	2	11.8	/
三类	刮削器	单刃	直	4	23.5	刃、把手
			凸	1	5.9	刃
			凹	1	5.9	刃、形
			尖	3	17.6	刃、把手
	复刃	直-直-凹-凹		1	5.9	刃
	砍砸器	单刃	直	3	17.6	刃、形、把手
			凸	1	5.9	刃、形
总计				17	100	/

1）一类工具

1件。标本15TJYX：16，石锤，原料为石英砂岩。长162.1mm，宽89.8mm，厚66.1mm，重1539.9g。形状整体呈长椭圆形。在石锤的一端有10余处打击的疤与碰损痕迹，为与被加工物体接触的地方。另一端没有使用痕迹，器表圆滑，适合把握（图2-34，1）。

2）二类工具

2件。均为单凸刃刮削器。原料均为石英砂岩。长78.8～102.9mm，平均长90.9mm；宽92.9～95.1mm，平均宽94mm；厚23.8～30.1mm，平均厚26.9mm；重194.7～210g，平均重202.4g。刃缘长56.1～74.3mm，平均长65.2mm。刃角36°～47°，平均41.5°。石器在刃部均有不连续的小疤，个别刃部也有磨光的现象，应为刃部作用于被加工物体所留下的痕迹。

标本15TJYX：2，长102.9mm，宽92.9mm，厚23.8mm，重194.7g。片状毛坯，形状不规则。刃长74.3mm，刃角36°。器物大小适中，刃部薄锐，无需加工，方便直接使用。刃部劈裂面一侧有细小的不规则的疤，除后期自然磕碰处外，其余均为与被加工物体接触所致（图2-34，2）。

3）三类工具

14件。可分为砍砸器和刮削器。

（1）砍砸器

4件。均为单刃器。根据刃的形态可分为直刃和凸刃。

①单直刃砍砸器

3件。原料包括石英砂岩和石英岩。长144.4～225.2mm，平均长177.2mm；宽

100.4～170.6mm，平均宽126.9mm；厚43.9～50.1mm，平均厚46.1mm；重646.1～2475g，平均重1297.4g。加工方式均为反向加工。

标本15TJYX：17，原料为石英岩，片状毛坯，形状不规则。长162.4mm，宽109.8mm，厚44.4mm，重771.2g。刃长115mm，刃角30°。A处为自然的石片边，很锋利，使用时有一定的破损；B处为修形，使石器大小合适；C处为反向修理，在石器边缘留下整齐规则的疤，意为修理把手（图2-34，3）。

②单凸刃砍砸器

1件。标本15TJYN：4，原料为石英岩，片状毛坯，形状近似三角形。长122.3mm，宽138.1mm，厚48.4mm，重742.2g。A处经连续的反向加工，形成凸刃，刃长193.6mm，刃角47°。B处为修形和把手，使得大小合适，便于把握和使用（图2-34，4）。

（2）刮削器

10件。包括单刃和复刃。根据刃的形态可分为直、凹、尖和凸刃。

①单直刃刮削器

4件。原料均为石英砂岩。长38.2～111.9mm，平均长71.3mm；宽39.5～90.6mm，平均宽61mm；厚9.9～28.4mm，平均厚19.5mm；重18.2～177g，平均重87.1g。正向与反向修理各

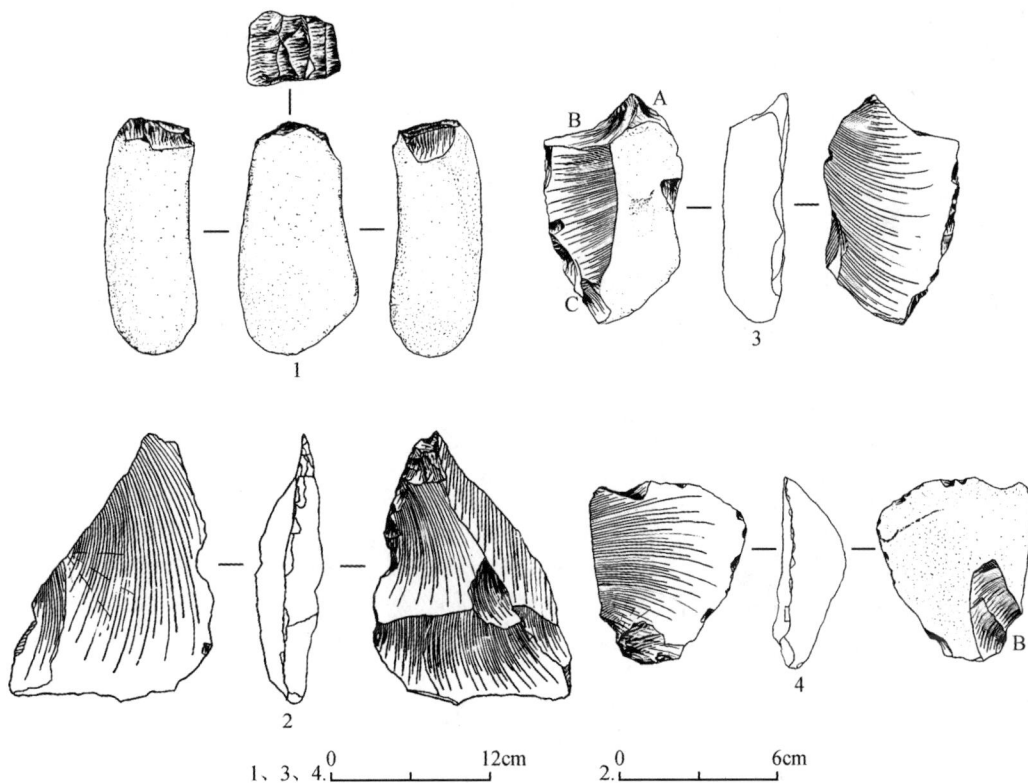

图2-34 杨庄西山地点发现的部分工具

1. 一类石锤（15TJYX：16） 2. 二类单凸刃刮削器（15TJYX：2） 3. 三类单直刃砍砸器（15TJYX：17）

4. 三类单凸刃砍砸器（15TJYN：4）

2件。修理刃部的疤多为单层连续的、平行状的修疤。刃缘长33.7～57.9mm，平均长40.4mm。刃角32°～83°，平均56.8°。

标本15TJYX：8，原料为石英砂岩。片状毛坯，形状近似三角形。长111.9mm，宽70.5mm，厚24.9mm，重129.5g。A处为正向修理，形成直刃，刃口锋利。B处为修形与修理把手，器体大小合适，便于把握与使用（图2-35，1）。

②单凹刃刮削器

1件。标本15TJYN：9，原料为石英砂岩。长64.8mm，宽56.2mm，厚26.9mm，重110.7g。块状毛坯，形状不规则，A处为正向加工，形成凹刃，刃长51.9mm，刃角62°。B处经过数次修理，减薄器身，意为修形。C处为修理把手，便于把握（图2-35，2）。

③单尖刃刮削器

3件。原料为石英砂岩和石英岩。长45.7～74.7mm，平均长84mm；宽51.5～126.9mm，平均宽77.4mm；厚13.8～41.8mm，平均厚23.8mm；重22.7～746g，平均重272.3g。刃角62°～120°，平均92.7°。

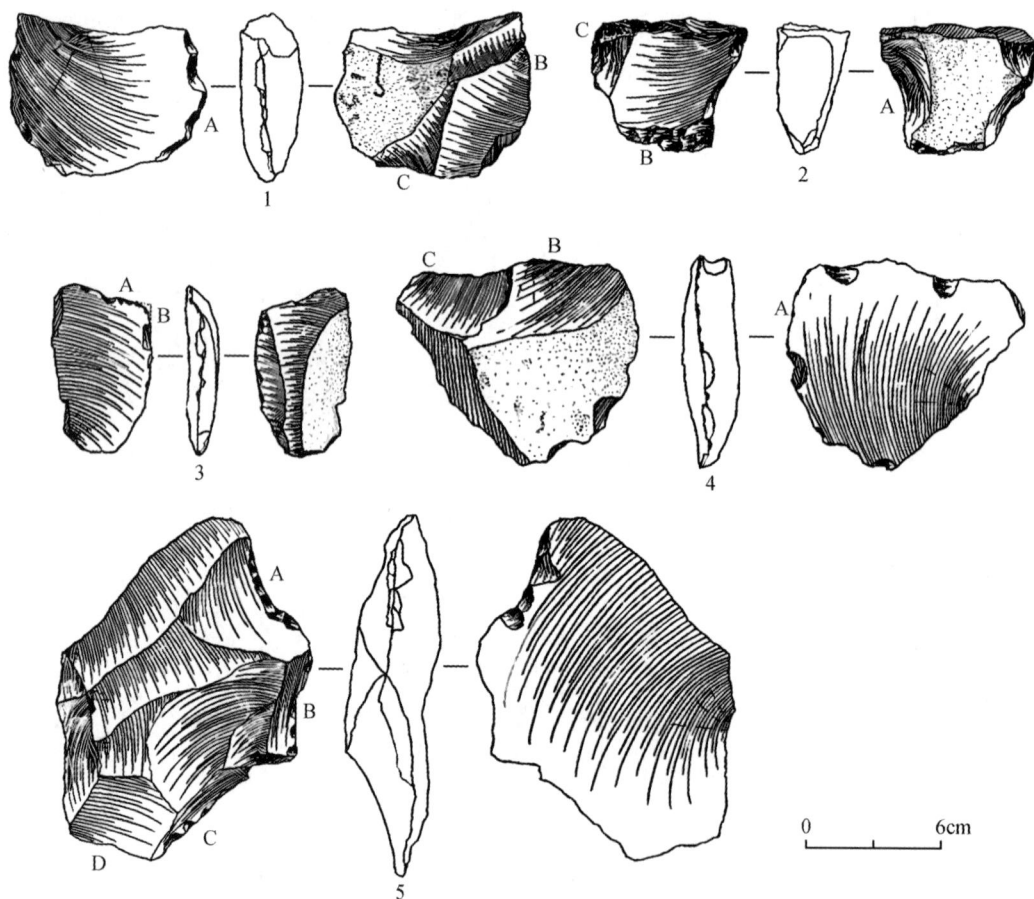

图2-35　杨庄西山地点发现的部分三类工具

1. 三类单直刃刮削器（15TJYX：8）　　2. 三类单凹刃刮削器（15TJYN：9）　　3. 三类单尖刃刮削器（15TJYX：13）

4. 三类单凸刃刮削器（15TJYX：5）　　5. 三类复刃刮削器（15TJYX：12）

标本15TJYX：13，原料为石英砂岩，片状毛坯，形状不规则。A、B两边均为反向加工，两边交于一角，为尖刃，刃角约120°，略有残损。此件标本于地层剖面中发现，保存环境完好，加工较为细致（图2-35，3）。

④单凸刃刮削器

1件。标本15TJYX：5，原料为石英砂岩。长91.8mm，宽70.8mm，厚23.3mm，重142.7g。片状毛坯，形状不规则。A处为反向加工，形成凸刃，刃长118.5mm，刃角约70°。B、C两处为修整器形和把手，便于把握使用（图2-35，4）。

⑤复刃刮削器

1件。标本15TJYX：12，原料为石英砂岩，片状毛坯，形状不规则。A处的背面和劈裂面均经过加工，形成凹刃，刃长39.9mm；B处为正向加工，形成凹刃，刃长53.3mm；C处没有加工，直接作直刃，刃长44.1mm；D处没有加工，直接作直刃，刃长41.9mm。4个刃的刃角为50°～76°。4个刃长短不一，分两种形态，是一件很实用的工具（图2-35，5）。

2.12.3 讨论与结语

2.12.3.1 石器工业特征

1）石器原料主要是石英砂岩和石英岩，原料采自河漫滩，属于就地取材（图2-36）（王春雪等，2017）。

2）该地点石器共27件，其中地层发现1件。总体上看，包括石核4件；石片5件，其中完整石片4件，中段断片1件；工具17件，其中一类工具1件，二类工具2件，三类工具14件；断块1件。石器类型以工具为主，占总数约63%。

3）根据石器的最大直径，可将石器分为微型（＜20mm）、小型（20～50mm）、中型（50～100mm）、大型（100～200mm）、巨型（≥200mm）五种类型。经统计，该地点的石器，巨型2件，大型11件，中型8件，小型6件，不见微型。

4）石核单台面、双台面各2件，通过特征判断，均为正在使用阶段。石片5件，均为锤击剥片，打击点集中，有清晰的放射线，同心波不明显，大部分石片保留少量自然砾石面。

5）二类工具仅2件，均为单凸刃刮削器，质地粗糙，但石片刃部相当锋利，无需修理，便于直接使用。三类工具14件，修理方法以硬锤直接打击技术为主，加工方向为正向和反向

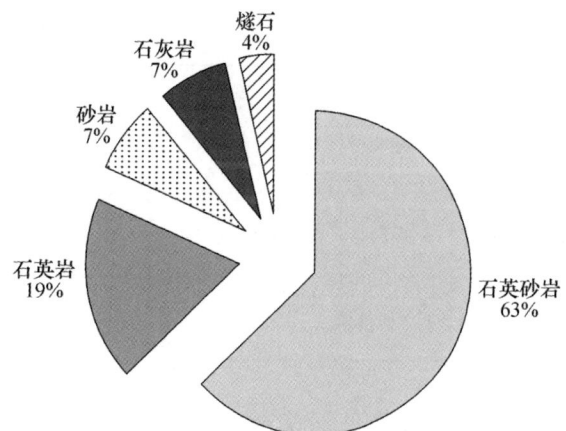

图2-36 杨庄西山地点石制品原料比例图

加工，以反向加工为主。毛坯选择几乎都为片状，修理的部位以修刃为主，其次为修形和修理把手。这说明古人是在有意选择合适的坯材和部位进行修理，以便于制造出适合人类使用的工具，进行生产生活。

2.12.3.2　讨论

1）石器工业类型

早在20世纪70年代，就曾有学者把华北地区旧石器时代文化分为两个系统，一是"匼河-丁村系"，或称为"大石片砍砸器-三棱大尖状器传统"，它的基本特征是利用宽大石片制造各类型的大砍砸器，富有代表性的石器是三棱大尖状器，在石器的成分中有时含小石器，但数量有限，类型也很少。二是"周口店第1地点-峙峪系"或称为"船头状刮削器-雕刻器传统"，它的基本特征是利用不规则的小石片制造细石器，在石器成分中细石器的比例大、类型多、加工痕迹细小。之后，随着考古材料不断丰富，也有学者把中国旧石器文化划分为南方的砾石工业和北方的石片工业的二元结构。近20年，不断有学者提出新想法，指出前人研究的不足之处，尝试找到不同工业类型的成因，也有对石器大小的重新思考，以及南北方不同工业类型的再分析。综合学者的研究，本书认为，同一地区大小石器传统是并行的，随着时间推移，新的工业类型并不会完全取代原有的工业类型。从天津蓟县地区大石器工业、小石器工业，包括细石器工业均存在且互相融合这一现象，也可以印证这一观点。杨庄西山旧石器地点的石器以大砍砸器、大石片加工而成的工具为主，有很少的小石器，这符合砾石石器工业类型的特点（王春雪等，2017）。

2）对比

天津蓟县地区2005年的旧石器田野调查和2007年的东营坊遗址的发掘研究表明，该地区存在两个石器工业类型，即以石片石器为代表的小石器工业（以小平安地点为例）和以细石叶加工的各类石器为特征的细石叶工业类型（以丈烟台地点为例）。而杨庄西山地点属于砾石石器工业类型（王春雪等，2017）。三者对比具体情况见下表（表2-13）。

表2-13　蓟县地区不同工业类型对比

地点名称	埋藏地点	数量和尺寸	石器原料	剥片技术	主要石器组合	工业类型
杨庄西山	Ⅲ级阶地	27件。大型为主	石英砂岩为主	锤击法，不见砸击法	锤击石核、石片、砍砸器、刮削器	砾石石器工业
小平安	Ⅱ级阶地	22件。中小型为主	石英砂岩为主，燧石较少	锤击法为主，存在砸击法	锤击石核，石片，刮削器	小石器工业
丈烟台	Ⅱ级阶地	62件。微型、小型为主	燧石为主，石英较少	锤击法为主，存在砸击法	细石叶石核、石片、刮削器、雕刻器等	细石叶工业

从蓟县周边的地区如根据泥河湾盆地及东北地区等地的旧石器文化面貌来看，砾石工业类型和小石片石器工业类型从旧石器时代早期开始，就应该同时存在并行发展的。自旧石器时代晚期开始，细石叶工业开始出现。但并没有取代原有的传统，而是与之共同发展。

3）年代

虽然该地点未发现可供测年的动物化石，而只有1件石器出于土黄色粉砂质黏土层之中，通过出土情况和实地观察分析，此地层即为原生层位。根据天津地区区域地层的堆积年代及该地点的河流阶地性质分析，此层位属于上更新统，相当于晚更新世，另对杨庄西山第2层剖面不同深度取光释光样品5个，第一个样品取自第2层上部距地表60cm处，测年结果为距今11.88ka；第二个样品取自第2层上部距地表80cm处，测年结果为距今17.81ka；第三个样品取自第2层下部距地表90cm处，测年结果为距今32.64ka；第四个样品取自第2层下部距地表110cm处，测年结果为距今37.43ka；第五个样品取自第2层下部距地表130cm处，测年结果为距今53.1±ka；因此杨庄西山地点地层年代序列清晰，年代从旧石器时代早期一直延续到晚期。

2.13　道古峪北岭地点

2.13.1　地理位置与地貌地层

2.13.1.1　地理位置

道古峪北岭地点位于天津市蓟县北部，南抵西铺，西北与船舱峪相邻，东与小港相接，东北与古强峪邻近。其东偏南17°、距离1330m为赤霞峪西岭旧石器地点。道古峪北岭地点的地理坐标为N40°7′42″，E117°31′67″（图版58）。

2.13.1.2　地貌及地层

蓟县地区在大地构造上属于天山—阴山—燕山纬向构造带。经历了长期的海陆变迁过程，至中生代燕山运动，该地区发生了强烈的断裂、褶皱、隆起和岩浆活动，北部地区褶皱隆起成东西走向的燕山山脉，南部断裂下沉堆积为平原，主断裂线方向也呈东西走向。新生代第三纪末期的喜马拉雅运动和以后的新构造运动，在该地区表现为继承性活动。使北部地区继续隆起上升，南部地区继续下沉。

道古峪地处低山谷地，南抵东西流向的关东河，东靠南北流向的黑水河。道古峪北岭地点位于关东河北岸的Ⅲ级阶地上，地势较开阔，南侧较陡峭而东、北部平缓，海拔192.8m。石制品为调查所得，无具体原生层位（图2-37）。

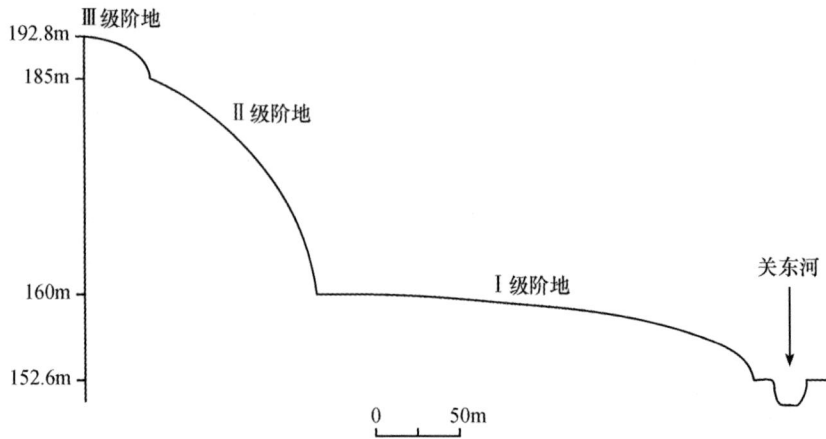

图2-37　道古峪北岭地点河谷剖面图

2.13.2　石器分类与描述

道古峪北岭地点共获得石器33件，原料以石英砂岩为主，器物类型可分为石核、石片、工具和断块等（图2-38；图版59～图版61）。

2.13.2.1　石核

共2件，根据台面数量分类，均为单台面石核。

标本15TJDB Ⅲ：1，锤击石核，原料为石英砂岩，长75.44mm，宽47.26mm，厚64.52mm，重239.88g，形状近似半椭圆，台面为修理台面，台面长48.12mm，宽57.54mm，剥

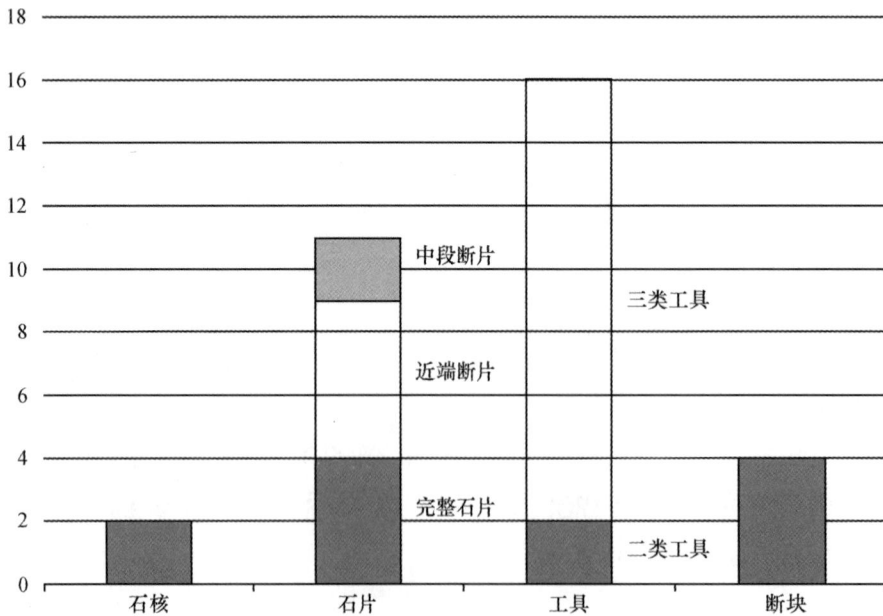

图2-38　道古峪北岭地点的石器分类统计图

片面和剥片疤只在A处有一处。石核整体形态较好适合把握，并且石核上其余部位尤其是台面的其他部分也相对适合剥片但是不见其他剥片疤，应为其在剥片取材后不能满足需要所以未进行其他剥片（图2-39，1）。

2.13.2.2　石片

共11件，根据石片的完整程度分为完整石片和断片两种。

1）完整石片

4件，均为锤击剥片，长61.12～93.65mm，平均长73.99mm；宽40.18～77.44mm，平均宽58.71mm；厚16.66～21.27mm，平均厚19.53mm；重45.13～114.31g，平均重75.66g；石片角73°～126°，平均98.3°。台面分为自然台面和修理台面。背面可分为自然背面、部分自然背面部分人工背面和人工背面三种。

标本15TJDBⅢ：27，原料为石英砂岩，长93.65mm，宽77.44mm，厚19.87mm，重114.31g，石片角73°，形状不规则。台面为自然台面，台面长92.72mm，宽18.69mm。劈裂面打击点处有断面，打击点可见部分残余，半锥体较平，放射线清晰，同心波不明显。部分人工背面，有几处较大疤痕，边缘不适合作刃，没有进行加工使用（图2-39，2）。

2）断片

（1）近端断片

5件，长55.66～87.47mm，平均长67.42mm；宽46.87～53.05mm，平均宽50.04mm；厚13.33～25.46mm，平均厚17.04mm；重34.34～66.72g，平均重50.04g；石片角86°～99°，平均93.6°。均为修理台面，背面可分为部分自然背面部分人工背面和人工背面。

2件。标本15TJDBⅢ：7，原料为石英砂岩，形状不规则。长55.66mm，宽50.37mm，厚

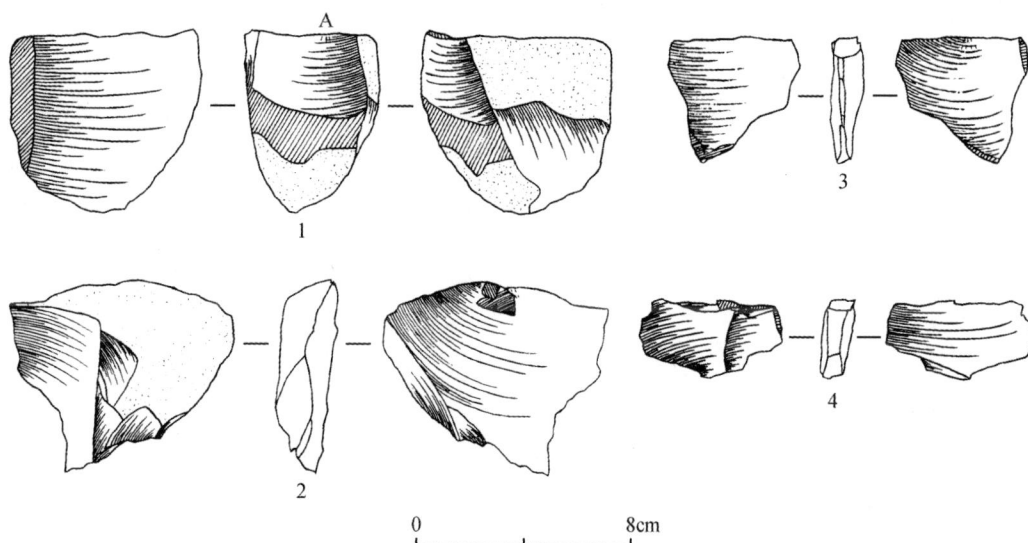

图2-39　道古峪北岭地点的石核和石片

1.单台面石核（15TJDBⅢ：1）　2.完整石片（15TJDBⅢ：27）　3.近端断片（15TJDBⅢ：7）　4.中段断片（15TJDBⅢ：21）

13.33mm，重34.34g，石片角86°。台面为修理台面，台面长51.7mm，宽10.31mm。劈裂面打击点和同心波不明显，放射线较明显，远端断裂形成断面，石片右缘也有断面，断面均很宽，无合适部分可修理成刃，人工背面（图2-39，3）。

（2）中段断片

2件。标本15TJDBⅢ：21，原料为石英砂岩，形状不规则。长57.62mm，宽30.53mm，厚11.86mm，重20.7g。同心波不明显，放射线较清晰，人工背面，左右两缘都有断裂痕迹，应为打制石片过程中残断者（图2-39，4）。

2.13.2.3 断块

共4件，都是剥片时沿自然节理断裂的石块或破碎的石制品小块。此4件个体变异不大，最小者（15TJDBⅢ：33）长宽厚为39.34mm×26.64mm×7.08mm，重7.65g；最大者（15TJDBⅢ：30）长宽厚为67.31mm×46.44mm×10.03mm，重32.62g。

2.13.2.4 工具

共16件，可分为二、三类工具。

1）二类工具

2件。均为刮削器，根据刃的形态可分为单直刃刮削器和单凸刃刮削器。

（1）单直刃刮削器

1件。标本15TJDBⅢ：9，原料为石英砂岩，长73.66mm，宽41.32mm，厚11.68mm，重33.43g，片状毛坯，形状不规则。A处为刃，刃长56.96mm，刃角32°。器物大小适中，受原料限制并带有使用痕迹，刃部不甚薄锐。器物上无明显修理疤痕，从整体形状和刃缘看不需要进行加工修理便可使用（图2-40，1）。

（2）单凸刃刮削器

1件。标本15TJDBⅢ：10，原料为石英砂岩，形状似扇形。长42.65mm，宽32.36mm，厚10.95mm，重11.69g。A处为刃，刃长40.3mm，刃角26°。器物较小，刃缘比较锋利，不需要修刃可直接使用。无加工修理痕迹，只可见几处微小不规则疤痕，应为使用或自然磕碰所致（图2-40，2）。

2）三类工具

14件，可分为刮削器、雕刻器和钻器。

（1）刮削器

12件，包括单刃、双刃和复刃。根据刃的形态可分为直、凸和凹刃。

①单直刃刮削器

4件，长71.15~106.55mm，平均长91.27mm；宽47.83~72.06mm，平均宽58.17mm；厚17.44~21.47mm，平均厚21.39mm；重61.77~172.1g，平均重101.02g。刃部修理1件为正

向加工，3件为反向加工，其中2件进行了修形和修理把手。刃缘长41.7～99.77mm，平均长55.5mm；刃角38°～81°，平均54.5°。

标本15TJDBⅢ：12，原料为石英砂岩，片状毛坯，形状不规则。长95.14mm，宽49.93mm，厚17.44mm，重70.47g。A处进行反向加工形成直刃，保留些许清晰修刃疤痕，刃缘比较锋利，刃长43.91mm，刃角81°。B、C处经过明显修理把手，应该是将石片毛坯两端凸出尖部打掉以便于把握和使用（图2-40，3）。

②单凸刃刮削器

2件。正向加工和反向加工各1件，1件经过修形，1件经过修理把手。

标本15TJDBOⅢ：17，原料为石英砂岩，片状毛坯，近似1/4椭圆形。长78.27mm，宽50.26mm，厚20.3mm，重67.29g。A处进行反向加工形成凸刃，刃长73.3mm，刃角48°，刃部有小缺口和细小疤痕，应为修理和使用过程中形成（图2-40，4）。

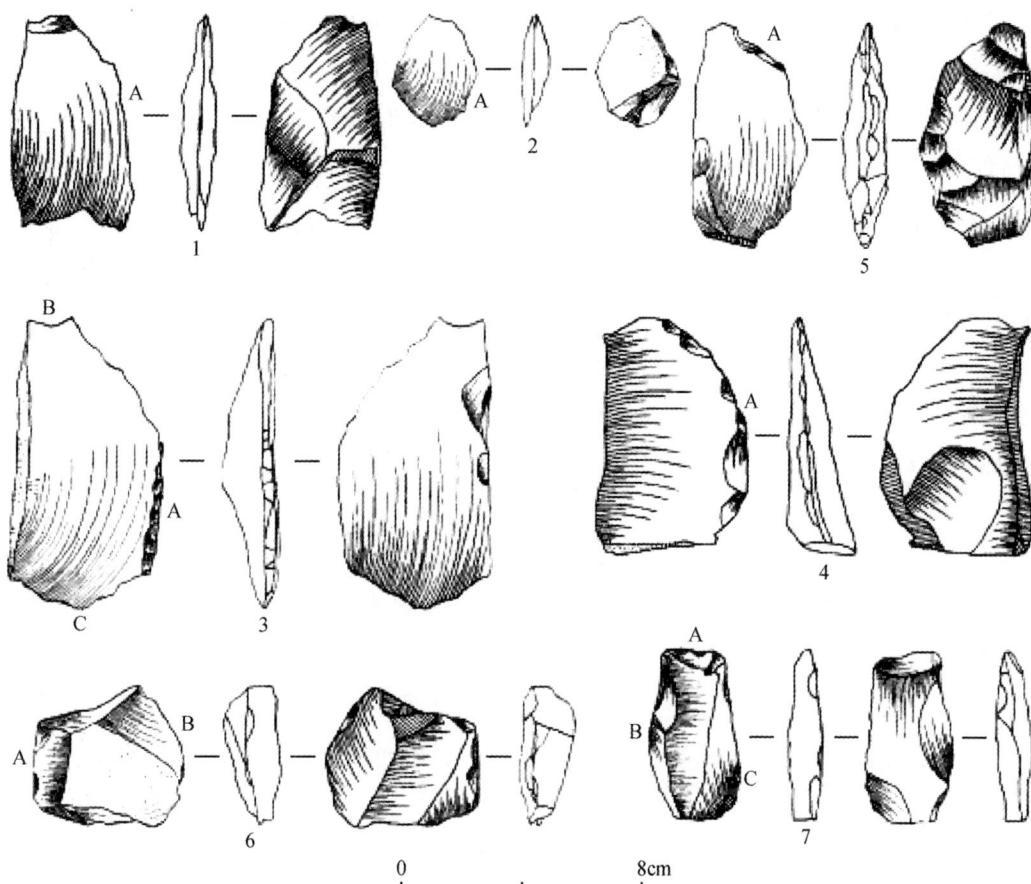

图2-40　道古峪北岭地点发现的部分刮削器

1. 二类单直刃刮削器（15TJDBⅢ：9）　2. 二类单凸刃刮削器（15TJDBⅢ：10）　3. 三类单直刃刮削器（15TJDBⅢ：12）

4. 三类单凸刃刮削器（15TJDBOⅢ：17）　5. 三类单凹刃刮削器（15TJDBⅢ：26）　6. 双刃刮削器（15TJDBⅢ：6）

7. 复刃刮削器（15TJDBⅢ：5）

③单凹刃刮削器

2件。正向加工和反向加工各1件，都经过修形。

标本15TJDBⅢ：26，原料为石英砂岩，片状毛坯，形状不规则。长73.18mm，宽40.56mm，厚15.45mm，重44.77g。A处进行反向加工形成凹刃，刃缘较钝，刃长22.55mm，刃角55°。器物上有多处修疤，应为修形形成（图2-40，5）。

④双刃刮削器

3件，长53.98～65.45mm，平均长60.21mm；宽46.85～57.82mm，平均宽51.24mm；厚15.77～17.54mm，平均厚16.75mm；重36.46～46.34g，平均重41.45g。1件主要为反向加工，2件经过复向加工。

标本15TJDBⅢ：6，原料为石英砂岩，片状毛坯，形状不规则。长53.98mm，宽46.85mm，厚16.94mm，重39.56g。A处进行复向加工形成直刃，刃部保留几处细小修疤，刃长27.7mm，刃角58°；B处进行正向加工形成凸刃，刃长46.65mm，刃角34°。与另外2件双刃刮削器一致的是，均在与2个刃相邻的边进行截断修形便于使用，且都有一处为较钝的直刃，另一刃则修理和使用程度较轻。应反映出此3件双刃刮削器的双刃都不为同时加工产生或不在同一时期进行使用（图2-40，6）。

⑤复刃刮削器

1件，标本15TJDBⅢ：5，原料为石英砂岩，颗粒较细，形状不规则。长56.52mm，宽30.13mm，厚10.15mm，重17.08g。A、B、C处均经过反向加工形成刃，A处为直刃，刃长18.46mm，刃角34°；B处为凸刃，刃长32.89mm，刃角30°；C处为直刃，刃长45.32mm，刃角44°。器物较小，便于使用。在这批石器中此标本原料质地最好，因此其加工成刃部分最多，虽然体积很小仍然反复加工利用，且其经过多次加工修理使用依然显得较光滑，确为此批石器中最优者（图2-40，7）。

（2）雕刻器

1件，屋脊形雕刻器。标本15TJDBⅢ：13，原料为石英砂岩，长79.02mm，宽38.09mm，厚17.94mm，重44.85g。在A处进行简易的两次加工修理与产生截断面的另一边夹角形成刃部，器身只有少数几处细小疤痕，除A处没有明显加工修理痕迹。工具保留很完整，使用痕迹不明显，应该是将石片制作中产生的断片形状较合适者进行简单打制做成（图2-41，1）。

（3）钻器

1件。标本15TJDBⅢ：15，原料为石英砂岩，片状毛坯，长49.77mm，宽39.88mm，厚12.64mm，重19.44g。在A、B处进行正向加工形成两肩，夹角为刃部，经过修理使用刃部已经出现残断。由于原料较脆颗粒较粗，此器物应不能很好发挥钻器作用，其上修理疤不多且肩部修理简单可以反映出这一点（图2-41，2）。

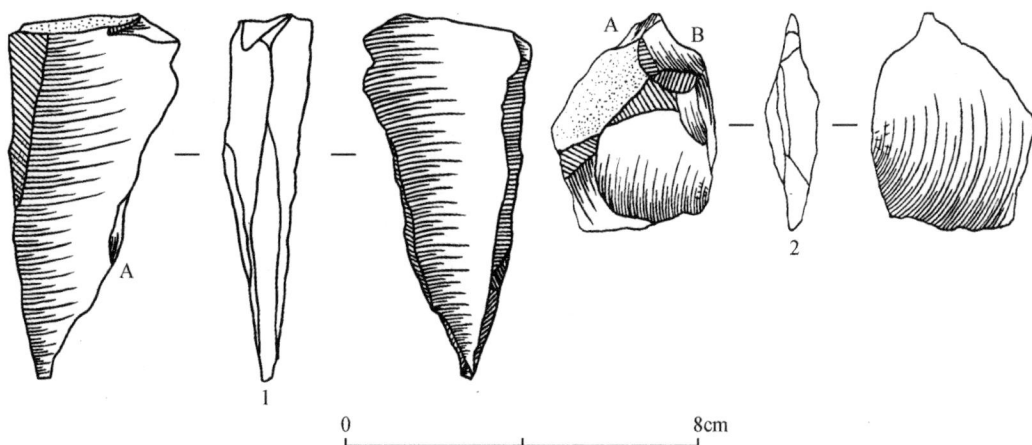

图2-41　道古峪北岭地点发现的部分三类工具
1. 雕刻器（15TJDBⅢ：13）　2. 钻器（15TJDBⅢ：15）

2.13.3　讨论与结语

2.13.3.1　石器工业特征

根据以上对石制品的分析，现将道古峪北岭地点的石器工业特点简单归纳如下。

1）石器的原料主要为石英砂岩，应为就地取材所得。

2）该地点石器共33件。包括石核2件；石片11件，其中完整石片4件，近端断片5件，中段断片2件；工具16件，其中二类工具2件，三类工具14件；断块4件。石器类型以工具为主，占总数的48%，石片次之，占总数的33%。

3）根据统计（图2-42），该地点的石器，小型8件，中型23件，大型2件，不见巨型和微型，石器主要以中型为主，占总数的69.69%。

4）剥片主要采用锤击法。仅有的2件石核均为单台面石核，只有少量剥片疤且使用粗糙。应为原料及剥片水平所限。

5）石片中不完整石片多于完整石片。多数石片为人工台面。石片背面多为人工背面或部分人工背面，应是次级剥片所得。

6）二类工具只有2件，均为刮削器，刃部不需要修理就易于使用但原料略显粗糙。三类工具14件，类型比较简单，主要为刮削器，12件，占总数的85%。而单刃刮削器数量占石制品总数的24.2%，工具数量的50%。雕刻器和钻器各只有1件且加工都比较简单。

7）工具均由锤击法加工而成，以单向加工为主，其中又以反向加工居多。片状毛坯为绝大多数，修理部位以修形和修刃为主，其次为修理把手。

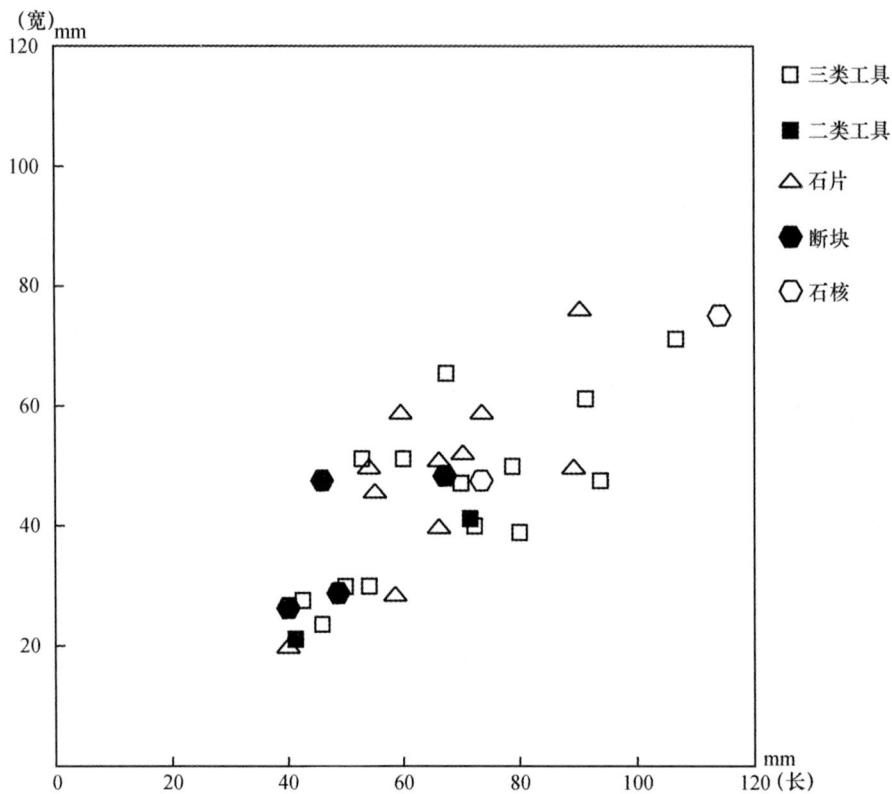

图2-42 石制品大小统计图

2.13.3.2 对比与讨论

道古峪北岭地点的旧石器数量较少，类型也比较简单。但是与同样位于蓟县的其他旧石器地点的石器研究结果相对比，并结合华北地区旧石器文化研究近况，道古峪北岭地点的石器工业特征表现为石器以各类刮削器为主，其中单刃刮削器在工具类型中数量最多，为北方典型石片工业中的常见类型。原料为就地取材，主要为石英砂岩，易于获取同时也导致石器原料质量较低，会影响石器的加工和使用，这应为该地点多数石器加工修理比较简单，鲜有多次加工利用者的原因之一。

旧石器时代晚期的华北地区旧石器工业更具多样性，张森水先生将华北地区大致分为两个石器工业：以直接打击的小石器为主的工业和长石片—细石器工业。而天津蓟县地区2005年的旧石器田野调查和2007年的东营坊遗址的发掘研究印证了这一说法。现将道古峪北岭地点与天津蓟县地区所发现的小石器工业中的小平安地点和细石器工业类型中闾子峪和大孙各庄地点的对比如下（表2-14）。

根据对比，三处地点的石器在原料、剥片技术和石器组合等方面均存在不同。而道古峪北岭地点的石器主要特征更接近于小平安地点，但是剥片技术和石器组合反映出其加工工艺相比小平安地点更为简单，石器尺寸也主要为中型而不偏向小型。但是道古峪北岭地点的石器出土于Ⅲ级阶地，而蓟县的一些小石器工业类型地点如小平安地点、大星峪地点、北台地点，其石器的原生层位均为Ⅱ级阶地的浅黄色粉砂质黏土层。从地质年代上看，道古峪北岭地点应早于上述地点，也可以解释为其剥片技术和石器组合相对落后。而从总体上的相似程度看，道古峪北岭地点的石器应为石片石器工业类型。

表2-14　道古峪北岭地点与不同工业类型地点对比

地点名称	埋藏地点	石器原料	数量和尺寸	剥片技术	主要石器组合
道古峪北岭	Ⅲ级阶地	石英砂岩为主	33件，中型为主	锤击法	锤击石核、石片、刮削器
小平安	Ⅱ级阶地	石英砂岩为主，燧石、霏细岩等较少	22件，中小型为主	锤击法为主	锤击石核、石片、刮削器
闯子峪和大孙各庄地点	Ⅱ级阶地	黑色或灰黑色燧石为主，霏细岩等较少	24件，小型为主，微型次之	锤击法为主，存在砸击法	砸击石核、细石叶石核、石片

2.14　青池遗址

2.14.1　地理位置与地貌

青池遗址位于天津市蓟县东部，东邻九百户乡，西靠东十百户村，西距蓟县县城8km，南距天津市区约100km；西距北京市区约95km。该地点位于青池村于桥水库岸边的Ⅱ级阶地上，地势很低，植被较好，视野开阔，海拔35m。地理坐标为N40°1′24.30″，E117°30′25.50″（图2-43；图版62）。

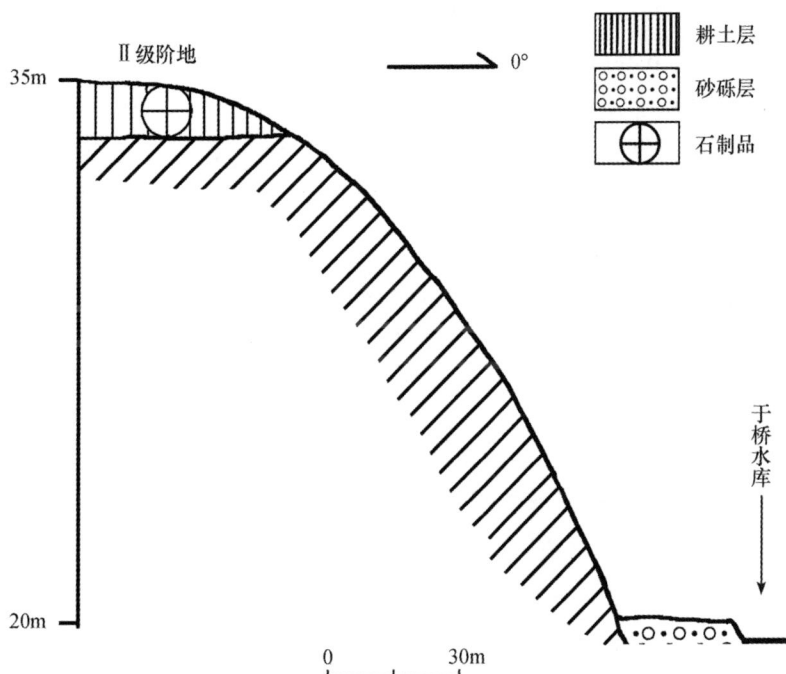

图2-43　青池遗址河谷剖面示意图

2.14.2　石制品的分类与描述

青池遗址共获得石制品343件，原料以深色燧石为主，少量为玛瑙和石英砂岩等。器物类型包括各类石核、石片、细石叶、工具和断块（图2-44～图2-48；图版63～图版67）。剥片方法包括锤击法和砸击法。

2.14.2.1　石核

共34件，分为锤击石核、砸击石核和细石叶石核。

1）锤击石核

共13件。根据台面数量分为单台面、双台面、多台面和盘状石核。原料均为燧石。

（1）单台面石核

共7件。长15.68～36.8mm，平均长23.62mm；宽13.14～39.15mm，平均宽30.2mm；厚17.93～49.96mm，平均厚25.36mm；重5.33～56.16g，平均重21.44g。台面类型包括自然、修理、打击台面三种。台面角61°～116°。大部分均保留部分自然面。

标本15TJQC：91，长20.93mm，宽38.75mm，厚49.96mm，重56.16g。器体较小，台面A为自然台面，台面长34.37mm，宽48.1mm，台面角63°～90°。石核共3个剥片面，其中A1剥片疤数分别为3个；A2为1个；A3为3个。最大疤长21.29mm，宽34.54mm。自然面约占65%（图2-44，3）。

（2）双台面石核

共3件。长17.39～27.42mm，平均长21.39mm；宽22.23～33.62mm，平均宽29.4mm；厚17.16～37.29mm，平均厚26.58mm；重6.48～18.77g，平均重14.43g。台面均为打击台面。台面角72°～85°。几乎没有自然面保留。

标本15TJQC：97。长17.39mm，宽33.62mm，厚37.29mm，重18.77g，器体较小，形状不规则。主台面A是以台面B的剥片面B1为台面，台面长28.97mm，宽21.07mm，台面角85°。共2个剥片面，A1剥片疤1个，A2剥片疤2个。最大疤长12.63mm，宽23.60mm。台面B为打击台面，台面长12.45mm，台面宽31.98mm，台面角76°。B1为剥片面，剥片疤1个，最大疤长19.20mm，宽13.71mm（图2-44，7）。

（3）多台面石核

共2件。长19.11～31.2mm，平均长25.16mm；宽24.39～35.64mm，平均宽30.02mm；厚17.1～22.46mm，平均厚19.78mm；重6.63～23.06g，平均重14.85g。台面包括修理和打击台面两种。台面角67°～87°。有极少部分自然面。

标本15TJQC：99。长31.2mm，宽35.64mm，厚22.46mm，重23.06g，器体较小，形状不规则。台面A为修理台面，台面长22.57mm，宽21.84mm，台面角67°，A1为剥片面，剥片疤2

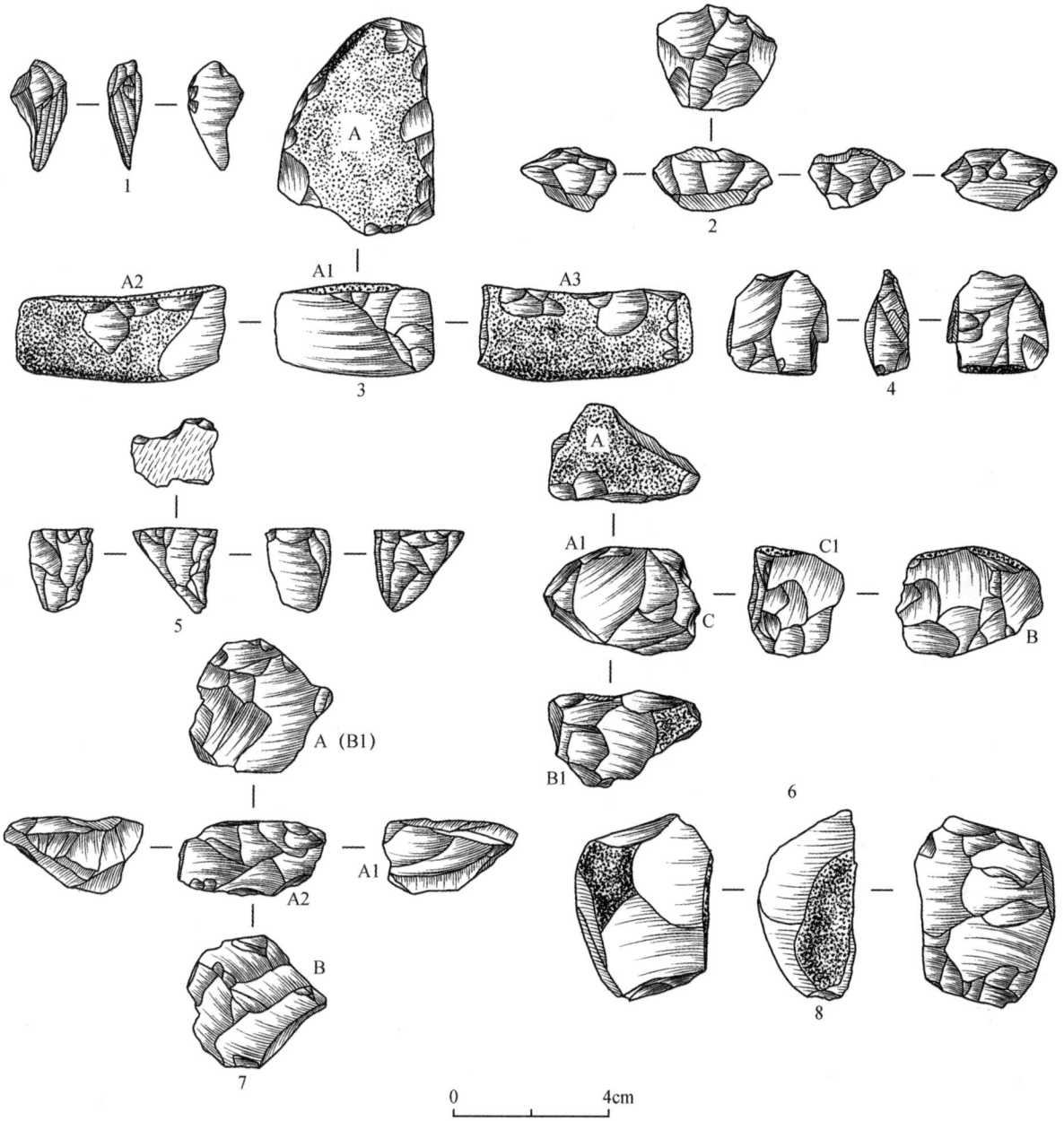

图2-44 青池遗址发现的部分石核

砸击石核：4. 单端（15TJQC：8） 8. 双端（15TJQC：335）

锤击石核：2. 盘状（15TJQC：101） 3. 单台面（15TJQC：91） 6. 多台面（15TJQC：99） 7. 双台面（15TJQC：97）

细石叶石核：1. 更新工作面（15TJQC：102） 5. 单台面（15TJQC：10）

个，最大疤长17.08mm，宽23.43mm；B台面为打击台面，台面长18.89mm，台面宽11.84mm，台面角87°。B1为剥片面，剥片数量2个，最大疤长9.20mm，宽13.52mm；C台面为打击台面，台面长21.08mm，宽5.8mm，台面角78°，C1为剥片面，剥片数量1个，最大疤长13.37mm，宽12.42mm。石核利用率很高，从剥片成功率来看，继续剥片的可能性不大，剥片疤相对较小，崩断较多，推测此石核进入废弃阶段（图2-44，6）。

（4）盘状石核

共1件，标本15TJQC：101。长25.75mm，宽30.88mm，厚14.73mm，重11.19g。器体较小，台面呈椭圆形，台面长30.88mm，宽14.73mm，台面角70°～80°。向心剥片，片疤数量为10个。最大疤长11.92mm，宽11.61mm（图2-44，2）。

2）砸击石核

共17件。根据石核完整程度及剥片方向分为仅存一端的石核及完整石核两类。

（1）仅存一端的砸击石核

共8件，仅一端有剥片疤痕。原料除1件为石英砂岩之外，其余均为燧石。长18.12～36.68mm，平均长30.15mm；宽16.07～48.78mm，平均宽32.18mm；厚9.77～29.33mm，平均厚15.69mm；重3.07～60.29g，平均重19.7g。台面类型包括线状、点状和自然台面。

标本15TJQC：8，原料为燧石。长28.18mm，宽28.35mm，厚12.53mm，重10.48g。器体较扁，线状台面，台面长15.43mm。石核共2个剥片面，剥片疤数为6个。最大疤长28.36mm，宽16.19mm。自然面约占10%（图2-44，4）。

（2）完整砸击石核

共9件，两端均有剥片疤痕。原料均为燧石。长10.73～41.88mm，平均长28.39mm；宽12.63～35.5mm，平均宽23.38mm；厚6.02～23.97mm，平均厚16.02mm；重2.35～42.12g，平均重15.08g。台面类型包括线状和自然台面。

标本15TJQC：335，长41.88mm，宽35.5mm，厚22.76mm，重42.12g。器体较扁，自然台面，台面长23.8mm，宽12.21mm，台面角85°～88°。石核共2个剥片面，剥片疤数为8个。最大疤长33.31mm，宽20.73mm。自然面约占40%（图2-44，8）。

3）细石叶石核

共4件，类型包括单台面细石叶石核和细石叶石核断块。原料均为燧石。

（1）单台面细石叶石核

共2件。长18.69～19.74mm，平均长19.22mm；宽19.04～19.66mm，平均宽19.35mm；厚15.57～27.05mm，平均厚21.31mm；重5.7～8.92g，平均重7.31g。核体经过预制，台面角80°～107°。没有自然面保留，利用率极高。

标本15TJQC：10，长19.74mm，宽19.66mm，厚15.57mm，重5.7g。器体近似半锥形，修理台面，台面长14.74mm，宽20.73mm，台面角70°～80°。石核共1个剥片面，剥片疤数为7个。最大疤长20.09mm，宽13.27mm。剥片面出现了疤痕不完整、崩断的现象，推测该石核进入废弃阶段（图2-44，5）。

（2）细石叶石核断块

共2件。均为细石叶石核更新工作面所产生。长26.58～29.63mm，平均长28.06mm；宽14.29～15.37mm，平均宽14.83mm；厚6.51～7.82mm，平均厚7.17mm；重2.25～2.81g，平均重2.53g。

标本15TJQC：102，长26.58mm，宽14.29mm，厚7.82mm，重2.25g。背面保留了规整的细石叶剥片疤痕，数量为6个，最大疤长18.96mm，宽2.8mm（图2-44，1）。

2.14.2.2　石片

共128件，根据剥片方法分为锤击石片和砸击石片（表2-15）。

1）锤击石片

共82件。根据石片的完整程度分为完整石片和断片。

（1）完整石片

共47件。原料除1件玛瑙、1件石英砂岩外，其余均为燧石。长9.98～43.26mm，平均长19.65mm；宽7.52～39.26mm，平均宽17.75mm；厚1.78～16.15mm，平均厚5.78mm；重0.18～13.55g，平均重2.16g。台面包括自然、打击、线状、点状、有疤和有脊台面。台面长5.77～18.57mm，平均长25.56mm，台面宽2.77～7.97mm，平均宽5.26mm。石片角90°～140°，平均116°。打击点大部分集中，半锥体较凸，同心波显著，少部分放射线清晰。石片背面包括全疤、含少部分自然面和自然面。背面石片疤数量最多为7个。远端大部分为尖灭，极少数外翻和内卷。

标本15TJQC：2，原料为玛瑙。长43.26mm，宽39.26mm，厚7.92mm，重13.55g。形状不规则，台面为自然台面，台面长18.57mm，宽5.71mm，石片角113°。劈裂面上打击点集中，半锥体较凸，有锥疤，同心波显著，放射线不清晰，背面有少部分自然面（图2-45，10）。

表2-15　石片统计表

分类	类型		数量（件）	百分比（%）
锤击石片	完整		47	36.72
	断片	近端	13	10.16
		右侧	1	0.78
		远端	21	16.41
砸击石片	完整		28	21.87
	断片	近端	9	7.03
		远端	9	7.03
合计			128	100.00

（2）断片

共35件。根据断裂方式的不同分为横向和纵向断片两种。

①横向断片

近端断片

共13件，原料均为燧石。长8.27～25.46mm，平均长16.77mm；宽10.52～27.76mm，平均宽17.26m；厚1.43～8.62mm，平均厚5.16mm；重0.16～4.17g，平均重1.68g。台面包括自然、线状、点状和打击台面。台面长4.89～20.54mm，宽3.02～7.51mm，石片角87°～130°。大部分打击点集中，半锥体较凸，同心波多数显著。

标本15TJQC：178，长18.33mm，宽27.76mm，厚7.22mm，重3.3g。台面为自然台面，台面长20.54mm，宽7.51mm，石片角100°。形状不规则，打击点集中，半锥体略凸，同心波明显，无放射线，背面全疤（图2-45，3）。

远端断片

共21件。原料除1件为石英砂岩外，其余均为燧石。长8.01～32.75mm，平均长14.3mm；宽14.36～30.8mm，平均宽19.45m；厚2.7～10.02mm，平均厚6.02mm；重0.25～7.76g，平均重1.62g。

标本15TJQC：80，原料为石英砂岩，长32.75mm，宽30.8mm，厚9.21mm，重7.76g。同心波显著，背面全疤（图2-45，1）。

②纵向断片

右裂片，1件。标本15TJQC：37，原料为燧石。长24.9mm，宽7.98mm，厚4.22mm，重0.68g。打击台面，打击点集中，半锥体平，有锥疤，同心波显著，放射线不清晰（图2-45，8）。

2）砸击石片

共46件。根据石片的完整程度分为完整石片和断片。

（1）完整砸击石片

共28件。原料除1件石英砂岩、2件玛瑙外，其余均为燧石。长16.24～37.21mm，平均长26.96mm；宽9.59～37.7mm，平均宽19.22mm；厚3.29～17.35mm，平均厚9.10mm；重0.92～16.72g，平均重4.67g。台面分为线状和点状台面。台面长4.65～24.01mm，平均长11.48mm。打击点大部分集中，半锥体部分略凹，同心波显著，少部分放射线清晰。

标本15TJQC：302，原料为燧石。长26.39mm，宽14.71mm，厚3.9mm，重1.69g。台面为线状台面，台面长9.47mm。形状较扁，打击点散漫，半锥体略凹，同心波明显，无放射线，背面有少部分自然面（图2-45，9）。

（2）断片

共18件。

原料除2件为玛瑙外，其余均为燧石。长17.33～29.51mm，平均长22.61mm；宽14.61～29.57mm，平均宽19.68mm；厚3.2～19.74mm，平均厚9.66mm；重0.84～12.73g，平均

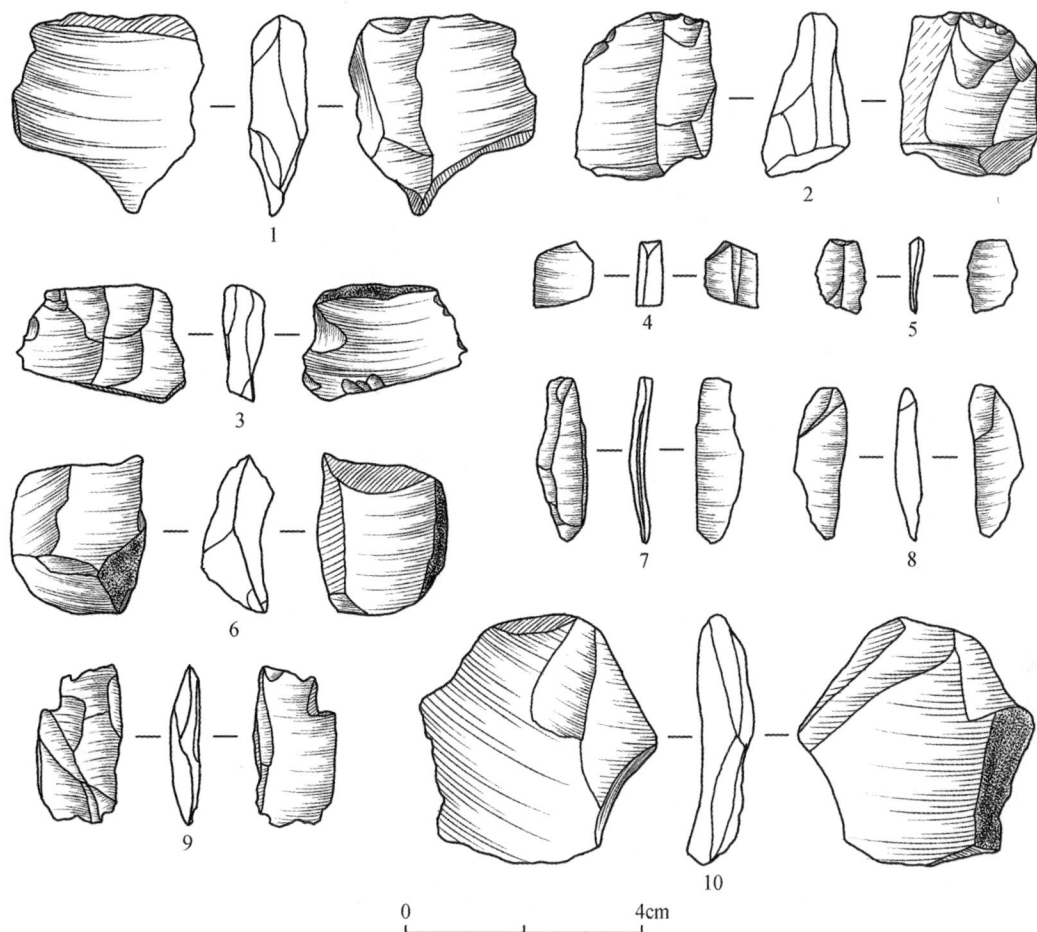

图2-45　青池遗址发现的部分石片、细石叶

细石叶：4. 中段（15TJQC：73）　5. 近端（15TJQC：204）　7. 完整（15TJQC：201）

砸击石片：2、6. 残片（15TJQC：61、15TJQC：327）　9. 完整（15TJQC：302）

锤击石片：1. 远端（15TJQC：80）　3. 近端（15TJQC：178）　8. 右侧（15TJQC：37）　10. 完整（15TJQC：2）

重5.09g。台面分为线状和点状台面。台面长9.27~23.73mm，平均长15.11mm。打击点大部分集中，部分半锥体略凹，同心波显著，少部分放射线清晰。

标本15TJQC：61，原料为燧石。长27.28mm，宽22.58mm，厚13.1mm，重7.7g。台面为线状台面，台面长15.86mm。形状较扁，打击点集中，半锥体略凸，同心波明显，无放射线，背面有少部分自然面（图2-45，2）。

标本15TJQC：327，原料为燧石。长27.43mm，宽22.67mm，厚12.27mm，重6.36g。同心波显著，背面有少部分自然面，约占15%（图2-45，6）。

2.14.2.3　细石叶

共10件，根据完整程度，分为完整细石叶和残断细石叶断片。原料均为燧石。

1）完整细石叶

共3件。长15.29~24.73mm，平均长18.60mm；宽6.83~9.34mm，平均宽7.86mm；厚2.38~2.79mm，平均厚2.65mm；重0.2~0.36g，平均重0.29g。台面均为点状台面。

标本15TJQC：201，长24.73mm，宽7.42mm，厚2.78mm，重0.32g。打击点集中，半锥体平，同心波显著，放射线不清晰，背面有1条脊（图2-45，7）。

2）残断细石叶

共7件，根据断裂方式的不同，分为近端和中段细石叶。

（1）近端

共5件。长7.78~11.76mm，平均长9.64mm；宽5.21~11.6mm，平均宽7.72mm；厚1.36~3.01mm，平均厚2.19mm；重0.1~0.24g，平均重0.14g。台面包括点状和线状台面。

标本15TJQC：204，长11.76mm，宽8.71mm，厚2.33mm，重0.17g。线状台面，打击点集中，半锥体凸，同心波显著，放射线不清晰，背面有人字形脊（图2-45，5）。

（2）中段

共2件。长9.37~17.45mm，平均长13.41mm；宽7.18~11.57mm，平均宽9.38mm；厚2.92~4.89mm，平均厚3.91mm；重0.32~0.59g，平均重0.46g。

标本15TJQC：73，长9.37mm，宽11.57mm，厚2.92mm，重0.32g。同心波显著，放射线不清晰，背面有2条脊（图2-45，4）。

2.14.2.4　断块

共49件。长12.56~46.88mm，平均长23.73mm；宽7.27~35.33mm，平均宽17.01mm；厚2.25~25.05mm，平均厚9.85mm；重0.17~30.99g，平均重5.29g。形状不规整。

2.14.2.5　工具

共122件，可分为二、三类工具（表2-16）。

1）二类工具

共54件。均为刮削器。根据刃的数量分为单刃和双刃。毛坯包括锤击石片和砸击石片两种。

（1）单刃刮削器

共49件。根据刃缘形态分为包括直、凸和尖刃三种。

①单直刃刮削器

共13件。原料均为燧石。长12.99~33.14mm，平均长23.71mm；宽14.19~36.1mm，平

均宽22.06mm；厚3.67～12.94mm，平均厚7.57mm；重0.99～10.79g，平均重3.91g。刃缘长10.7～27.87mm，平均长19.32mm。刃角10°～60°，平均40.77°。

标本15TJQC：210，长32.69mm，宽34.27mm，厚12.94mm，重10.79g。形状不规则。器物大小适中，A处以自然边为直刃，刃长24.91mm，刃角30°。刃部薄锐，无需加工，方便直接使用。刃部在两侧均有细小的不规则的疤，为与被加工物体接触所致（图2-46，1）。

表2-16　工具统计表

分类	类型			数量（件）	百分比（%）	修理部位
二类	刮削器	单刃	直	13	40.16	/
			凸	17		
			尖	19		
		双刃	直-凸	3	4.1	/
			直-凹	2		
三类	刮削器	单刃	直	27	39.34	刃、形、把手
			凹	4		刃、形
			凸	10		刃、形、把手
			尖	7		刃、形
		双刃	直-直	1	4.1	形
			直-凸	1		刃、形
			尖-凹	1		刃、形
			凹-凹	1		刃
			尖-凹缺	1		刃
	凹缺器			4	3.28	刃、形
	端刮器			5	4.1	刃、形
	钻器			1	0.82	刃
	残器			1	0.82	刃、形
	细石叶工具	单刃	直	2	3.28	形
		双刃	凸-凸	1		
			凸-凹	1		
总计				122	100	/

②单凸刃刮削器

共17件。长11.55～61.7mm，平均长26.34mm；宽8.78～46.62mm，平均宽20.23mm；厚1.21～12.09mm，平均厚6.83mm；重0.1～33.51g，平均重4.88g。刃缘长1.3～57.6mm，平均长24.93mm。刃角10°～65°，平均29.12°。

标本15TJQC：219，原料为角岩。长61.7mm，宽46.62mm，厚12.09mm，重33.51g。形状不规则，器物大小适中，A处以自然边作凸刃，刃长57.6mm，刃角20°。刃部在自然面一侧有细小的不规则的疤，除后期自然磕碰处外，其余均为与被加工物体接触所致（图2-46，5）。

③单尖刃刮削器

共19件。原料均为燧石。长13.93～46.6mm，平均长25.87mm；宽8.32～32.95mm，平均宽19.18mm；厚3.21～9.24mm，平均厚6.26mm；重0.57～9.96g，平均重2.62g。两边所夹刃角30°～125°，平均72.47°。

标本15TJQC：227，长25.16mm，宽24.35mm，厚3.86mm，重1.84g。AB以自然边作刃，刃长18.58mm，BC以自然边作刃，刃长10.33mm，两边所夹刃角为75°。刃部有细小的不规则的疤，除后期自然磕碰处外，其余均为与被加工物体接触所致（图2-46，2）。

（2）双刃刮削器

共5件。根据刃缘形态分为直-凸和直-凹刃两种。

①直-凸刃刮削器

共3件。原料包括玛瑙和燧石。长21.26～30.81mm，平均长24.8mm；宽15.4～20.39mm，平均宽17.69mm；厚4.71～9mm，平均厚6.37mm；重1.67～3.41g，平均重2.57g。直刃长17.41～24.94mm，平均长20.73mm，刃角20°～50°，平均33.33°；凸刃长19.1～26.8mm，平均长22.67mm。刃角10°～60°，平均33.33°。

标本15TJQC：237，原料为玛瑙。长21.26mm，宽17.29mm，厚4.71mm，重1.67g。A处以自然边作直刃，刃长19.84mm，刃角20°；B处以自然边作凸刃，刃长19.1mm，刃角10°。刃部

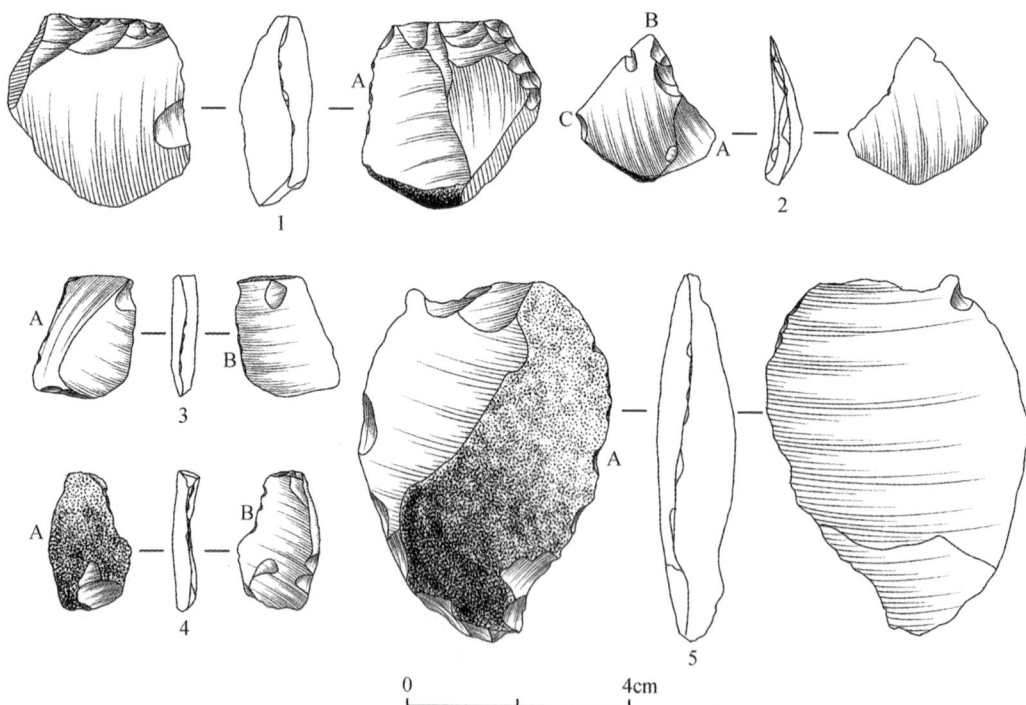

图2-46　青池遗址发现的部分二类工具

单刃刮削器：1. 直刃（15TJQC：210）　2. 尖刃（15TJQC：227）　5. 凸刃（15TJQC：219）

双刃刮削器：3. 直-凸刃（15TJQC：237）　4. 直-凹刃（15TJQC：18）

两侧均有细小的不规则的疤，为与被加工物体接触所致（图2-46，3）。

②直-凹刃刮削器

共2件。原料均为燧石。长19.9～23.74mm，平均长21.82mm；宽15.23～25.04mm，平均宽20.14mm；厚3.86～10.24mm，平均厚7.05mm；重1.4～4.51g，平均重2.96g。直刃长11.51～12.25mm，平均长11.88mm，刃角25°～60°，平均42.5°；凹刃长14.74～16.51mm，平均长15.63mm。刃角15°～45°，平均30°。

标本15TJQC：18，长23.74mm，宽15.23mm，厚3.86mm，重1.4g。A处以自然边作直刃，刃长11.51mm，刃角25°；B处以自然边作凹刃，刃长14.74mm，刃角15°。刃部两侧均有细小的不规则的疤，为与被加工物体接触所致（图2-46，4）。

2）三类工具

共68件。可分为单刃和双刃刮削器、凹缺器、端刮器、钻器及细石叶工具等。毛坯包括锤击石片、砸击石片和细石叶。

（1）单刃刮削器

共48件。根据刃缘的不同可分为直、凹、凸和尖刃。

①单直刃刮削器

共27件。原料包括燧石和石英砂岩。长14.05～48.06mm，平均长26.92mm；宽10.62～37.22mm，平均宽20.51mm；厚1.38～22.63mm，平均厚8.32mm；重0.95～17.48g，平均重4.79g。刃缘长10.23～33.19mm，平均长18.99mm。刃角15°～70°，平均45.93°。毛坯包括锤击石片和砸击石片。加工方向以正向为主，其次为反向和复向，修理部位以修刃为主，修形和修理把手次之。

标本15TJQC：241，原料为燧石。长48.06mm，宽28.34mm，厚13.42mm，重17.48g。毛坯为砸击石片。A处以自然边为直刃，刃缘33.19mm，刃角45°。B、C处经简单修整为修形、修理把手，使得器身大小合适，便于使用（图2-47，2）。

②单凹刃刮削器

共4件。原料均为燧石。长10.91～28.6mm，平均长19.78mm；宽14.8～32.97mm，平均宽21.94mm；厚3.11～7.65mm，平均厚5.63mm；重0.57～5.09g，平均重2.93g。刃缘长6.75～26.07mm，平均长15.37mm。刃角15°～60°，平均37.5°。毛坯以锤击石片为主。加工方向包括正向和复向，修理部位以修刃、修形为主。

标本15TJQC：292，长28.6mm，宽14.8mm，厚7.65mm，重3.93g。毛坯为砸击石片，A处经正向修理，形成凹刃，刃长26.07mm，刃角55°。刃缘较为锋利，采用压制技术，疤痕密集，大小方便使用（图2-47，8）。

③单凸刃刮削器

共10件。原料均为燧石。长16.41～60.93mm，平均长29.73mm；宽12.37～35.54mm，平均宽19.96mm；厚2.18～24.79mm，平均厚8.4mm；重0.51～37.84g，平均重7.53g。刃缘长

14.71～43.15mm，平均长24.49mm。刃角20°～70°，平均42.5°。加工方向以正向为主，反向次之，修理部位以修形、修理把手为主，修刃次之。毛坯几乎全部为砸击石片。

标本15TJQC：266，长32.32mm，宽21.27mm，厚6.5mm，重5.35g。毛坯为砸击石片，A处经正向修理，形成凸刃，刃长173mm，刃角65°；B处经简单修理，意为修理把手，方便把握，适于使用（图2-47，5）。

④单尖刃刮削器

共7件。原料均为燧石。长21.54～35.14mm，平均长28.71mm；宽12.58～22.93mm，平均宽17.07mm；厚5.6～12.88mm，平均厚8.06mm；重1.69～6.36g，平均重3.37g。两边所夹刃角30°～112°，平均78.71°。毛坯包括砸击石片和锤击石片。加工方向多种，修理部位以修刃、修形为主。

标本15TJQC：290，长31.58mm，宽22.93mm，厚5.6mm，重3.12g。AB边以自然边作刃，刃长21.1mm，刃缘处有细小的使用疤；BC边经正向修理，刃长17.76mm，所夹刃角为71°

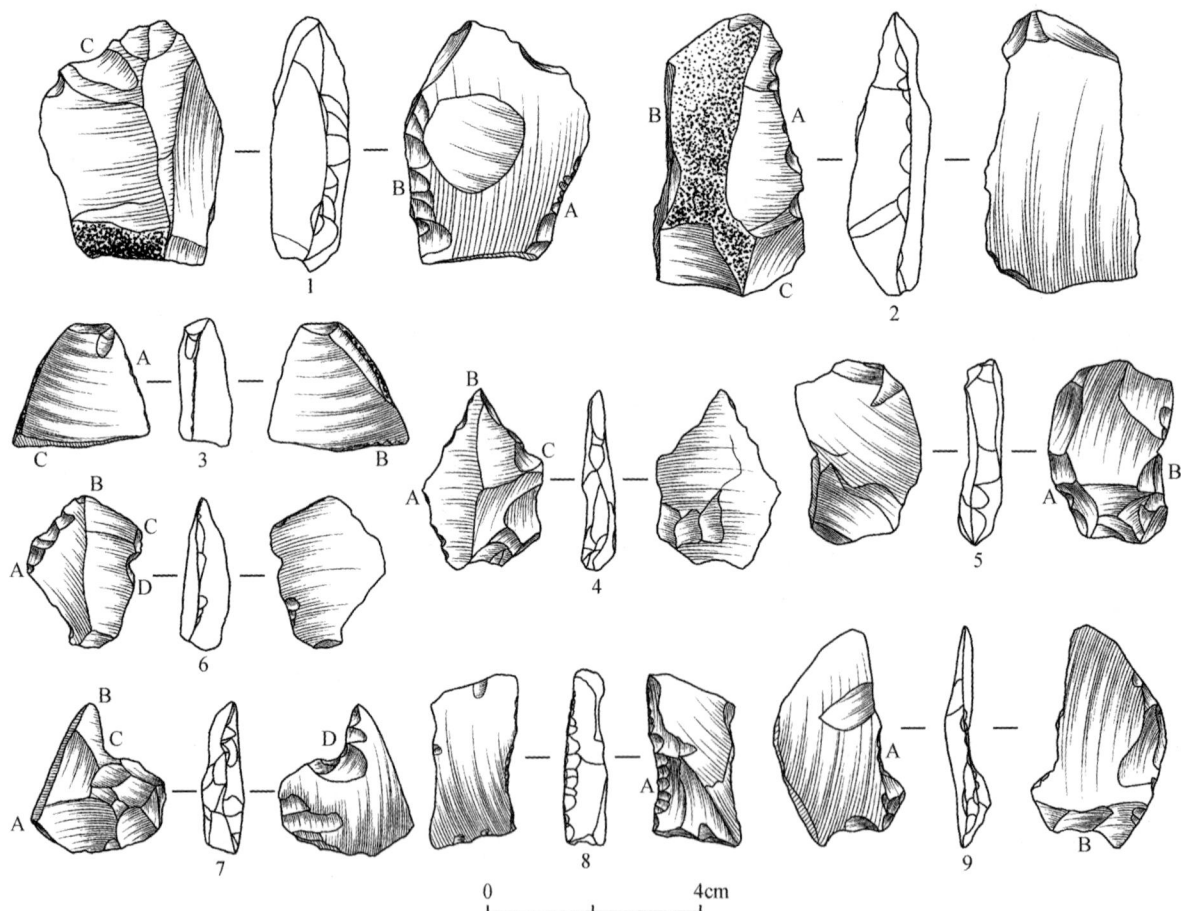

图2-47　青池遗址发现的部分三类工具

单刃刮削器：2. 直刃（15TJQC：241）　4. 尖刃（15TJQC：290）　5. 凸刃（15TJQC：266）　8. 凹刃（15TJQC：292）

双刃刮削器：1. 直-凸刃（15TJQC：260）　3. 双直刃（15TJQC：7）　6. 尖-凹缺刃（15TJQC：293）　7. 尖-凹刃

（15TJQC：289）　9. 双凹刃（15TJQC：6）

（图2-47，4）。

（2）双刃刮削器

共5件。根据刃缘的不同分为双直刃、直-凸刃、尖-凹刃、双凹刃及尖-凹缺刃。原料均为燧石。毛坯包括锤击和砸击石片，加工方向以反向加工为主，修理部位以修刃和修形为主。

①双直刃刮削器

1件。标本15TJQC：7，长23.01mm，宽25.00mm，厚9.44mm，重5.15g。毛坯为锤击石片，A处以自然边作直刃，刃长19.75mm，刃角40°，有细小的使用疤；B处以自然边作直刃，刃长14.32mm，刃角45°，有不规则的使用痕迹；C处为有意截断，为修形（图2-47，3）。

②直-凸刃刮削器

1件。标本15TJQC：260，长43.17mm，宽34.4mm，厚14.64mm，重18.86g。毛坯为锤击石片，A处经反向修理，形成直刃，刃长24.25mm，刃角70°；B处经反向修理，形成凸刃，刃长31.3mm，刃角30°。C处经简单修整，意为修形，使得大小适中，方便使用（图2-47，1）。

③尖-凹刃刮削器

1件。标本15TJQC：289，长22.78mm，宽25.85mm，厚6.8mm，重4.14g。毛坯为砸击石片，AB、BC处以自然边为刃，刃长分别为23.93、8.67mm，有细小的使用痕迹，所夹刃角为55°；D处经反向修理形成凹刃，刃长14.39mm，刃角45°，较为锋利。器物大小适中，功能性高，利用率较好（图2-47，7）。

④双凹刃刮削器

1件。标本15TJQC：6，长36.36mm，宽21.02mm，厚5.76mm，重3.69g。毛坯为锤击石片，A处经反向修理，形成凹刃，刃长29.41mm，刃角15°；B处经反向修理，形成凹刃，刃长15.22mm，刃角20°（图2-47，9）。

⑤尖-凹缺刃

1件。标本15TJQC：293，长27.42mm，宽21.57mm，厚7.72mm，重3.6g。毛坯为锤击石片，AB以自然边作刃，刃长16.6mm，BC以自然边作刃，刃长12.11mm，两边所夹刃角为110°，刃缘锋利，有使用痕迹。D处经正向修理，形成凹缺形刃口，刃长6.5mm，刃角40°。器体大小合适，是一件较为精美的多功能工具（图2-47，6）。

（3）凹缺器

共4件，原料均为燧石。长10.97～22.46mm，平均长17.27mm；宽11.6～17.96mm，平均宽15.1mm；厚5.36～11.88mm，平均厚7.72mm；重0.92～3.75g，平均重1.82g。刃缘长6.33～15.65mm，平均长10.56mm。刃角20°～70°，平均48.75°。毛坯包括锤击石片和砸击石片。加工方向均为反向，修理部位以修刃为主。

标本15TJQC：53，长17.26mm，宽16.4mm，厚6.43mm，重1.58g。A处经反向修理，形成凹缺形刃，刃长15.65mm，刃角40°，器体大小适中，方便使用（图2-48，5）。

（4）端刮器

共5件，原料包括燧石和石英砂岩。长23.99～34.11mm，平均长29mm；宽18.71～38.96mm，平均宽29.00mm；厚6.43～16.44mm，平均厚11.53mm；重3.55～20.03g，平均重10.75g。刃缘长23.5～53.1mm，平均长37.2mm；刃角40°～85°，平均63°。毛坯包括锤击石片和砸击石片。加工方向包括正向和复向，修理部位以修刃、修形为主。

标本15TJQC：297，原料为燧石。长33.84mm，宽32.49mm，厚16.44mm，重15.1g。毛坯为砸击石片，在远端经复向修理，形成圆弧形的刃缘，刃长39.4mm，刃角45°。底部为有意折断，意为修形，方便使用。该器物刃部采用压制修理，加工精美，实用性强（图2-48，1）。

（5）钻器

共1件。标本15TJQC：64，原料为燧石。长30.23mm，宽20.32mm，厚5.6mm，重2.01g，毛坯为砸击石片，A处为突出的钻头，经正向修理，刃长4.06mm。器身大小合适，钻头锋利，方便使用（图2-48，3）。

（6）残器

共1件。标本15TJQC：259，原料为燧石。长11.69mm，宽6.41mm，厚2.38mm，重0.15g。通体经压制修理，下端折断，推测为钻器的钻尖（图2-48，4）。

（7）细石叶工具

共4件。均为刮削器，原料均为燧石。根据刃缘形态和刃的数量分为单直刃、双凸刃及凸-

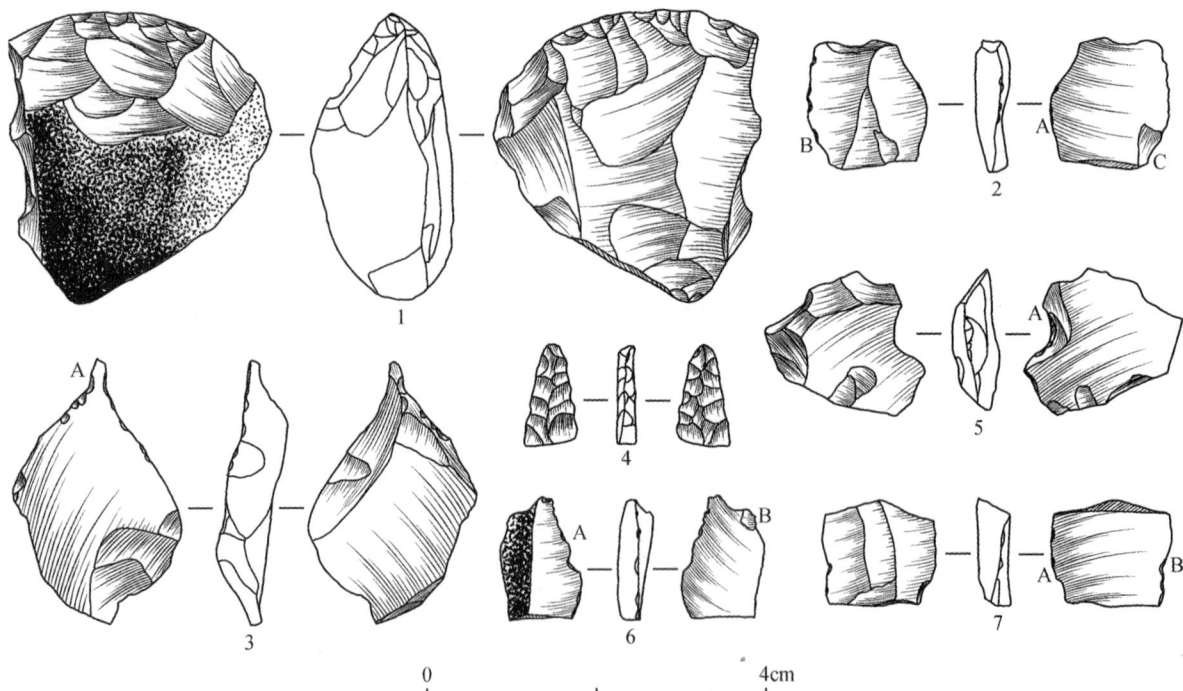

图2-48　青池遗址发现的部分工具

1. 端刮器（15TJQC：297）　3. 钻器（15TJQC：64）　4. 残器（15TJQC：259）　5. 凹缺器（15TJQC：53）

细石叶工具：2. 双凸刃（15TJQC：276）　6. 单直刃（15TJQC：208）　7. 凸-凹刃（15TJQC：209）

凹刃三种。修理部位均为修形。

①单直刃

共2件。长14.24～14.56mm，平均长14.4mm；宽9.18～9.24mm，平均宽9.21mm；厚3.68～3.95mm，平均厚3.82mm；重0.44～0.55g，平均重0.49g。刃长12.46～13.56mm，平均长13.01mm，刃角均为20°。毛坯均为细石叶近端。

标本15TJQC：208，长14.24mm，宽9.18mm，厚3.68mm，重0.44g。A处以自然边作直刃，刃长13.56mm，刃角20°。B处为有意折断，推测为修形（图2-48，6）。

②双凸刃

共1件。标本15TJQC：276，长14.56mm，宽14.15mm，厚3.95mm，重0.7g。毛坯为细石叶近端。A处以自然边作凸刃，刃长15.5mm，刃角15°；B处以自然边作凸刃，刃长13.7mm，刃角10°；C处为有意折断，推测为修形（图2-48，2）。

③凸-凹刃

共1件。标本15TJQC：209，长12.41mm，宽13.92mm，厚3.98mm，重0.68g。毛坯为细石叶中段。A处以自然边作凸刃，刃长10.72mm，刃角20°；B处以自然边作凹刃，刃长25mm，刃角25°。两端均为有意折断，为修形（图2-48，7）。

2.14.3　讨论与结语

2.14.3.1　石器工业特征

1）石制品原料以燧石为主，约占94.2%，其余包括玛瑙和石英砂岩。原料采自附近河漫滩和附近山脉，属于就近取材。燧石以黑色、灰色、浅黄色为主。质地很差，节理很多。

2）该地点石制品共343件。总体上看，包括石核34件，其中锤击石核13件，砸击石核17件，细石叶石核4件。石片128件，其中锤击石片82件，砸击石片46件。工具122件，其中二类工具54件，三类工具68件。断块49件（图2-49）。

3）经统计，该地点的石制品微型105件，小型236件，中型2件，不见大型和巨型。

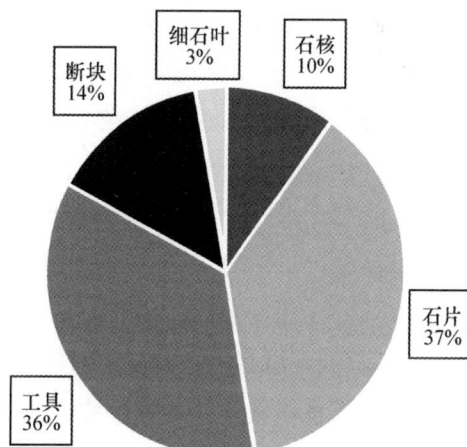

图2-49　石制品类型比例图

4）石核包括锤击石核、砸击石核和细石叶石核。锤击石核占石核总数约38%，受石料较差的影响，锤击石核剥片疤不甚理想，经常崩断。虽同样受石料的影响，但砸击技术反而被很好的利用，砸击石核占石核总数50%，核体较为规整，剥片情况比较理想。细石叶石核发现数量不多，且器形不规整，仅占石核总数约12%。但从发现的2件更新工作面的石核断块来看，剥制细石叶的技术已经非常成熟。

5）石片分为锤击石片和砸击石片。锤击石片数量较多，约占石片总数的64%，打击点集中，半锥体较凸。砸击石片数量相对较少，约占石片总数的36%，砸击特征明显。

6）细石叶发现数量较少，仅占石制品总数的3%，但较为规整，背面有清晰的脊。

7）二类工具均为刮削器，约占工具总数的44%。大部分质地较粗糙，但石片刃部锋利程度尚可，无需修理，直接使用。

8）三类工具数量较大，约占工具总数的56%。器型种类多样，包括刮削器、凹缺器、钻器等等。但精致修理刃部者较少，修形和修理把手情况较多。这说明古人是在有意地选择合适的坯材和部位进行修理，以便于制造出适合人类使用的工具，进行生产生活。细石叶工具也有一定数量，使用痕迹较为明显。

2.14.3.2　讨论

1）石器工业类型

根据天津地区的旧石器文化面貌来看，大石器工业类型和小石器工业类型从旧石器时代早期开始，就应该同时存在并行发展的。自旧石器时代晚期开始，细石叶工业开始出现。但并没有取代原有的传统，而是与之共同发展，根据该遗址的石制品组合来看，青池遗址即为典型的细石叶工业类型。

2）文化内涵和年代分析

青池遗址从发现、发掘到《天津蓟县青池遗址发掘报告》（纪烈敏等，2014）（以下简称《报告》）的发表，至今已经20余年。这期间对于青池遗址及天津地区新石器时代遗存的研究众多，韩嘉谷、纪烈敏（2014）从陶器组合出发，对青池新石器时代遗存的第一、二、三期进行了文化性质的深入分析，探讨了不同谱系的文化因素；贾领（2018）结合发掘报告及其他学者的研究，进一步对青池遗址的分期、年代等问题进行了探讨；文启明（2020）曾对天津地区的史前文化进行了综述性的概括；韩嘉谷、张谦等先后对天津地区新石器时代不同时期内的文化遗存进行了比对分析。通过前人的研究，可以大致摸清青池遗址新石器时代的文化面貌。但限于考古发现局限，几乎所有的研究都集中在陶器，而对青池遗址出土的石制品研究严重不足。虽然石制品可能在某种程度上无法起到划分年代及器物比对等作用，但同样可以提供给研究者反映该遗址文化内涵的重要信息。

据前文所述，此次对青池遗址的复查，发现的300余件石制品皆为打制石器，以小石器工业为主，且存在细石叶技术的特征。似乎具备了新旧石器过渡阶段，甚至旧石器时代晚期的特征。因此，有必要对原报告进行再次解读，才能更好地分析新材料的特征，以及深入分析、判断青池遗址的文化内涵。

据《报告》所述，青池遗址曾发掘了2处，即坡下遗存和山顶遗存。其中，坡下遗存中新石器时代第一期文化遗存发现各类石器69件；第二期文化早段遗存发现石器43件；第二期文化晚段遗存发现石器53件。山顶遗存中，新石器时代第三期文化遗存发现石器3件；夏商时期青铜文化遗存发现石器7件；西周时期青铜文化遗存发现石器46件。

进一步观察各时期石器类型可知，第一期石器包括容器、工具、装饰品和细石器，其中工具包括磨盘、磨棒、斧、磨石、球等，细石器包括刮削器、尖状器、石核和石片等；第二期早段石器包括容器、工具、装饰品、细石器，其中工具包括磨盘、磨棒、斧、耜、刀、杵、凿、锛、砧石、球、磨石、网坠等，细石器包括刮削器、石叶、石核；第二期晚段石器包括磨盘、磨棒、斧、凿、刀、锛、耜、磨石、砧石、球等；第三期石器包括磨棒、磨石、杵。夏商石器包括磨盘、磨棒、斧、砧石等。西周石器包括人面雕饰、斧、凿、球、网坠、磨棒、磨石和刮削器等。

从石器组合的情况来看，数量上第一期、第二期时代较多，第三期和夏商时期明显减少，西周时期也有相当数量。制作方法上磨制石器和打制石器兼有。器物种类较为丰富，工具类中的农耕工具种类较多，如磨盘、磨棒、磨石等器物贯穿始终。细石器数量所占比例较大，类型以刮削器为主，石核等较少，除第二期晚段和夏商时期外，其余各时期皆有出现。

受研究重点所限，本书不拟对磨制石器部分进行研究，仅对打制石器进行再分析。《报告》对石器部分的研究较完善，但还是存在可讨论之处。首先是有关"细石器"和"小石器"的分类。"细石器"这一名词在旧石器的领域已经渐渐很少使用，往往采用细石叶工艺、细石叶技术或细石器组合等名词代替，典型器物为细石叶石核、细石叶及其制品，在此基础上还包括其他器物的"组合"，而并不是全部以"小"或"精致"为主要特征。总之判定是否为"细石器"，含细石叶技术的产品必不可少。"小石器"与"细石器"形态很接近，但性质完全不同，它主要是以小石片为毛坯的工具为代表性器物。笔者从《报告》中的文字描述和线图上看，第一期石器中所发现的22件细石器，研究者把大部分小石器分到了细石器中去。比如T5G1⑥：8、T5G1⑥：9等，毛坯皆为石片，并不具备典型的"细石器"特征；仅有T2G1⑧：13、T1G1⑦：3的毛坯形似细石叶，但仅从图片来看并不确定。另外，笔者还发现部分标本存在明显的砸击技术，如标本T5G1⑧：3、T5G1⑥：10等，无明显打击点，且两端均有剥片痕迹。第二期早段的石器中有细石器5件，同样存疑。所发现的1件石核应为剥取小石片的石核，第212页中的"石叶"应为"石片"。从2件刮削器来看，应为以砸击石片为毛坯的工具，并无细石叶工艺的特征。在西周时期所发现的石器中，刮削器有3件，此3件刮削器的毛坯应是标准的细石叶。标本T1610④：3，T1609③：3，T1609④：4皆长是宽的2倍以上，两边接近平行，宽小于1cm，背面有清晰的棱脊的特征。从我国"细石器"遗存的发现来看，从旧石器时代晚期至历史时期，"细石器"始终都或多或少的存在，所以在西周时期发现"细石器"也属正常情况。因此，笔者认为，青池遗址发掘的打制石器自新石器时代第一期起就是以小石器和"细石器"并存的工业特征，直到历史时期。

通过前文对此次新材料的研究和上述对《报告》的回顾，笔者对青池遗址的石器面貌产生了新认识。《报告》中的磨制、打制石器组合及大量陶器的发现，在年代上属新石器时代无疑。新材料虽为地表采集，但在许多方面与新石器时代第一期的遗存有共同之处，如均以小石器为主、砸击技术的大量使用、细石叶工艺产品少量发现等。此外，还存在不同之处，考虑到300余件中并没有任何磨制石器，似乎并非偶然，这显然不具备新石器时代的特征，年代上应在新石器时代第一期之前，并与天津地区旧石器晚期的特征极为接近。因此，笔者有理由推测，在新石器时代第一期之前，该地区应存在更古老的文化遗存。根据其他学者通过陶器的类型学、遗址^{14}C测定数据和相关地层关系，青池遗存早期文化层（第6~9层）为距今10750~6700年左右。在年代上，此次发现的新材料的年代处在旧-新石器时代过渡阶段至新石器时代早期阶段。

　　3）地点性质和意义

通过上述新发现石制品的研究，根据利用率较高的石核数量很多，石片、断片和断块的占比很大，工具数量亦不占少数，砸击技术普遍运用等特征，再结合该遗址之前研究报告的相关论述，本书推测青池遗址可能为古人类在旧石器时代晚期或新-旧石器时代过渡阶段长时间生产生活的场所。

综上，青池遗址复查的新发现，是探寻天津蓟县地区旧石器时代晚期和新-旧石器时代过渡阶段文化面貌的重要线索。该地点的发现为天津蓟县地区的旧石器晚期到新石器时代早期年代序列的判断提供了新材料。虽然该地点近20年的研究成果很多，但未来相应的工作还要加强，如还应对原生层位进行慎重查找和对照，寻找可供测年的材料等。不过，已有的发掘和发现还是为恢复古人类的生存环境，探讨人类与环境的互动关系、人类在特定环境下的行为特点和适应方式提供了丰富的资料，更对研究华北地区旧石器文化具有重要的学术意义。

2.15　段庄地点

2.15.1　地理位置与地貌地层

2.15.1.1　地理位置

段庄地点位于天津市蓟县下营镇段庄村沟河东岸的 II 、III 和 IV 级阶地上（图版68~图版70）。西距沟河1km，西北距段庄村1.4km，东南距下营镇1.5km。地理坐标为N40°11′59.1″，E117°27′13.42″（图2-50）。

2.15.1.2　地貌与地层

1）地貌

段庄地点位于天津市蓟县地区北部，该地区属于天山—阴山—燕山纬向构造带。经过长期的海陆变迁，使北部地区褶皱隆起成东西走向的燕山山脉，南部断裂下沉堆积为平原，主断裂线方向也为东西走向。到新生代第三纪末期的喜马拉雅运动以及后来的新构造运动，使该地区北部继续隆起上升，南部继续下沉堆积，形成地点所在的地区北部高，南部低的地势。

2）地层

洵河在地点西侧自北向南流过，形成河谷阶地的侵蚀地貌。Ⅰ级阶地缺失；Ⅱ～Ⅳ级阶地为侵蚀阶地，下部为花岗岩基岩，上部为耕土层。石器皆出土于Ⅱ～Ⅳ级阶地上部的耕土层，无文化层堆积，其海拔分别为211、228和299m（图2-50）。

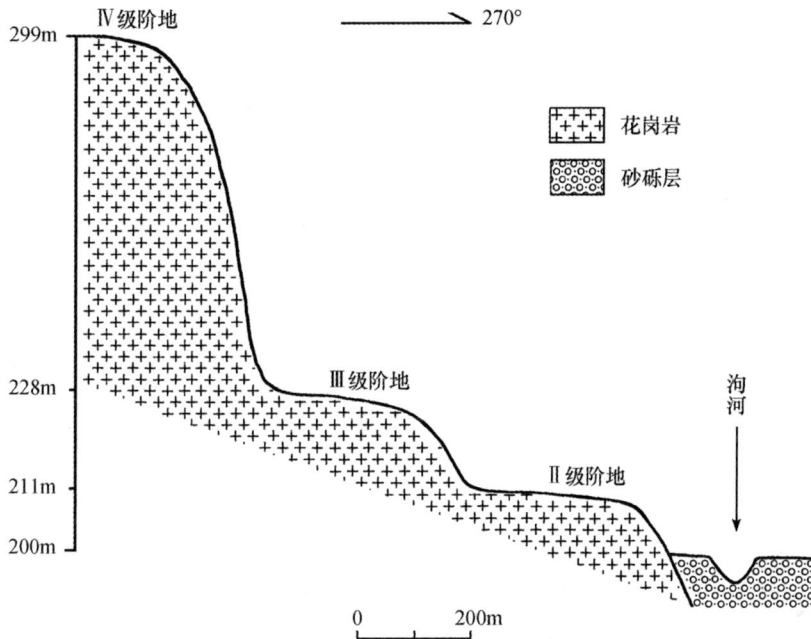

图2-50 段庄地点河谷剖面示意图

2.15.2 石器的分类与描述

此地点在Ⅱ～Ⅳ级阶地共发现石器49件（图版68～图版70）。包括石核、石片、断块和工具，具体分析如下（图版71～图版74）：

2.15.2.1 Ⅱ级阶地的石器分类与描述

共发现石器21件，包括石核、石片、断块和工具。

1）石核

共3件。根据台面的数量分为单台面和双台面石核。

（1）单台面

2件。长54.1～75.2mm，平均长64.7mm；宽41.9～58.6mm，平均宽50.3mm；厚25.3～39.4mm，平均厚32.4mm；重79.3～101.4g，平均重90.4g。原料皆为石英砂岩，均为锤击

法剥片。

标本15TJDZⅡ：17，长54.1mm，宽41.9mm，厚39.4mm，重101.4g。形状呈正方体。自然台面，长45.5mm，宽42mm，呈长方形，台面角71.5°。1个剥片面，6个剥片疤，最大的长27.2mm，宽19.5mm（图2-51，2）。

（2）双台面

1件。标本15TJDZⅡ：6，长62.8mm，宽60.8mm，厚35.3mm，重170.7g。原料为砂岩。椭圆形砾石，锤击法剥片。A台面，自然台面，台面角106.2°。1个剥片面，1个剥片疤，长50mm，宽31.4mm。B台面，自然台面，台面角101.2°。1个剥片面，3个剥片疤，最大的长14.6mm，宽20.5mm（图2-51，5）。

整体来看，石核以砾石毛坯为主，片状较少。最大者为75.2mm。原料为石英砂岩和砂岩，锤击法剥片。石核以单台面为主，双台面较少，且皆为自然台面，剥片面皆有1个，剥片率不高，可能跟原料的优劣有关。

2）石片

共3件。均为横向断片，分为近端和远端断片。

（1）近端断片

1件。标本15TJDZⅡ：3，长48.7mm，宽62.1mm，厚13.8mm，重42.2g。原料为石英砂

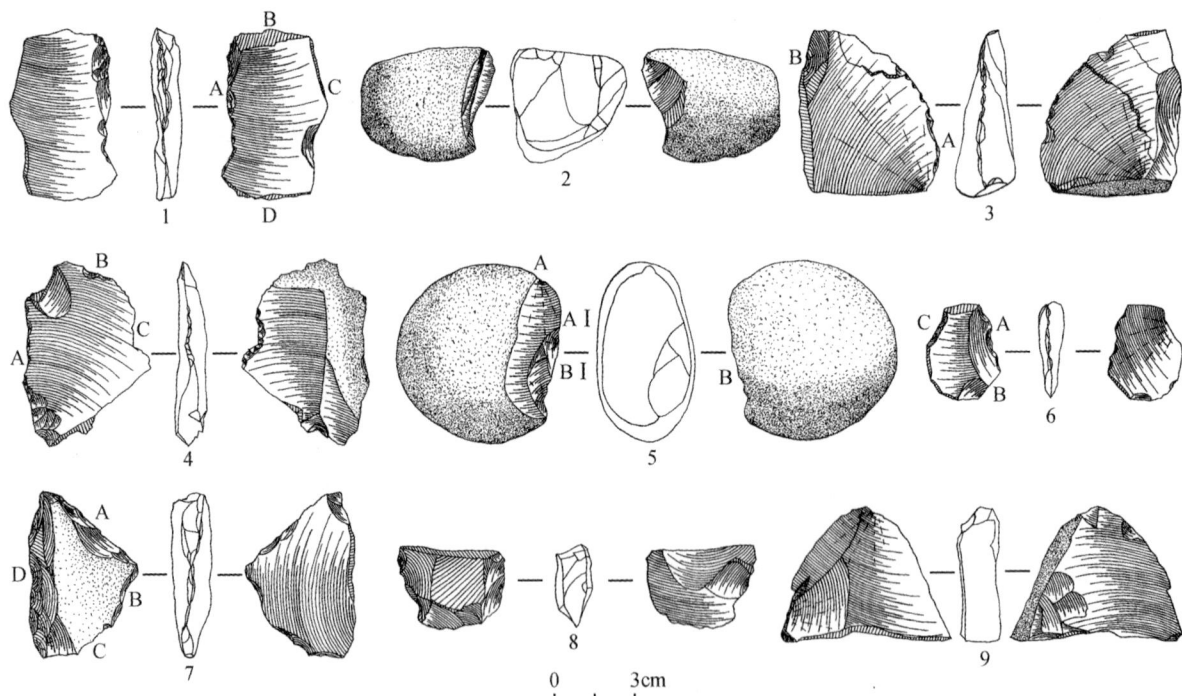

图2-51　石核、断片和三类工具

1. 单凹刃刮削器（15TJDZⅡ：18）　2. 单台面石核（15TJDZⅡ：17）　3. 单凸刃刮削器（15TJDZⅡ：8）

4. 复刃刮削器（15TJDZⅡ：10）　5. 双台面石核（15TJDZⅡ：6）　6. 单直刃刮削器（15TJDZⅡ：14）

7. 单尖刃刮削器（15TJDZⅡ：15）　8. 远端断片（15TJDZⅡ：16）　9. 近端断片（15TJDZⅡ：3）

岩。锤击石片。有脊台面。石片角为82.5°。打击点散漫，半锥体较平，无锥疤，同心波不清晰，放射线清晰。劈裂面左侧有1片小石片疤。背面均为片疤，剥片方向为转向剥片。远端折断（图2-51，9）。

（2）远端断片

2件。长28.7~37mm，平均长32.9mm；宽39.5~66.9mm，平均宽53.2mm；厚13.2~18.6mm，平均厚15.9mm；重14.2~35.5g，平均重24.9g。原料为砂岩和角岩。

标本15TJDZⅡ：16，长28.7mm，宽39.5mm，厚13.2mm，重14.2g。原料为角岩。劈裂面凸，同心波清晰，放射线不清晰。背面为石片和片疤，剥片方向为向心剥片（图2-51，8）。

3）断块

1件。标本15TJDZⅡ：7，呈块状，形状不规整，难以划分类型。长41.5mm，宽19.3mm，厚14mm，重11.2g。原料为石英砂岩。

4）工具

共14件。均为三类工具（修理工具），包括刮削器和凹缺刃器。

（1）刮削器

12件。可分为单、双和复刃。

①单刃

10件。分为直、凸、凹和尖刃。

直刃 2件。长34.2~51.1mm，平均长42.7mm；宽25.9~34.9mm，平均宽30.4mm；厚8.9~13mm，平均厚11mm；重7.6~27.6g，平均重17.6g。原料均为石英砂岩。均为片状毛坯。刃长26.4~44.1mm，刃角33.9°~59.1°。

标本15TJDZⅡ：14，长34.2mm，宽25.9mm，厚8.9mm，重7.6g。背面为石片疤，剥片方向为向心剥片。A处为刃缘，有大且深的单层鱼鳞状修疤，采用锤击法、正向修理。刃长26.4mm，刃角33.9°。B处折断为了修形。C处经过简单加工，是为了修理把手，便于执握（图2-51，6）。

凸刃 1件。标本15TJDZⅡ：8，长61.3mm，宽51.1mm，厚22.4mm，重63.3g。原料为石英砂岩。毛坯为双阳面石片。仅在刃缘局部A处有大且深的单层鱼鳞状修疤，锤击法、正向修理。刃长72.5mm，刃角59.2°。B处经过简单加工，是为了修理把手，便于执握（图2-51，3）。

凹刃 5件。长33.1~99.9mm，平均长73.6mm；宽28.8~128.2mm，平均宽68.7mm；厚9.9~33.2mm，平均厚22.9mm；重15.3~222.9g，平均重129.2g。原料为石英砂岩和燧石。片状和块状毛坯，其中有1件双阳面石片。刃长25~50.5mm，刃角39.1°~77.2°。

标本15TJDZⅡ：18，长60.3mm，宽36.7mm，厚9.9mm，重25.8g。毛坯为双阳面石片。A处为刃缘，两侧有大且深的双层鱼鳞状修疤，锤击法、复向修理。刃长33.2mm，刃角49.7°。B和D处折断是为了修形。C处折断，是为了修理把手，便于执握（图2-51，1）。

尖刃　2件。长43.9～59.2mm，平均长51.6mm；宽40～50.4mm，平均宽45.2mm；厚14.2～19.3mm，平均厚16.8mm；重28～33.7g，平均重30.9g。原料均为石英砂岩。均为片状毛坯。刃角85.2°～106.8°。

标本15TJDZⅡ：15，长59.2mm，宽40mm，厚14.2mm，重28g。背面为石片疤和自然面。A处刃修疤大且深，呈双层鱼鳞状。锤击法、正向修理，刃长39mm。B处刃修疤大且深，呈单层鱼鳞状，锤击法、正向修理，刃长24.5mm。A处和B处刃相交于一角，刃角106.8°。C和D处经简单加工，为了修理把手，便于执握（图2-51，7）。

②双刃

1件。标本15TJDZⅡ：19，长39.2mm，宽86.2mm，厚27.6mm，重61.6g。原料为石英砂岩。片状毛坯。背面为较大的修疤和自然面。A处为直刃，修疤大且深，呈双层鱼鳞状，锤击法、复向修理。刃长33.8mm，刃角58°。B处为直刃，直接使用锋利的边缘，刃长86.2mm，刃角57.4°（图2-52，9）。

③复刃

1件。标本15TJDZⅡ：10，长65.5mm，宽46.1mm，厚11.5mm，重26.9g。原料为石英砂岩，片状毛坯。背面为石片疤和自然面。A处为凸刃，局部修理，修疤大且深，锤击法、反向修理。刃长24.5mm，刃角45.8°。B处为直刃，直接使用锋利的边缘，刃长22.1mm，刃角35.2°。C处为凹刃，修疤大且深，呈单层鱼鳞状，锤击法、正向修理。刃长24.5mm，刃角45.8°（图2-51，4）。

（2）凹缺刃器

2件。长62.6～86.2mm，平均长74.4mm；宽38～42.7mm，平均宽40.4mm；厚26.1～31mm，平均厚28.6mm；重61.7～83.6g，平均重72.7g。原料均为石英砂岩。片状和块状毛坯。刃长19.2～21.8mm，刃角66.2°～82.2°。

标本15TJDZⅡ：13，长62.6mm，宽42.7mm，厚31mm，重83.6g。块状毛坯，呈长方形。用锤击法、正向加工而形成一个凹形刃口。刃长21.8mm，刃角66.2°（图2-52，8）。

标本15TJDZⅡ：11，长86.2mm，宽38mm，厚26.1mm，重61.7g。片状毛坯。背面为石皮。A刃直接使用锋利的刃缘，未经修理。刃长38.6mm，刃角51.5°。在B处，用锤击法、反向加工形成一个凹形刃口。刃长19.2mm，刃角82.2°（图2-52，7）。

2.15.2.2　Ⅲ级阶地的石器分类与描述

共发现石器11件，包括石核、石片和工具。

1）石核

共1件。单台面石核。标本15TJDZⅢ：3，长60mm，宽46.3mm，厚38.7mm，重151.8g。原料为石英砂岩。形状呈正方体。锤击法剥片。自然台面，长60mm，宽46.3mm，台面角62.5°。1个剥片面，1个剥片疤，其长40mm，宽42mm（图2-52，1）。

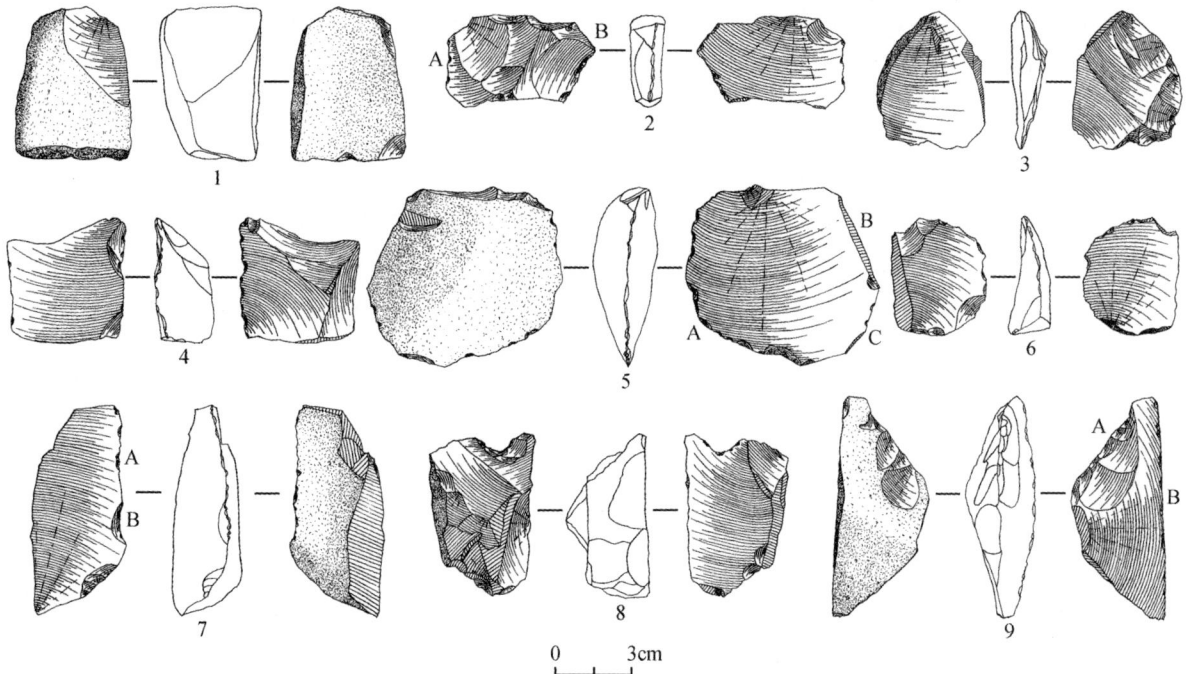

图2-52 石核、石片、二类和三类工具

1. 石核（15TJDZⅢ：3） 2. 二类直-尖刃刮削器（15TJDZⅢ：2） 3. 完整石片（15TJDZⅢ：5） 4. 二类单直刃刮削器（15TJDZⅢ：8） 5. 三类单凸刃刮削器（15TJDZⅢ：1） 6. 二类单凸刃刮削器（15TJDZⅢ：7） 7、8. 三类凹缺刃器（15TJDZⅡ：11、15TJDZⅡ：13） 9. 三类双直刃刮削器（15TJDZⅡ：19）

2）石片

2件。均为完整石片。长53.8~74mm，平均长63.9mm；宽43.6~69mm，平均宽56.3mm；厚12.7~14.6mm，平均厚13.7mm；重27~68.9g，平均重48g。原料皆为石英砂岩。均为锤击石片。

标本15TJDZⅢ：5，长53.8mm，宽43.6mm，厚12.7mm，重27g。打击台面，长6.2mm，宽2.5mm。石片角81.5°。打击点集中，半锥体微凸，无锥疤，同心波不清晰，放射线清晰。背面均为片疤，剥片方向为向心剥片。远端有零星小疤，应是碰撞所致（图2-52，3）。

3）工具

8件。包括二类（使用石片）和三类工具。

（1）二类工具

3件。均为刮削器，可分为单刃和双刃。

①单刃

2件。又可分为直和凸刃。

直刃 1件。标本15TJDZⅢ：8，长47.8mm，宽46.8mm，厚18.9mm，重40g。原料为石英砂岩。背面均为片疤，剥片方向为向心剥片。刃缘两侧均有不连续的鱼鳞状使用疤。刃长46.4mm，刃角33.2°（图2-52，4）。

凸刃 1件。标本15TJDZⅢ：7，长44.9mm，宽45.9mm，厚17.7mm，重26.1g。原料为石英砂岩。毛坯为双阳面石片。刃缘两侧均有不连续的鱼鳞状使用疤。刃长70.5mm，刃角36.8°（图2-52，6）。

②双刃

1件。标本15TJDZⅢ：2，长35.2mm，宽60.8mm，厚13.8mm，重27.1g。原料为石英岩。背面均为石片疤，剥片方向为向心剥片。A处为直刃，两侧均有不连续的鱼鳞状使用疤，刃长21.6mm，刃角37.9°。B处为尖刃，有不连续的鱼鳞状使用疤，刃角108.7°（图2-52，2）。

（2）三类工具

5件。包括刮削器和凹缺刃器。

①刮削器

4件。可分为单刃和双刃。

单刃 3件。分为凸和凹刃。

凸刃 2件。长41.2~69.7mm，平均长55.5mm；宽66.2~78.4mm，平均宽72.3mm；厚16.1~25.2mm，平均厚20.7mm；重44~131.7g，平均重87.9g。原料均为石英砂岩。均为片状毛坯。刃长63.3~89.2mm，刃角35.1°~54.1°。

标本15TJDZⅢ：1，长69.7mm，宽78.4mm，厚25.2mm，重131.7g。背面为自然面。A处为刃缘，直接使用锋利的边缘，两侧有不连续的鱼鳞状使用疤。刃长89.2mm，刃角54.1°。B和C处折断，为了修理把手，便于执握（图2-52，5）。

凹刃 1件。标本15TJDZⅢ：6，长61.4mm，宽43.6mm，厚22mm，重40.3g。原料为石英砂岩。片状毛坯。背面为石片疤和自然面。A处为刃缘，直接使用锋利的边缘，两侧有不连续的鱼鳞状使用疤。刃长39.4mm，刃角47.4°。B处经过简单加工，是为了修理把手，便于执握（图2-53，1）。

双刃 1件。

标本15TJDZⅢ：10，长37.8mm，宽33.8mm，厚12.8mm，重16.8g。原料为石英砂岩。片状毛坯。背面均为石片疤，剥片方向为向心剥片。A刃为直刃，刃缘腹面有双层鱼鳞状修疤，采用锤击法、反向修理。刃长16.5mm，刃角56°。B刃亦为直刃，刃缘背面有单层鱼鳞状修疤，锤击法、正向修理。刃长25.4mm，刃角69.5°。C、E处折断，是为了修形。D处折断，为了修理把手，便于执握（图2-54，5）。

②凹缺刃器 1件。标本15TJDZⅢ：11，长115.5mm，宽73.9mm，厚28.9mm，重184.3g。原料为石英砂岩。片状毛坯。背面为自然面。A和D处，均用锤击法锤击而形成一个凹形刃口。刃长分别为24.3、14mm，刃角84.8°和76.2°。B和C处经过简单加工，为了修理把手，便于执握（图2-53，5）。

2.15.2.3 Ⅳ级阶地的石器分类与描述

共发现石器17件，包括石核、石片和工具。

1）石核

1件。标本15TJDZⅣ：6，长54mm，宽45mm，厚24.2mm，重68.9g。原料为石英砂岩。形状呈正方体。锤击法剥片。自然台面，长37.9mm，宽23mm，台面角68.8°。锤击法剥片，1个剥片面，2个剥片疤，最大的长29.8mm，宽36.8mm（图2-53，3）。

2）石片

4件。分为完整石片和断片。

（1）完整石片

1件。标本15TJDZⅣ：2，长46.3mm，宽51.7mm，厚16.8mm，重36.5g。原料为石英砂岩。锤击石片。自然台面。石片角95.2°。打击点集中，半锥体微凸，无锥疤，同心波不清晰，放射线清晰。背面为石片疤和自然面，剥片方向为转向剥片（图2-53，4）。

（2）断片

3件。根据断裂的方向可分为横向和纵向断片。

①横向断片

2件。均为近端断片，长41～42.9mm，平均长42mm；宽71～78.9mm，平均宽75mm；厚19～28.4mm，平均厚23.7mm；重51.5～122.8g，平均重87.2g。原料皆为石英砂岩。均为锤击石片。

标本15TJDZⅣ：5，长42.9mm，宽78.9mm，厚28.4mm，重122.8g。有脊台面。石片角为

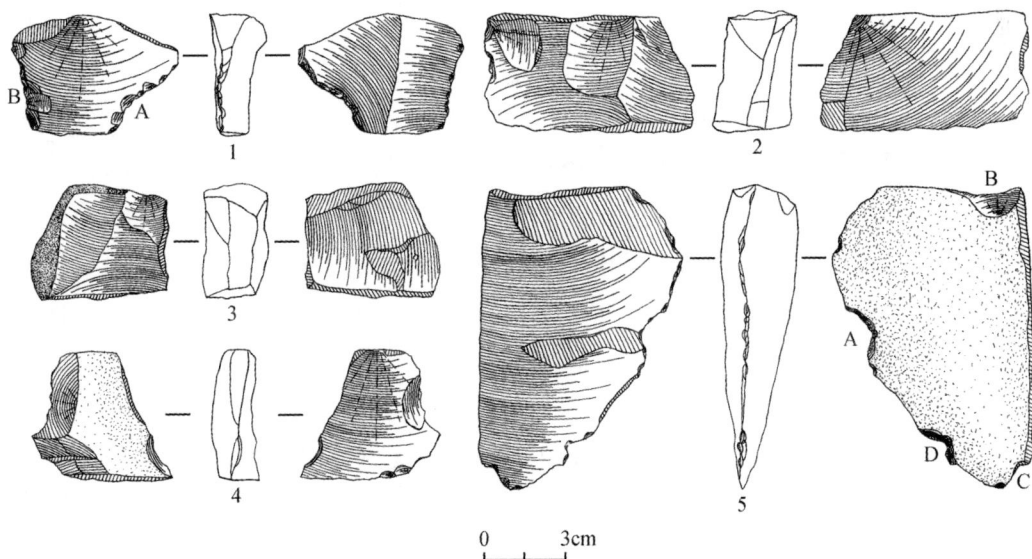

图2-53 石核、石片和三类工具

1.单凹刃刮削器（15TJDZⅢ：6） 2.近端断片（15TJDZⅣ：5） 3.单台面石核（15TJDZⅣ：6） 4.完整石片（15TJDZⅣ：2）

5.双凹缺刃器（15TJDZⅢ：11）

74°。打击点散漫，半锥体微凸，无锥疤，同心波不清晰，放射线清晰。劈裂面左侧有片小石片疤。背面均为片疤，剥片方向为向心剥片。远端折断（图2-53，2）。

②纵向断片

1件。右裂片，标本15TJDZⅣ∶16，长41.5mm，宽36mm，厚12.7mm，重15.9g。原料为石英砂岩。锤击法剥取的双阳面石片。台面保留一半。打击点散漫，劈裂面较平，同心波不清晰，放射线清晰。一侧劈裂面经过简单剥片，剥片方向为转向剥片（图2-54，4）。

3）工具

共12件。包括二类和三类工具。

（1）二类工具

2件。均为单刃，又可分为直和凸刃。

①直刃

1件。标本15TJDZⅣ∶14，长41.8mm，宽63mm，厚15.3mm，重24.1g。原料为石英砂岩。背面均为片疤，剥片方向为同向剥片。刃缘两侧有不连续的鱼鳞状使用疤。刃长29.9mm，刃角29.2°（图2-54，8）。

②凸刃

1件。标本15TJDZⅣ∶8，长62.5mm，宽39.2mm，厚18mm，重33.3g。原料为石英砂岩。背面为石片疤和节理面。刃缘两侧有不连续的鱼鳞状使用疤。刃长60.9mm，刃角37.9°（图2-54，2）。

（2）三类工具

10件。均为刮削器，分为单刃和双刃。

①单刃

9件。又分为直、凸、凹和尖刃。

直刃　2件。长33.6～40mm，平均长36.8mm；宽40.2～62.4mm，平均宽51.3mm；厚11.8～31.4mm，平均厚21.6mm；重17.3～46g，平均重31.7g。原料均为石英砂岩。均为片状毛坯。刃长34.3～60.1mm，刃角为70.2°～74.2°。

标本15TJDZⅣ∶15，长40mm，宽40.2mm，厚11.8mm，重17.3g。背面均为石片疤。A刃两侧均有大且深的单层鱼鳞状修疤，锤击法、反向修理。刃长34.3mm，刃角74.2°。B处经过简单加工，为了修理把手，便于执握（图2-54，1）。

凸刃　3件。长48.8～58.5mm，平均长52.1mm；宽48.4～66.4mm，平均宽56.7mm；厚14.3～15.7mm，平均厚14.8mm；重35.4～49.1g，平均重42.5g。原料均为石英砂岩。均为片状毛坯。刃长57.4～83.7mm，刃角46.2°～63°。

标本15TJDZⅣ∶17，长58.5mm，宽66.4mm，厚14.3mm，重49.1g。背面为石片疤和自然面。刃缘局部两侧有大且深的单层鱼鳞状修疤，锤击法、复向修理，余下使用锋利的边缘。刃长83.7mm，刃角46.2°（图2-54，6）。

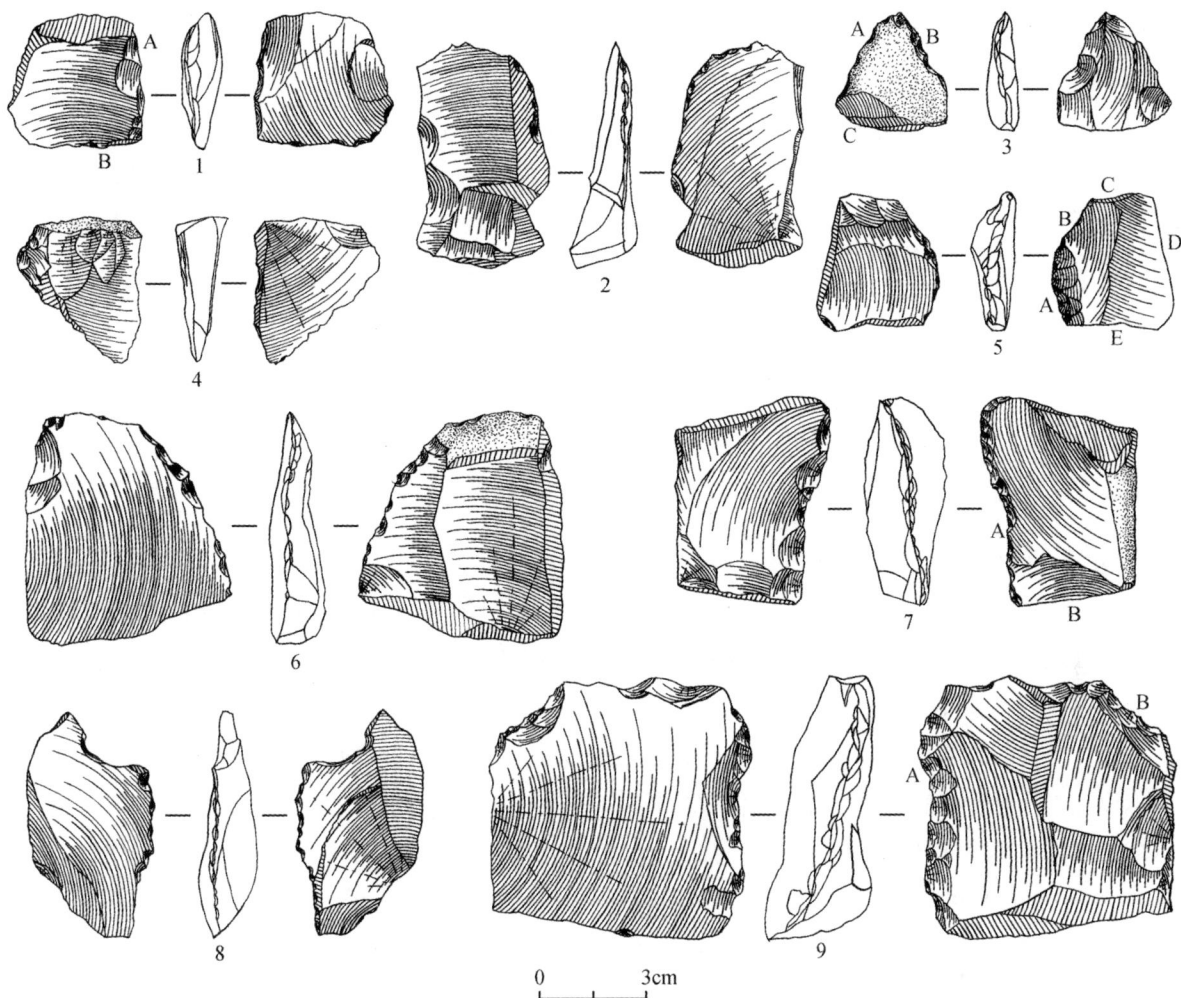

图2-54　断片、二类和三类工具

1. 三类单直刃刮削器（15TJDZⅣ：15）　　2. 二类单凸刃刮削器（15TJDZⅣ：8）　　3. 三类单尖刃刮削器（15TJDZⅣ：9）

4. 右裂片（15TJDZⅣ：16）　　5. 三类双直刃刮削器（15TJDZⅢ：10）　　6. 三类单凸刃刮削器（15TJDZⅣ：17）

7. 三类单凹刃刮削器（15TJDZⅣ：10）　　8. 二类单直刃刮削器（15TJDZⅣ：14）　　9. 三类双凹刃刮削器（15TJDZⅣ：1）

凹刃　1件。标本15TJDZⅣ：10，长57.9mm，宽45.9mm，厚21.4mm，重53.9g。原料为石英砂岩。片状毛坯。背面为石片疤和自然面。A处为刃缘，两面修理，均有鱼鳞状修疤，但腹面修疤较背面大且深。刃长57mm，刃角65.8°。B处折断，是为了修形（图2-54，7）。

尖刃　3件。长32.3～54.8mm，平均长43.7mm；宽32.1～58.1mm，平均宽48.8mm；厚7.3～23.2mm，平均厚16.3mm；重7.2～61.1g，平均重38.4g。原料均为石英砂岩。片状毛坯。刃长10.3～30.6mm，刃角65.2°～112.5°。

标本15TJDZⅣ：9，长32.3mm，宽32.1mm，厚7.3mm，重7.2g。背面为石片疤和自然面。A处刃直接使用锋利的边缘，刃长21.8mm。B处刃两面修理，腹面修疤较背面大且深，刃长25.5mm。A和B处刃相交于一角，刃角65.2°。C处经简单修理，是为了修理把手（图

2-54，3）。

②双刃

1件。标本15TJDZⅣ：1，长72.4mm，宽73.9mm，厚23.7mm，重158.1g。原料为石英砂岩，片状毛坯。背面均为石片疤。A处为凹刃，两面修理，均有大且深的单层鱼鳞状修疤，锤击法修理。刃长73.4mm，刃角59.2°。B处亦为凹刃，两面修理，均有大且深的双层鱼鳞状修疤，锤击法修理，刃长25.5mm，刃角54.4°（图2-54，9）。

2.15.3　结语

2.15.3.1　石器工业特征分析

1）Ⅱ级阶地的石器工业特征

（1）石器的原料包括石英砂岩、砂岩、角岩和燧石。其中石英砂岩使用最多，占80.95%；砂岩较少，占9.53%；角岩和燧石最少，仅皆占4.76%。总体来看，原料以石英砂岩为主，其他原料则较少使用。

（2）根据石器的最大长度，中型占石器总数的76.19%；小型较少，占19.05%；大型最少，仅占4.76%。由此可见，此阶地的石器是以中型、小型为主的石器工业。

（3）石器类型较简单，包括石核、石片、断块和工具。工具（仅三类工具）比重最高，占石器总数的66.66%。其中以刮削器最多，占三类工具的85.71%（又单刃最多，占83.33%）；凹缺刃器较少，仅占14.29%。石核和石片次之，皆占总数的14.29%。断块最少，仅占4.76%（表2-17）。

（4）此阶地仅使用锤击法进行剥片。石核台面皆为自然台面，皆仅1个剥片面且剥片率不高，可能是石料的优劣程度所致。石片皆为断片。工具毛坯以片状（其中双阳面石片占片状毛坯的15.38%）为主，占总数的92.86%，块状较少，仅占7.14%。修理方法均采用锤击法；修疤大且深，多为单层的鱼鳞状修疤。修理方向以正向为主，反向和复向较少。工具修理得较为简单粗糙。部分工具还存在修形或修理把手。

2）Ⅲ级阶地的石器工业特征

（1）石器的原料包括石英砂岩和石英岩。其中石英砂岩使用最多，占90.91%；石英岩较少，占9.09%。

（2）此阶地的石器亦可划分为小型、中型和大型三个等级。中型占石器总数的63.64%；小型次之，占27.27%；大型最少，仅占9.09%。可见，此阶地的石器是以中型、小型为主的石器工业。

（3）石器类型简单，包括石核、石片和工具。工具比重最高，占石器总数的72.73%。三类工具最多，占工具的62.5%，其中以刮削器最多，占三类工具的80%（又单刃最多，占75%）；凹缺刃器较少，占20%；二类工具次之，占37.5%。石片和石核较少，分别占总数的

18.18%和9.09%（表2-17）。

（4）仅使用锤击法进行剥片。石核台面为自然台面，皆仅1个剥片面且剥片率亦不高。石片皆为完整石片；台面均为打击台面，打击点较大，半锥体较平，同心波不清晰，放射线清晰，背面皆为石片疤。工具毛坯均为片状，其中有1件双阳面石片毛坯。修理方法均采用锤击法；修疤大且深，多为单层的鱼鳞状修疤。修理方向以正向为主，反向较少。工具修理得较简单粗糙。部分工具还存在修形或修理把手。

3）Ⅳ级阶地的石器工业特征

（1）石器的原料均为石英砂岩。

（2）将此阶地的石器划分为小型和中型两个等级。中型占石器总数的70.59%；小型次之，占29.41%。可见，此阶地的石器亦是以中型、小型为主的石器工业。

（3）石器类型简单，包括石核、石片和工具。工具比重最高，占石器总数的70.59%。三类工具（均为刮削器）最多，占工具的83.33%，其中又单刃最多，占90%；二类工具较少，占16.67%。石片较少，占总数的23.53%。石核最少，仅占5.88%（表2-17）。

表2-17 段庄地点石器类型比例表

类型				数量	百分比（%）	数量	百分比（%）	数量	百分比（%）
石核	单台面			2	14.29	1	9.09	1	5.88
	双台面			1		/		/	
石片	完整石片			/		2		1	
	近端断片			1	14.29	2	18.18	2	23.53
	远端断片			2		/		/	
								1	
断块				1	4.76	/	/	/	/
工具	二类	刮削器	单刃	/	/	2	37.5	2	16.67
			双刃	/		1		/	
	三类	刮削器	单刃	10	83.33 85.71 66.66	3	75 80 72.73	9	90 83.33 70.59
			双刃	1	16.67	1	25	1	10
			复刃	1		/	/	/	/
		凹缺刃器	单刃	2	14.29	/	20	/	
			双刃	/		1			

（4）使用锤击法进行剥片。石核台面为自然台面，仅1个剥片面且剥片率亦不高。石片包括完整石片和断片，其中有1件双阳面石片；台面以自然台面为主，有脊台面最少，打击点较大，半锥体较平，同心波不清晰，放射线清晰。工具毛坯均为片状。修理方法均采用锤击法；修疤大且深，多为单层的鱼鳞状修疤。修理方向以复向为主，反向和正向较少。工具修理得简单粗糙，部分工具还存在修形或修理把手。

2.15.3.2　对比分析

此地点的石器原料皆以石英砂岩为主，在Ⅱ、Ⅲ级阶地中出现几件砂岩、角岩、石英岩和燧石。石器的大小皆以中、小型为主。石器类型比较简单，包括石核、石片和工具。石核、石片的剥片方法均为锤击法，石核均以自然台面进行剥片，1个剥片面，仅几片剥片疤，不存在预制技术，利用率较低；石片从Ⅳ级阶地以自然台面为主到Ⅲ级阶地以打击台面为主、再到Ⅱ级阶地以有脊台面为主的进步发展。工具以片状毛坯占绝大多数，块状仅几件。工具组合以三类工具为主，二类工具较少，皆不见一类工具。三类工具多为刮削器（又单刃最多），在Ⅱ、Ⅲ级阶地中才逐渐出现凹缺刃器。修理技术均采用锤击法，修疤皆以大且深的单层鱼鳞状为主。在修理方向上，Ⅳ级阶地是以复向为主，正向和反向较少，而在Ⅱ、Ⅲ级阶地则相反。同时，从Ⅳ级阶地的双阳面石片的出现，到Ⅱ、Ⅲ级阶地以双阳面石片为毛坯进行加工工具，可见，双阳面石片技术在此地点的进步发展。综上所述，Ⅳ、Ⅲ和Ⅱ级阶地所发现石器的工业文化是连续而进步发展的。

现将此地点的Ⅱ、Ⅲ级阶地的石器工业特征与周围已发表的同海拔的遗址（地点）进行对比分析；到目前为止，在天津地区与Ⅳ级阶地同海拔的遗址（地点）尚未发表，但从石器的工业特征来看，与泥河湾盆地的板井子遗址的工业特征极其相似，具体如下。

1）天津蓟县的小平安地点发现的旧石器和北台地点发现的旧石器皆以中、小型为主；石片台面以自然和打击台面为主，断片多于完整石片；工具毛坯以片状为主，块状极少；工具以三类的刮削器（又单刃最多）为主，使用锤击法修理，单面加工（正向为主，反向次之）为主，两面加工次之，这与Ⅱ级阶地发现的旧石器工业特征基本一致。但又有其自身的特点，原料以石英砂岩为主，燧石仅1件，这与北台地点皆以燧石为原料则形成鲜明的对比；双阳面石片的出现，并用其作为加工工具的毛坯，这在天津地区目前所发现的其他旧石器地点中极为罕见；剥片方法仅使用锤击法，不见砸击法；三类工具中仅包括刮削器和凹缺刃器，不见雕刻器和钻器等其他的器形。

2）天津蓟县东营坊遗址发现的旧石器是以中、小型为主；石片台面以自然和打击台面为主，均为完整石片；工具毛坯均为片状；工具以三类的刮削器（又单刃最多）为主，使用锤击法修理，单面加工（正向为主）为主。这与Ⅲ级阶地的旧石器工业特征基本相似，与其不同的是，原料以石英砂岩为主，而东营坊遗址则以黑色或灰黑色燧石原料为主；运用双阳面石片作为加工工具的毛坯；仅使用锤击法剥片，不见其他方法；三类工具中仅包括刮削器和凹缺刃器，不见雕刻器。

3）板井子遗址发现的旧石器亦以中、小型为主；石片包括完整石片和断片，其台面以自然台面为主，有脊台面较少；工具毛坯均为片状（除几件砍砸器外）；工具以三类的刮削器（又单凸刃最多）为主，二类工具次之；仅使用锤击法剥片及修理。这与Ⅳ级阶地的旧石器工业特征基本相似，但又有其自身的特点，该阶地原料均为石英砂岩，而板井子遗址是以燧石和石英岩为主，石英砂岩等较少；还发现了1件双阳面石片；修理方向则与板井子遗址相反；三类工具中仅包括刮削器，不见凹缺刃器、钻器和砍砸器。

2.15.3.3　地点性质

根据此地点的石器工业特征分析，段庄旧石器地点具有我国北方以直接打击的小石器为主的工业特点。通过对地点周围的区域性调查分析，此地点的石器原料应是采自附近的河漫滩。

再从周围地理环境上分析，此地点分布于泃河的Ⅱ级、Ⅲ级和Ⅳ级阶地上，水资源丰富，适合古人类在此进行生产活动。再通过对地点的石器工业特征的分析，此地可能是进行生产、生活的临时性场所。

2.15.3.4　年代分析

段庄旧石器地点的石器出土于Ⅱ～Ⅳ级阶地的花岗基岩上的耕土层中。按照阶地的形成过程，Ⅱ级阶地晚于Ⅲ级阶地，更晚于Ⅳ级阶地。此地点没有明确的地层堆积，亦没有发现共存的动物化石，也未发现磨制石器和陶片。因此，根据天津地区区域地层的堆积年代分析，可确定Ⅱ和Ⅲ级阶地的原生层位属于上更新统，Ⅳ级阶地的属于中更新统。同时各级阶地上的石器表面棱脊清晰，未见水冲磨的痕迹。再根据与其他遗址（地点）的石器工业特征对比分析，暂将段庄地点Ⅱ级阶地的旧石器时代归于旧石器时代晚期，Ⅲ级阶地的归于旧石器时代中期的晚段，Ⅳ级阶地石制品所处层位OSL样品所测得年代为距今118±3.0 ka，为旧石器时代早期。

2.16　船舱峪黄土梁地点

2.16.1　地理位置与地层

船舱峪黄土梁地点位于蓟县下营镇船舱峪村的黄土台地上，地理坐标为N40°10′35.5″，E117°32′10.4″（图版75），海拔为268m。

船舱峪黄土梁地点位于蓟县地区北部，这一地区在大地构造上属于天山—阴山—燕山纬向构造带。经历了长期的海路变迁过程，至中生代燕山运动，北部地区褶皱隆起成东西走向的燕山山脉，南部断裂下沉堆积为平原，造成蓟县地区北高南低的地势。船舱峪黄土梁旧石器地点位于泃河右岸Ⅳ级阶地（图2-55）。

2.16.2　石制品分类与描述

本次调查共采集到石制品40件，包括石核、石片、断块和工具（表2-18；图版76、图版77）。原料以石英砂岩为主，大部分石制品表面未见水冲磨的痕迹，但有不同程度的风化。

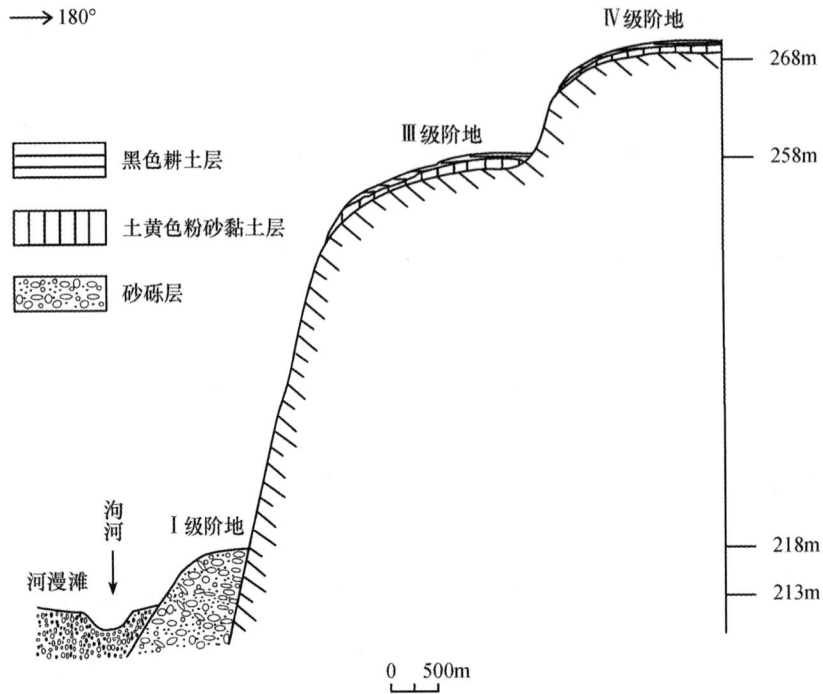

图2-55　天津蓟县船舱峪黄土梁地点河谷剖面图

表2-18　石制品类型统计表

类型	数量（件）	百分比（%）
石核	1	2.5
石片	6	15
完整石片	1	
断片	5	
二类工具	3	7.5
刮削器	3	
单刃刮削器	3	
三类工具	29	72.5
刮削器	19	
单刃刮削器	13	
双刃刮削器	6	
锯齿刃器	2	
凹缺器	5	
砍砸器	1	
尖刃器	2	
断块	1	2.5
合计	40	100

2.16.2.1　石核

1件，标本15TJCHⅣ：36，多台面石核，毛坯为砾石，原料为石英砂岩，长44.31mm，宽45.09mm，高27.39mm，重55.56g，3个台面均为自然台面，最大台面长43.34m，宽33.41mm，台面角范围为78°～116°。工作面上可见4个剥片阴痕，最大片疤长26.38mm，宽24.7mm（图2-56，9）。

2.16.2.2　石片

共6件，其中完整石片1件，断片5件（表2-19）。原料均为石英砂岩。

表2-19　船舱峪黄土梁地点石片测量统计表

	类型	台面	长	宽	厚	重	石片角
15TJCHⅣ：17	Ⅰ2-3型	素台面	68.44	67.01	20.2	71.36	62°
15TJCHⅣ：30	Ⅱ1-2型	素台面	31.53	32.29	5.73	5.02	86°
15TJCHⅣ：21	Ⅱ2-1型	线台面	32.11	39.69	11.92	14.57	75°
15TJCHⅣ：15	Ⅱ2-1型	素台面	21.75	32.50	8.95	6.81	94°
15TJCHⅣ：18	Ⅱ2-1型	素台面	36.16	56.85	10.53	21.11	99°
15TJCHⅣ：23	Ⅱ2-1型	线台面	29.61	32.24	5.96	6.96	71°

1）完整石片

1件。标本15TJCHⅣ：17，Ⅰ2-3型，长38.84mm，宽27.01mm，厚20.2mm，重71.36g，素台面，台面宽30.66mm，厚0.94mm，石片背面均为石片疤，远端为羽状尖灭，石片角62°。打击点微深，锥疤微凸（图2-56，10）。

2）断片

5件，Ⅱ1-2型（右断片）1件，Ⅱ2-1型（近端断片）4件。

标本15TJCHⅣ：30，Ⅱ1-2型，长31.53mm，宽32.29mm，厚5.73mm，重5.02g，素台面，台面宽30.93mm，厚9.11mm，石片背面均为石片疤，远端为羽状尖灭，石片角86°（图2-56，8）。

2.16.2.3　断块

共1件，15TJCHⅣ：6，原料为石英砂岩，长48.65mm，宽33.86mm，厚16.33mm，重32.02g。

2.16.2.4　工具

1）二类工具

共3件，均为单直刃刮削器。

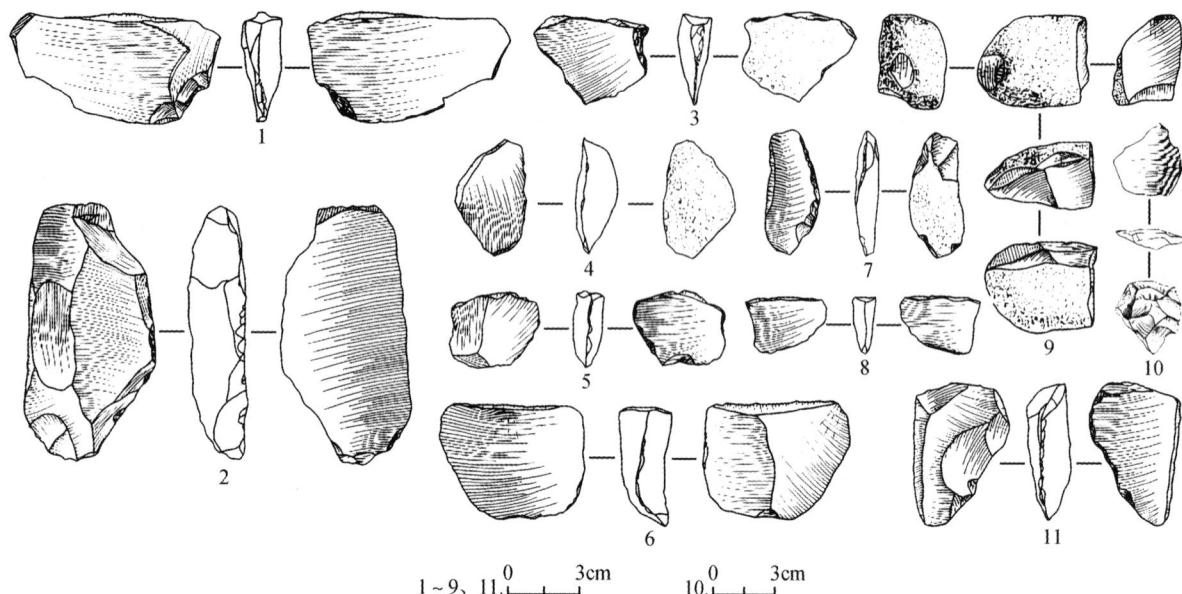

图2-56　石核、石片、二类工具、三类工具

1. 单凹刃刮削器（15TJCHⅣ∶11）　2. 单凸刃刮削器（15TJCHⅣ∶38）　3. 单凹刃刮削器（15TJCHⅣ∶33）

4～6、11. 单直刃刮削器（15TJCHⅣ∶31、15TJCHⅣ∶13、15TJCHⅣ∶9、15TJCHⅣ∶39）　7. 单凸刃刮削器（15TJCHⅣ∶14）

8. 右断片（15TJCHⅣ∶30）　9. 多台面石核（15TJCHⅣ∶36）　10. 完整石片（15TJCHⅣ∶17）

标本15TJCHⅣ∶9，单直刃刮削器，长45.37mm，宽59.9mm，厚18.2mm，重53.7g，毛坯为完整石片，右侧边分布连续细密的崩疤，推测为使用造成。刃角42°（图2-56，6）；标本15TJCHⅣ∶31，单直刃刮削器，长46.37mm，宽30.43mm，厚16.81mm，重22.68g，毛坯为完整石片，整体呈三角形，背面为砾石面，远端有使用造成的片疤，刃角56°（图2-56，4）。

2）三类工具

共29件。

（1）刮削器

19件，单刃刮削器13件，双刃6件，按刃口形状单刃刮削器可分为单直刃刮削器、单凹刃刮削器、单凸刃刮削器，双刃刮削器可分为双直刃、直-凹缺刃、直-凸刃、凸-凹缺刃4类。

①单刃

单直刃刮削器

7件。标本15TJCHⅣ∶13，单直刃刮削器，长29.16mm，宽39.67mm，厚12.98mm，重13.68g。毛坯为断片，整体近长方形，远端和右侧边被截断，便于使用，左侧边为刃，刃长19.93mm，刃角51°，刃缘在腹面有连续分布的片疤（图2-56，5）；标本15TJCHⅣ∶39，单直刃刮削器，长57.01mm，宽39.6mm，厚16.3mm，重35.49g。毛坯为完整石片，整体呈三角形，右侧边为平齐的截面，左侧边经正向加工修理成一直刃，刃长48.99mm，刃角76°，刃缘在腹面有连续分布细密片疤（图2-56，11）。

单凹刃刮削器

4件。标本15TJCHⅣ：11，单凹刃刮削器，长45.93mm，宽84.19mm，厚15.78mm，重55.21g。毛坯为断片，刃缘位于左侧边，左侧边靠近台面部分残断，靠近远端部分经正向加工形成一凹刃，刃长17.75mm，复向加工。刃角67°，刃缘在腹面留下叠鳞状片崩疤，推测是使用造成的（图2-56，1）；标本15TJCHⅣ：33，单凹刃刮削器，长35.57mm，宽46.64mm，厚12.35mm，重18.65g。毛坯为完整石片，背面为砾石面，右侧边经正向加工形成一凹刃，刃长15.39mm，刃角63°（图2-56，3）。

单凸刃刮削器

2件。标本15TJCHⅣ：14，单凸刃刮削器，长50.02mm，宽21.82mm，厚8.54mm，重9.54g。毛坯为断片，毛坯背面保留较多砾石面，左侧边为较平齐的截面，刃缘位于右侧边，刃长48.44mm，刃角42°，反向加工为主，修疤连续、密集（图2-56，7）；标本15TJCHⅣ：38，单凸刃刮削器，长105.16mm，宽54.91mm，厚22.76mm，重130.29g。毛坯为残块，近长方形，两长边一边为平齐的断面，另一长边为刃，刃缘经正向加工，形成连续分布叠鳞状片疤，加工长度指数接近1，毛坯横向利用率较高，刃角52°（图2-56，2）。

②双刃

6件。标本15TJCHⅣ：2，双直刃刮削器，长49.23mm，宽62.73mm，厚15.08mm，重41.08g。毛坯为完整石片，毛坯近端经正向修理，便于使用，双刃均为直刃，刃缘位于右侧边和远端，刃长分别为29.55mm和30.36mm，刃角分别为67°和54°，在腹面分布密集片疤（图2-57，1）；标本15TJCHⅣ：22，凸-凹缺刃刮削器，长54.1mm，宽45.21mm，厚15.34mm，重44.4g。毛坯为完整石片，毛坯远端被截断，使整体呈近方形，双刃分别为凹缺刃和凸刃，左侧边经反向加工成凹缺刃，右侧边腹面见连续分布片疤，刃长分别为16.55mm和44.85mm，刃角分别为68°和51°（图2-57，2）；标本15TJCHⅣ：32，直-凹刃刮削器，长84.10mm，宽55.7mm，厚23.09mm，重82.85g。毛坯为完整石片，整体近三角形，双刃分别为直刃和凹缺刃，均位于右侧边，刃长分别为19.2mm和35.47mm，加工方式分别为正向加工和反向加工，直刃修疤连续，刃角分别为76°和71°（图2-57，3）；标本15TJCHⅣ：25，直-凸刃刮削器，长34.08mm，宽26.27mm，厚7.77mm，重6.21g。毛坯为断片，背面有一"Y"形脊，右侧边经反向加工修理出一凸刃，修疤连续、密集，并延伸至近端，左侧边为直刃，腹面见连续片疤，推测刃缘直接使用。刃长分别为43.2mm和14.8mm，刃角分别为59°和45°（图2-57，7）；标本15TJCHⅣ：34，直-凸刃刮削器，长44.27mm，宽28.16mm，厚11.95mm，重16.02g。毛坯为残块，整体近三角形，双刃分别为直刃和凸刃，刃缘分别位于短边和长边，刃长分别为25.8mm和27.11mm，加工方式均为复向加工，直刃修疤密集、浅平，刃角分别为61°和51°（图2-57，6）。

（2）锯齿刃器

共2件，标本15TJCHⅣ：3，长46.36mm，宽52.15mm，厚19.21mm，重46.5g。毛坯为断

片，毛坯右侧尖部被截断，远端经复向加工修理出三个锯齿刃，总刃长为43.42mm，平均刃角约为63°（图2-57，4）；标本15TJCHⅣ：37，长60.02mm，宽50.26mm，厚28.85mm，重92.72g。毛坯为完整石片，毛坯背面为砾石面，毛坯远端经反向加工修理出三个锯齿刃，总刃长为25.67mm，平均刃角约为63°（图2-57，8）。

（3）凹缺器

共5件，标本15TJCHⅣ：24，长53.24mm，宽72.85mm，厚15.78mm，重46g，毛坯为完整石片，刃缘位于左侧边，经正向加工和反向加工修理出两个凹缺刃，刃长分别为8.40mm和14.92mm，刃角分别为42°和45°（图2-57，9）。

（4）砍砸器

共1件，标本15TJCHⅣ：26，长87.16mm，宽79.15mm，厚33.06mm，重222.75g，毛坯为多台面石核，两长边分别经复向加工修理成直刃，刃长分别为45.4mm和35.75mm，刃角分别为67°和64°（图2-57，10）。

（5）尖刃器

共2件，标本15TJCHⅣ：4，长64.22mm，宽46.97mm，厚25.27mm，重59.83g，毛坯为断片，右侧边和远端分别反向加工、复向加工修理出一尖刃，尖角为74°（图2-57，5）。

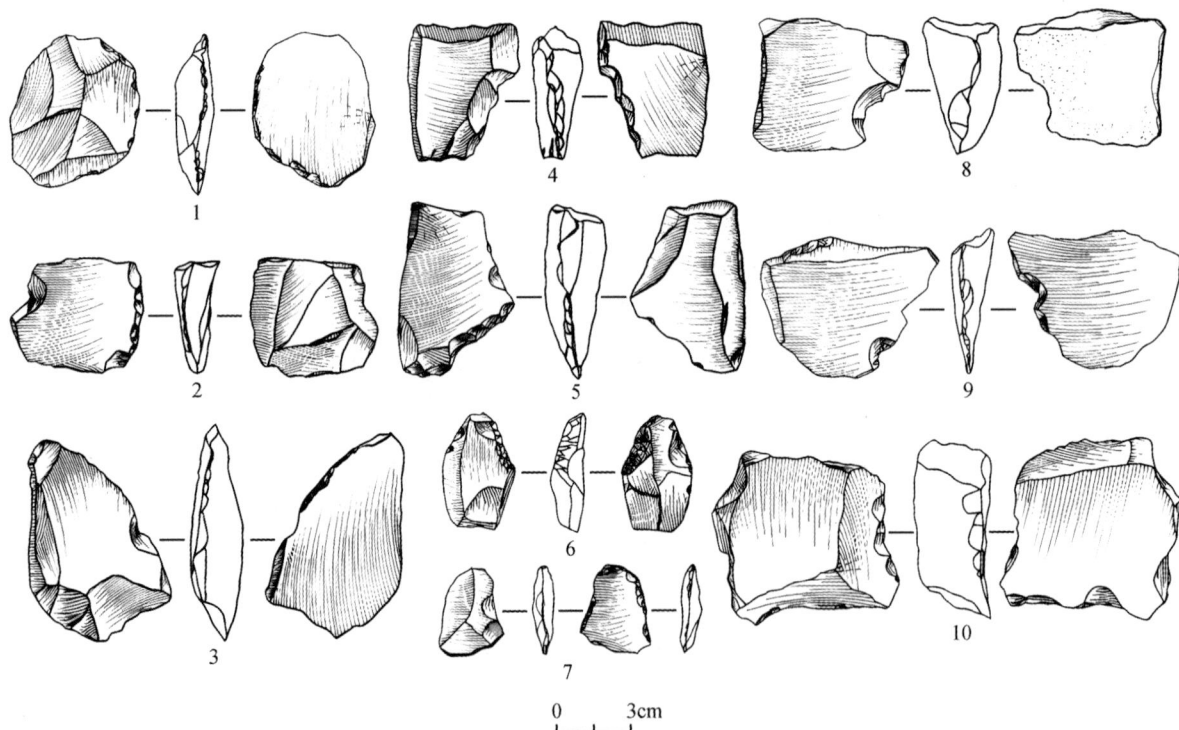

0　　3cm

图2-57　三类工具

1. 双直刃刮削器（15TJCHⅣ：2）　　2. 凸-凹缺刃刮削器（15TJCHⅣ：22）　　3. 直-凸刃刮削器（15TJCHⅣ：32）
4. 锯齿刃器（15TJCHⅣ：3）　　5. 直-凸尖刃器（15TJCHⅣ：4）　　6. 直-凸刃刮削器（15TJCHⅣ：34）　　7. 凹-凸刃刮削器
（15TJCHⅣ：25）　　8. 锯齿刃器（15TJCHⅣ：37）　　9. 凹缺器（15TJCHⅣ：24）　　10. 砍砸器（15TJCHⅣ：26）

2.16.2　讨论

2.16.2.1　工具的大小与形态

1）依据标本的最大长度，将工具划分为微型（小于20mm）、小型（不小于20mm，小于50mm）、中型（不小于50mm，小于100mm）、大型（不小于100mm，小于200mm）四个等级，在32件工具中，不见微型标本，以小型标本和中型标本为主，分别占50%和47%，大型标本仅1件，占3%（图2-58）。

2）应用黄金分割率（0.618），依据标本的长宽指数和宽厚指数可以将工具划分为四种类型：Ⅰ—宽厚型；Ⅱ—宽薄型；Ⅲ—窄薄型；Ⅳ—窄厚型。标本的宽厚指数均小于61.8，仅有2件标本的长宽指数小于61.8，因此该地点工具以宽薄型为主，仅2件标本为窄薄型（图2-59）。

3）工具重量分为较轻（不小于1g，小于25g），中等（不小于25g，小于100g），偏重（不小于100g，小于500g）三个等级，工具总体上以中型和较轻为主，分别占50%和34%，剩余为偏重（占16%）（图2-60）。

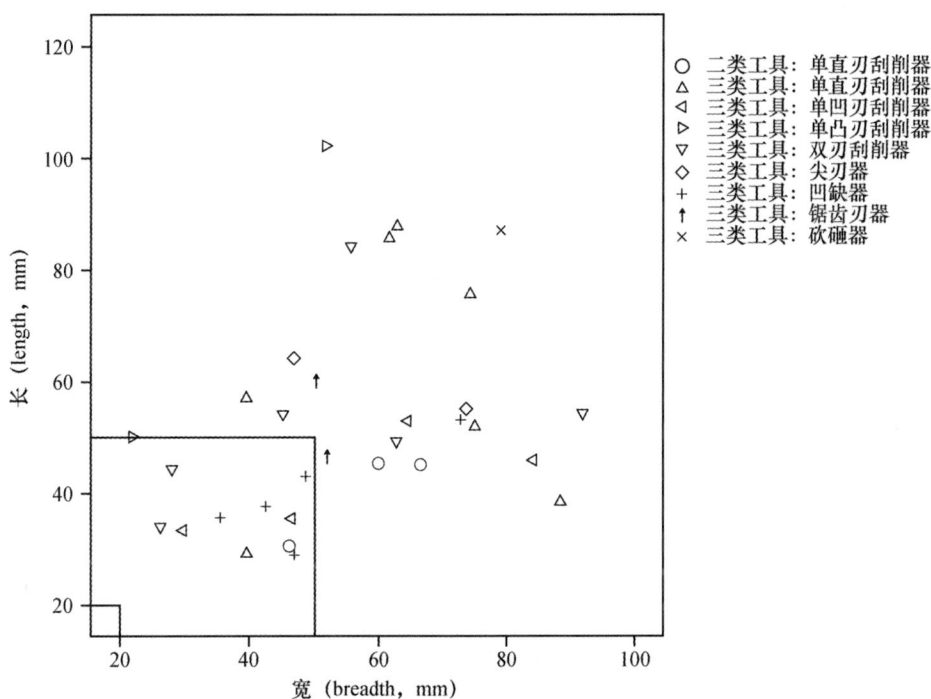

图2-58　工具长宽坐标图

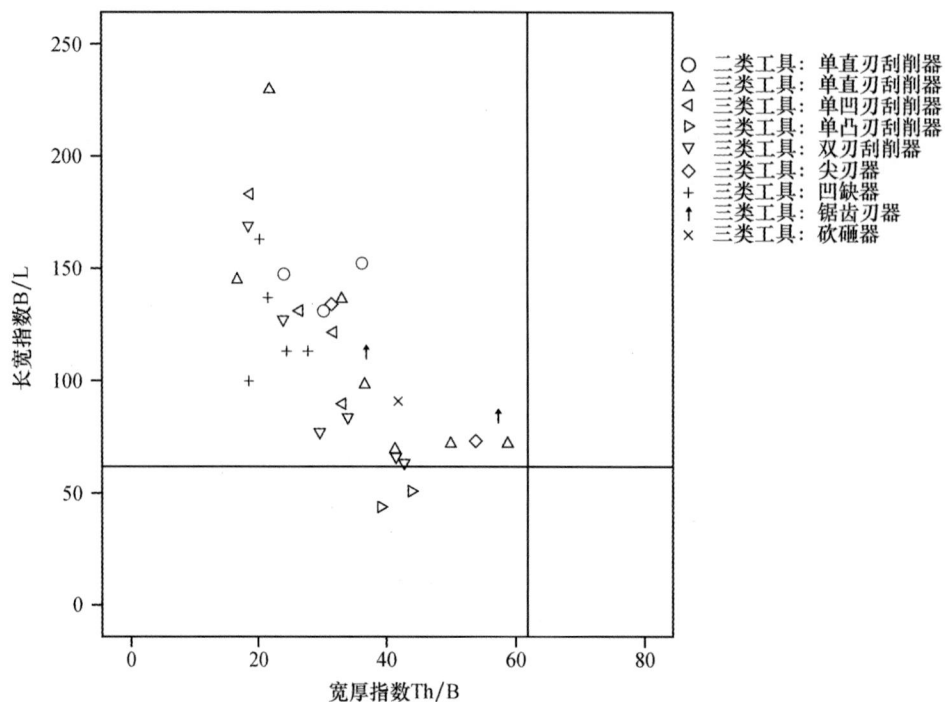

图2-59　工具长宽指数和宽厚指数坐标图

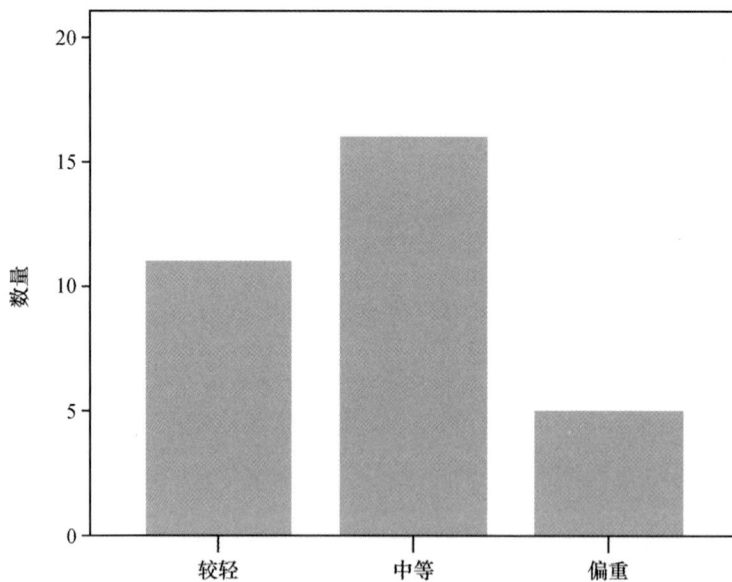

图2-60　工具重量分布图

2.16.2.2 原料与毛坯

工具原料以石英砂岩为主，其次为石英岩和脉石英。

表2-20为工具所用毛坯的分类统计情况。工具的毛坯以完整石片为主（占43.8%），其次为断片（31.3%）和断块（18.8%），利用石核为毛坯的工具较少。

表2-20　工具所用毛坯的分类统计

毛坯种类	完整石片	断片	断块	石核
二类工具				
刮削器				
单刃刮削器	3			
三类工具				
刮削器				
单刃刮削器	4	5	3	1
双刃刮削器	3	1	2	
锯齿刃器	1	1		
凹缺器	3	1	1	
砍砸器				1
尖刃器	1	1		
合计	15	9	6	2
百分比（%）	47	28	19	6

2.16.2.3 加工技术

1）加工缘位置

表2-21为工具加工缘位置统计，以断块和石核等非石片为毛坯的工具的刃缘几乎全部位于长边（28%），说明石器加工者有意将毛坯充分利用。而以石片为毛坯的工具的刃缘多位于一边，其中右边（28%）多于左边（13%），而利用远端（25%）加工成刃的比例远高于近端（3%）。

表2-21　三类工具加工缘位置统计

方位	长边	短边	右边	左边	远端	近端	总计
N	9	1	9	4	8	1	32
%	28	3	28	13	25	3	100

2）加工方向

大部分标本为单向加工正向（32.3%）和反向（35.5%）加工占比相当；双向加工的标本占比32.3%，其中复向加工29.1%，交互加工3.2%（图2-61）。

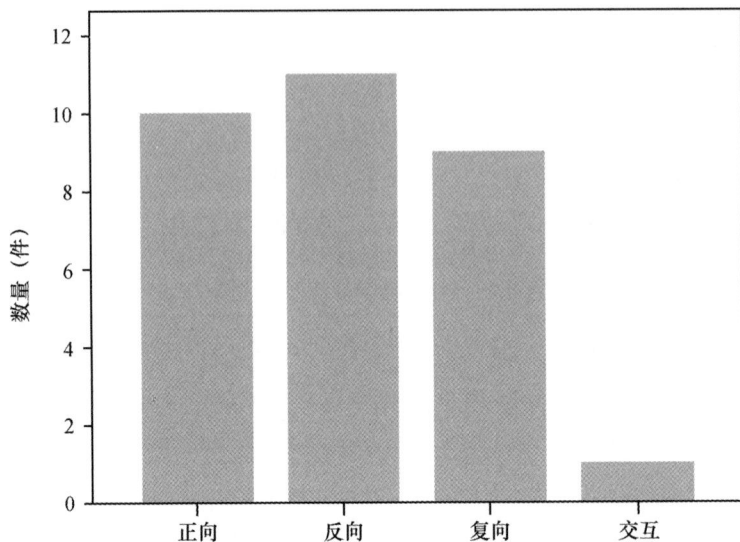

图2-61　三类工具加工方向

2.16.2.4　刃角

三类工具加工刃刃角平均为57°，绝大多数工具刃角集中在40°～70°。图2-62显示，二类工具及三类工具使用刃刃角平均值为57.56°，刃角多集中在40°～80°，说明刃角已经适于使用，不再需要进一步加工。通过统计二类及三类工具的使用刃角发现，角度集中在40°～80°，平均值为57.8°（图2-63）。

2.16.2.5　加工深度指数和加工长度指数

工具的刃缘加工深度指数和加工长度指数是石器加工程度和对毛坯利用程度的指标，加工长度指数平均值为0.61（图2-64），表明古人对毛坯边缘利用率不高，推测可能刃缘已经足够锋利，只需稍作修理即可。图2-65显示加工深度指数均值在0.35，说明毛坯纵向利用率较低。

2.16.3　结语

2.16.3.1　石器工业特征

1）石制品原料单一。

2）剥片主要采用锤击法。

3）工具占石制品比重较大，工具大小以中型和较轻为主，毛坯以片状毛坯为主，类型以刮削器为主，单向加工是主要的加工方式。

该地点石器工业是典型华北小石器工业类型。而考虑到船舱峪黄土梁地点在年代上可能已经进入旧石器时代中期，对于存在众多缺环的华北地区的小石器文化传统，该地点的文化面貌

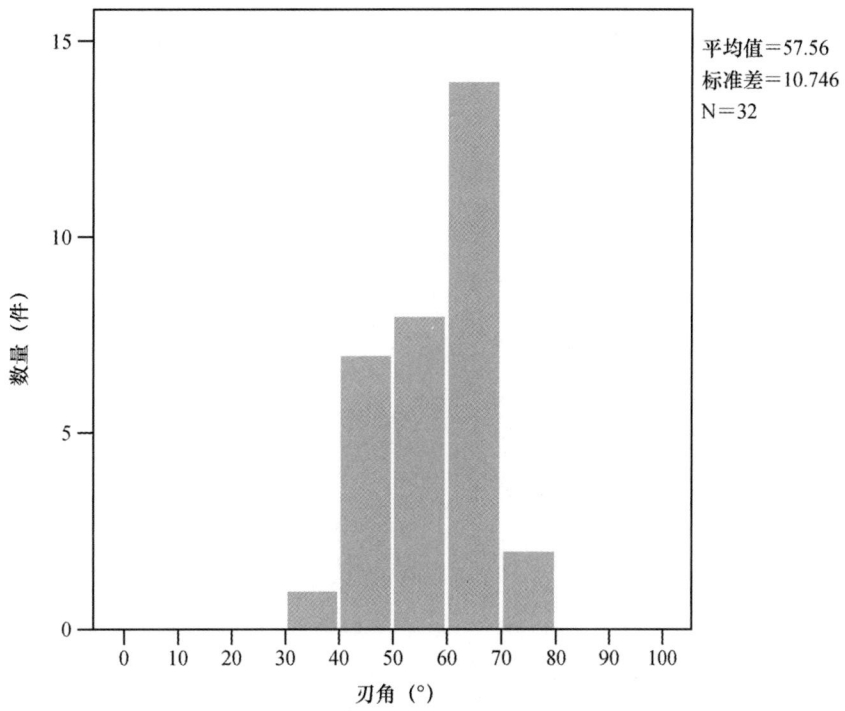

平均值＝57.56
标准差＝10.746
N＝32

图2-62　工具刃角分布图

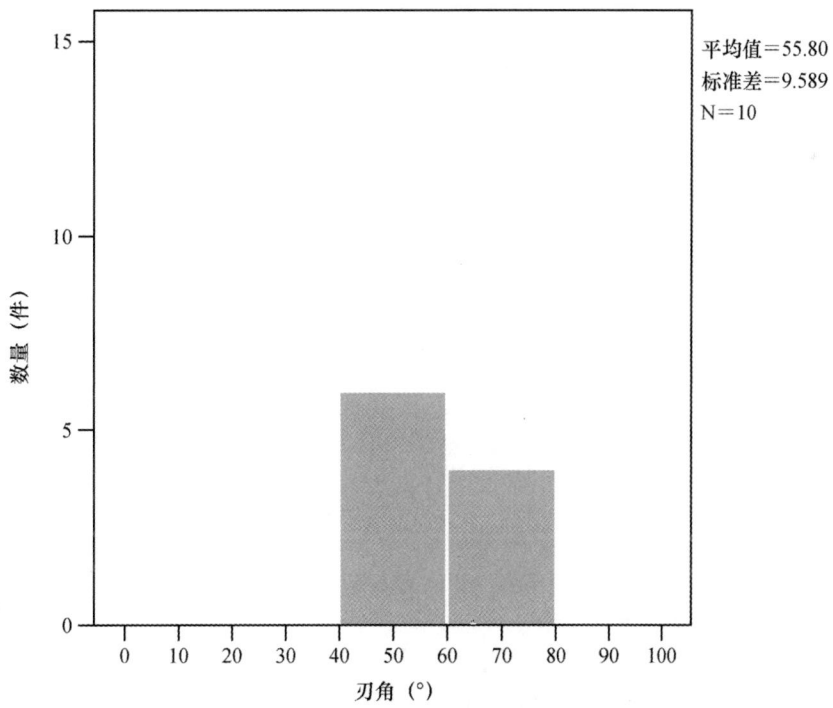

平均值＝55.80
标准差＝9.589
N＝10

图2-63　第二类工具及第三类工具使用刃角分布图

平均值＝0.61
标准差＝0.277
N＝32

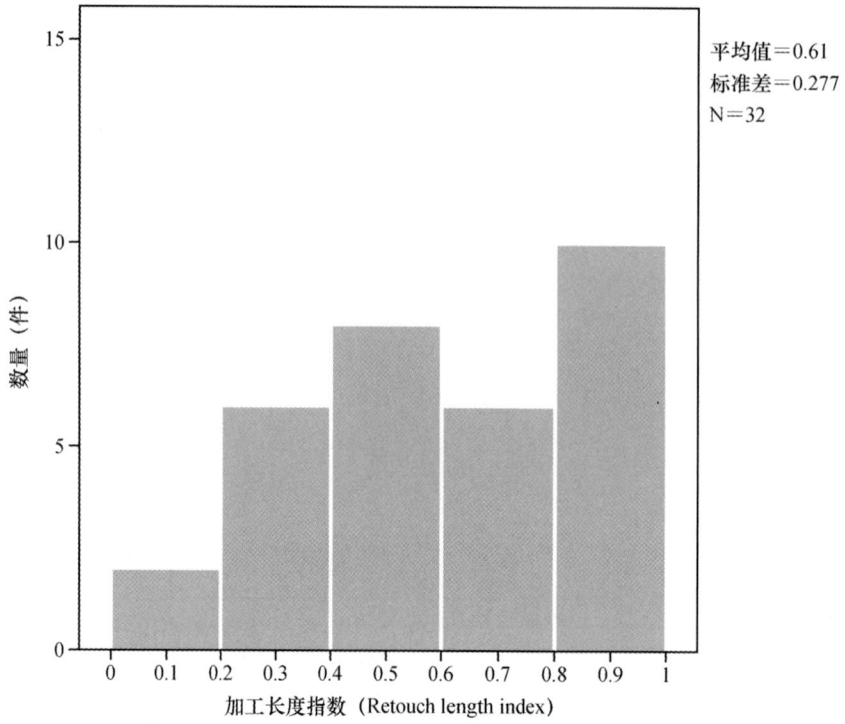

图2-64　三类工具加工长度指数分布

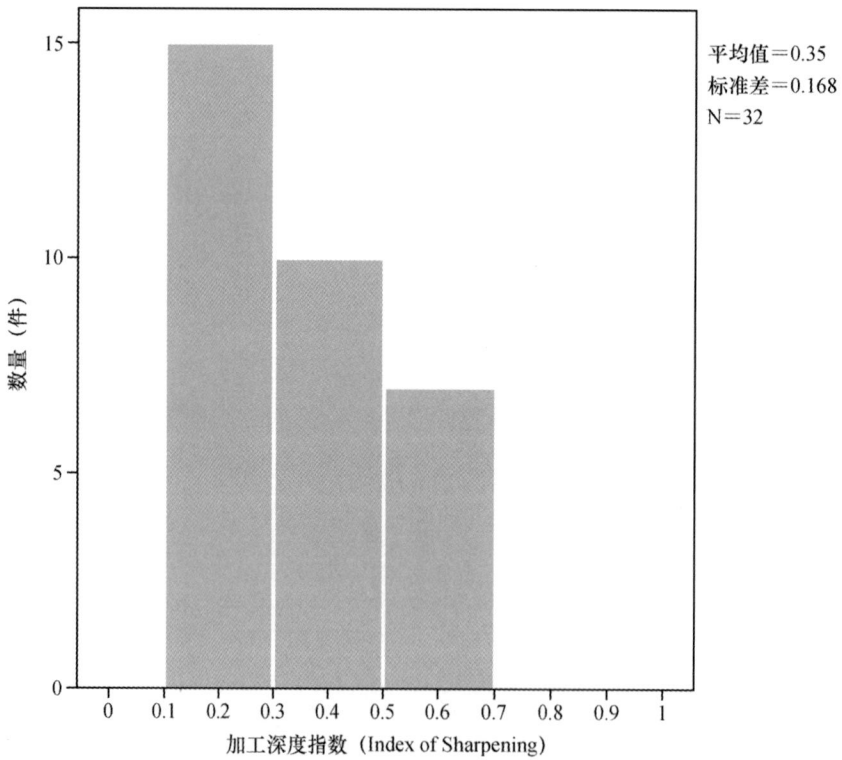

平均值＝0.35
标准差＝0.168
N＝32

图2-65　三类工具加工深度指数分布

对于深入认识华北地区小石器文化演变脉络及时空分布有着一定意义。下文将通过对比分析，比较船舱峪黄土梁地点与周边区域小石器文化传统的异同。

2.16.3.2 结语

2005年在蓟县下营镇调查发现三处旧石器地点，这三处地点石器工业特征如下（表2-22）。

表2-22 2005年蓟县下营镇发现三处旧石器地点石器工业特征

地点名称	小平安	七区	北台
海拔	232m	235m	220m
地貌部位	Ⅱ级阶地	Ⅱ级阶地	Ⅱ级阶地
主要原料	浅灰色石英砂岩为主	黑色或者黑灰色燧石为主	均为黑色或者黑灰色燧石
剥片	锤击剥片为主，存在砸击法	主要采用砸击法	主要为锤击法
工具毛坯	片状	片状	片状
工具大小	小型为主，中型次之	小型为主，微型次之	微型为主，小型次之
工具类型	刮削器主要类型	刮削器主要类型	刮削器主要类型
加工方式	正向加工为主，偶见错向加工	单向加工为主，多为正向加工	不详

船舱峪黄土梁地点位于Ⅳ级阶地，在年代上早于上述三个地点，从石制品分类统计可以看出，工具以片状为主，刮削器为主要工具类型是这四处地点相同之处，不同于较晚的三个地点，船舱峪黄土梁地点工具相对较大，不存在砸击法，而较晚的三处地点工业面貌显得更为多样，不仅原料出现了优质的燧石，剥片方法上也出现了砸击技术，工具也趋向于小型化。

华北地区旧石器时代中期小石器文化发现不多，研究较为深入的有板井子、周口店第15地点等，船舱峪黄土梁地点与上述遗址石器工业面貌较为接近，均以锤击剥片为主，工具以刮削器为主。

第3节 结 论

3.1 石器工业概况

通过对石制品进行较为详细的技术类型分析，蓟县地区石器工业主要包括三种：一是以石片石器为代表的小石器工业；二是以砍砸器等器形为主的砾石石器工业；三是以细石叶加工的各类石器为特征的细石叶工业类型。各遗址发现的石制品主要包括剥片和加工工具时产生的石核、石片、石叶、细石叶、碎屑及断块等。石制品原料以黑色燧石和石英砂岩为主，石英次之，硅质灰岩等其他原料较少。剥片方法有锤击法和砸击法，此外，间接法剥片也占有一定比例，打片时对石核台面进行修整。工具以刮削器为主，雕刻器、尖状器次之，手镐、砍砸器等其他器形数量较少。工具毛坯以片状为主，块状毛坯较少；修理方式以单向加工为主，主要表现为向背面加工。在总体上，石制品以小型及中型为主，中型、大型标本也占一定比例，个体间变异较小，加工较为精致，原料利用率较高。

3.2　原料的开发与利用

原料的分布、质量与利用对人类工具制作技术的发挥、发展和石器工业特点的形成起着很大的制约作用。研究人类对不同石料资源的利用程度将有助于探讨该人类群体石器制作技术和对自然环境的适应能力。从不同遗址石制品原料利用率对比来看，该地区燧石原料较多，但质量参差不齐，具有质量复杂和高含量的特点，古人类倾向于选择其为原料正是基于此。

诸旧石器地点内石制品原料较为单一，以燧石占绝对优势，占石制品总数的90%以上。从遗址石制品类型与原料的利用率情况来看，表明了古人类剥片和加工工具时对燧石质料的偏爱，也反映了其遵循因地制宜、就地择优取材的策略。

原料的质地对工具修理影响很大，优质原料常常加工出精致的工具。使用燧石这种优质原料加工石器，无论是软锤或硬锤，其修理疤痕均较薄长，压制修理出的工具更为精致。因而，造就了该遗址石制品细小精致的特点。并且，燧石剥片易形成贝壳状断口，较为坚韧锋利，可不用第二步加工直接使用，这也使得诸遗址中使用石片数量较多。

为了能更好地体现古人类对原料加工的倾向性，笔者在此使用了Jayson Orton创设的"原料加工指数（The Raw Material Retouch Index）"[①]（Jayson Orton，2008）概念。该指数越大，说明古人类越倾向于加工某种原料；指数越低，说明古人类对于某种原料更倾向于直接使用，还可以说明该种原料可能未在遗址内剥片生产，而是从遗址外带过来的。

在该地区诸遗址的各类原料中，燧石的原料加工指数最低，而其他岩性的原料加工指数最高。这说明古人类倾向于选择燧石作为石制品主要原料，由于其本身的物理特性，更倾向于直接使用，这与遗址内出土的石制品组合情况相一致，燧石质的工具数量与未加工的使用石片数量大体相当；而安山岩、流纹岩等其他岩性的石制在遗址内发现数量较少，但其工具比例却相对大一些，故其指数较高，推测这可能由于这些原料的石制品并未在遗址内进行剥片、修理等活动，而是被古人类修理好后带入遗址内的，故其断块、碎屑数量极少，但工具比例却相对较大。为了使原料加工指数更具客观性，证明碎屑和断块的存在不会对其产生影响，因而分别对保留或缺失碎屑及断块两种情况分别进行统计，结果显示二者所得的原料加工指数分布大体一致。

---

① 根据Jayson Orton的定义，原材料加工指数（RMRI）为某种原材料的石制品在所有修理工具中所占比例与该种原材料在所有石制品中所占比例的比值。

根据上述分析，可以对蓟县地区旧石器时代晚期石器工业在原料的开发与利用方面的特点作如下归纳。

（1）该地区遗址古人类因地制宜、就地取材制作石器，所用的石器原料绝大部分为燧石。

（2）石器原料具有高含量、质量参差不齐的特点，这对原料的开采和石器加工有着重大的影响。

（3）原料的利用率不高。该地区遗址内存在较多废片、断块，但绝大多数个体较小，边缘不甚规则，一些边缘锋利、个体适中的燧石石片被直接使用。

（4）古人类根据原料质地的不同，来制作不同功能的石器类型。像刮削器、尖状器、雕刻器等需要锋利刃缘的轻型工具多选用燧石来制作，砍砸器等厚刃的重型工具则倾向于选用石英砂岩等质地坚硬的原料制作。

（5）原料的质地对石器的修理影响很大。优质原料常常加工出精致的工具，而劣质原料则往往加工出粗糙的工具。使用燧石等优质原料加工石器，无论使用软锤还是硬锤，其修疤均较薄长，压制修理出的工具更为精致。而石英、石英岩等原料修理的石器石片疤则短而宽，且很难采取压制修理的方法。

（6）原料的优劣还直接影响到石器第二步加工的成功率。燧石等优质原料修理成功率较高，不见修理痕迹的断块，而石英岩等劣质原料修理过程已出现断裂、损坏现象，故修理成功率明显小于前者。

3.3 剥片技术

从石核和石片观察，至少有三种剥片技术在该地点被使用过。一种是锤击法（包括软锤法和硬锤法）直接剥片，以锤击石核及锤击石片为代表；另一种为间接法剥片，以细石叶石核及细石叶为代表；另外，还有少量砸击剥片技术。

天津地区旧石器地点内发现的石核能够体现出工艺流程中的预制、剥片、中止三个阶段。首先，将石块或石片的外形加工成楔形，对其台面底缘、侧缘进行修整，修理出可控制剥片的"龙骨"部分（侯亚梅，2003），此为工艺流程的第Ⅰ阶段——预制阶段。从旧石器地点内发现的预制石核来看，又可细分为2个步骤：步骤Ⅰ，可能是从锤击石核上打下的较厚石片再经过粗加工，主要修理毛坯的台面、底缘和后缘。一般底缘和后缘采用交互法或对向加工方式，修理出边缘呈锐角的楔形，修理出石核的龙骨部分，以便能够在剥片时发挥控制作用；而台面有的略修平整，有的不修。该阶段并未作整体的修理，即毛坯的体部尚未作修理。步骤Ⅱ，台面和核体再进行细致修整，这时的修痕都较浅平，是用软锤和压制修理的结果；第Ⅱ阶段，即为剥片阶段。石核剥片进行比较充分，从工作面上的细石叶阴痕来看，剥片成功率较高，多数核体上的石片疤为3～7个，且台面角范围为79°～91°，仍可继续剥片。工艺流程的第Ⅲ阶段为中止阶段，剥片时，是要沿着前一次剥片脊来剥离细石叶或石叶的。有时剥片失误是不可避免的，或是用力太小，或是用力方向不准确，或是碰到石核的节理从而造成剥片只剥下来一部分，而另一部分仍留在核体上，这样就会使下一次剥片无法再沿着该条脊进行，因为如果继续进行的话，将会使剥片受力不均或受到的阻力更大，最后导致再次的失败。出于该阶段的石核要么被废弃、中止使用，要么就需要调整出新的台面或更新工作面继续剥片。

细石叶石核的台面特征及工作面遗留的石片疤数量与剥片技术及原料利用率有着直接的关系。依统计结果，存在预制及使用阶段的细石叶石核龙骨多进行两面修整，使其棱脊部位在剥片时可以发挥控制作用，这说明石核精细加工技术被广泛采用，石核利用率较高。从最大石核即为锤击石核来看，燧石在当地并不缺少。这说明古人类无论是在原料的选择还是工具加工技术方面来说都已具有了较高的认识水准。

出土的石片以残片居多，占全部石片的绝大多数，完整石片较少。从石片的类型来看，以人工台面石片为主，自然台面石片较少，这表明古人类在剥片时一般对石核的台面进行修整。石片背面多为石片疤，背面全为石片疤的约占石片总数的1/4，以背面为非自然面、人工台面的石片为主，这说明石片均为非初级剥片。石片背面片疤多为单向，且绝大多数与剥片方向一致，这说明古人类倾向于向一个方向剥片。从石片边缘形态来分析，边缘平行或近似平行及三角形的石片为主，而边缘不甚规则者较少，说明多数石片形状较为规整。剥片方法方面，特征明显的锤击石片最多，砸击石片偶尔可见。

细石叶从其完整程度看，均以中段为主，近段、远段次之，完整较少。这说明古人类已经掌握了截断细石叶技术，有目的地选择较直的中段，可能作为复合工具的刃部或直接来使用。

从石片分析的结果可以看到，该地区石器工业拥有比例极高的近端、中间残片、碎屑，完整石片比例也较高。其中，比例较高的残片应该为石核剥片或工具二次加工的副产品，从石片角的统计结果来看，大多数残片都是在石核台面角不大的情况下剥取的。

大多数残片为素台面、点台面、刃状台面等人工台面，线台面次之，有脊、有疤及自然台面者很少，说明石核的预制台面技术较高，这也与石核的统计分析结果一致。石片背面非自然面的比例最大，这表明石片多为非初级剥片，反映了遗址石核产片率较高。

3.4 加工技术

天津地区旧石器晚期石器工业发现的使用石片主要选用边缘锋利的片状毛坯，以石片为主，其次主要选取细石叶的中段或直接使用，或作为镶嵌工具的刃部加以利用。这些使用石片手感刃缘已较钝或很钝，分布明显的、连续的细小疤痕。使用石片使用后刃角以锐角为主，钝角次之。大多数标本手感刃口仍较锋利，可继续使用。燧石硬度大，断口呈细致的贝壳状，未经二次加工修理的石片刃缘，完全可以直接投入使用。

总体上来看，该地区诸旧石器地点的工具主要由锤击法加工而成，压制法也占有一定比例。加工方向以单向为主，其中正向加工数量最多，占84%，复向加工次之，占6.2%，反向、错向、对向等加工方式较少。大多数标本修疤排列规整、连续。工具毛坯主要以石片为主，占81.%，细石叶次之，断块及砾石较少。

刮削器为工具的主要类型，主要采用锤击法修整，压制法次之，修理方式以单向加工为主，且修理部位大多数发生在毛坯的侧边及端部，这说明加工很彻底，对原料利用较为充分。

3.5　小　　结

旧石器时代的古人类以狩猎和采集为主，他们以群体为单位在各自相对固定的领域里，在饮食资源的驱动下时分时合，多种多样的活动从而形成不同类型的遗址，古人类遗址的性质与群体的大小、活动目的和环境条件密切相关。

天津地区晚更新世晚期至全新世早期诸地点多数分布在山坡台地和Ⅱ级阶地上，古人类一般选择在河流附近活动，表明古人类充分利用河流地区的水资源和生物资源。石制品类型中，石核、石片、断片、碎屑及其断块占绝大多数，成器率较高，工具组合类型较为丰富，背面多为石片疤的石片较为丰富，使用石片数量占有相当比例，多数工具进行精细加工。这些特点说明这些遗址可能是石器加工场所，但遗憾的是未发现与石制品伴生的动物化石，这还需要将来进一步的科学发掘。

根据泥河湾盆地及东北地区等周邻地区发现的旧石器地点文化面貌来看，以砾石石器为主的大石器工业类型及以石片石器为主的小石器工业传统至少从旧石器时代中期开始，就应该是同时存在并行发展的。细石叶工业自旧石器时代晚期才开始出现，它很可能是从小石器工业传统中派生出来的一种新的“变体类型”，但是这种“变体类型”并没有完全取代原有的小石器工业传统，而是与其并行发展。通过对蓟县地区诸遗址的剥片、石器加工技术及原料利用情况，可以看出其属于华北地区以细石叶、石叶石核及其制品为主要特征的细石叶工业类型。该文化面貌可能受到了以油坊（谢飞、成胜泉，1989）、虎头梁（盖培、卫奇，1977）及下川（王建等，1978）为代表的旧石器时代晚期华北地区的典型细石叶工业传统的影响。华北地区细石器工业马蹄形分布带位于中国北部的华北地区大体在北纬32°～42°，西邻青藏高原，东濒渤、黄二海，北与内蒙古高原相接，南以秦岭北坡和淮河为界。从地势上，该区明显地分为三带，即东部的低山丘陵，中部的华北平原，西部的黄土高原和冀北山地。华北平原广袤辽阔，周边存在丰富的细石器遗存，它们面向渤海，大致环华北平原（环渤海）作马蹄形展布，构成了旧石器时代晚期细石器工业马蹄形分布带。谢飞先生根据细石核技术类型将该马蹄形分布带又划分为东、西两个分布区和五个分布亚区（谢飞，2000）。细石叶工业为主的旧石器地点即属于东自渤海，西至怀来盆地间的广大地区的Ⅰ区（船底形细石叶石核类型为主），由于下川文化对华北地区细石器工业的影响颇大，从时代和石核类型等众多因素考虑，蓟县地区应该是华北地区细石器工业发展和传播的地区之一。此外，蓟县地区石器工业还与晋西南的一些细石器遗址如薛关（王向前等，1983）、吉县柿子滩上文化层相比，有较大的相似性，均以间接法制作细石器，石制品类型中存在典型的楔形石核，且长、短身圆头刮削器是最典型的器形，此外，尖状器、石钻等也大体相似，但不存在后者出土的石锯、琢背小刀等器形。无论从典型的楔形细石叶石核、柱状细石叶石核、锥状细石叶石核、圆头刮削器到雕刻器，还是从细石叶工业传统中主流的文化因素、加工技法上看，它们都是非常相似的，然而蓟县地区旧石器晚期文化似乎更复杂多样。从石器内涵分析，它们可以归入一个文化系统。蓟县地区旧石器遗存的发现为探讨古人类在环渤海地区、中国北方乃至东北亚的演化过程和适应生存特点提供了重要材料，也为阐释晚更新世晚期现代人的迁徙与交流奠定了基础。

综上，从总体上观察，蓟县地区和泥河湾盆地、东北地区南部等环渤海地区在文化面貌上有着密切联系，可以说，同属于一个大的文化区，但是各自又有地方特色。本书认为这种文化上的相似，应理解为类同，而非趋同，是某种文化特征在时空上连续分布所造成的传播迁徙。以细石叶石核为例，这两个区域旧石器时代晚期细石叶工业的细石叶石核均以楔形石核为主，细石叶技术发展以楔形石核的专门化和精致化为特点，几种独特的台面修理技术都出现在这一时期，存在不同类型、形态尺寸各异，核坯和台面技术有简化的趋势，这也反映了细石叶技术的娴熟程度达到了非常高的水平。这两个区域内细石叶工业的不同技术类型与特征，可能代表了传播过后细石叶技术传统在当地发展的结果（王春雪等，2017）。

从天津地区和环渤海地区旧石器时代晚期石器工业特征表明，这两个区域在晚更新世之末人类活动频繁，可能存在着一定程度的文化交流。这些遗存不仅是研究旧石器时代晚期文化的重要资料，而且也为解决细石叶技术的传播提供了充足的材料。这些遗址对于研究东亚地区旧石器时代晚期以来人类生活的环境背景、旧石器文化内涵、不同地区旧石器文化之间的关系及旧石器时代向新石器时代过渡具有重要的学术意义。同时，也为恢复古人类的生存环境，探讨人类与环境的互动关系、人类在特定环境下的行为特点和适应方式，提供了丰富的资料。随着这些区域内旧石器考古调查和研究工作的深入，我们期待着能有更大的突破，使得天津地区的旧石器时代考古工作向着更深的层次发展（王春雪等，2017）。

参 考 文 献

盖培，卫奇. 虎头梁旧石器时代晚期遗址的发现［J］. 古脊椎动物与古人类，1977（4）：287-301.

高星. 解析周口店第15地点古人类的技术与行为［C］. 第八届中国古脊椎动物学学术研讨会论文集. 北京：海洋出版社，2001：183-196.

国家地质总局书刊室. 华北地区区域地层表·河北省，天津市分册（二）［M］. 北京：地质出版社，1979.

韩嘉谷，纪烈敏. 论蓟县青池新石器时代遗存的混合型文化［J］. 考古，2014（4）：63-72.

侯亚梅. "东谷坨石核"类型的命名与初步研究［J］. 人类学学报，2003，22（4）：279-292.

纪烈敏，刘健，张俊生. 天津蓟县青池遗址发掘报告［J］. 考古学报，2014（2）：195-236.

蓟县志编修委员会. 蓟县志［M］. 天津：南开大学出版社，天津社会科学院出版社，1991：122-133.

贾领. 青池遗址出土新石器时代陶器浅析［J］. 文物春秋，2018（1）：3-9.

王春雪，李万博，陈全家等. 天津蓟县杨庄西山旧石器地点发现的石制品［C］. 边疆考古研究（第21辑）. 北京：科学出版社，2017：1-12.

王建，王向前，陈哲英.下川文化：山西下川遗址调查报告［J］.考古学报，1978（3）：259-288.

王向前，丁建平，陶富海.山西蒲县薛关细石器［J］.人类学学报，1983（2）：162-171，209-210.

卫奇.石制品观察格式探讨［C］.第八届中国古脊椎动物学学术年会论文集.北京：海洋出版社，2001：209-218.

文启明.天津史前文化遗存雏议［C］.史前研究（2000）.西安：三秦出版社，2000：36-51.

谢飞.河北旧石器时代晚期细石器遗存的分布及在华北马蹄形分布带中的位置［J］.文物春秋，2000（2）：15-29.

谢飞，成胜泉.河北阳原油房细石器发掘报告［J］.人类学学报，1989，8（1）：59-68.

Kuhn, S. L. *Mousterian Lithic Technology: An Ecological Perspective* ［M］. Princeton: Princeton University Press, 1995.

Milliken, S. The role of raw material availability in technological organization: a case study from the south-east Italian Late Paleolithic ［C］. *The Organization of Lithic Technology in Late Glacial and Early Postglacial Europe.* Oxford: BAR international series 700, 1998: 63-82.

Orton, J. Later Stone Age ostrich eggshell bead manufacture in the Northern Cape, South Africa ［J］. *Journal of Archaeological Science,* 2008, 35: 1765-1775.

Straus, L. G., Eriksen, B. V., Erlandson, J. M., et al. *Humans at the End of the Ice Age: The Archaeology of the Pleistocene-Holocene Transition* ［M］. New York: Plenum Press, 1996,

第3章　讨论与结语

　　根据对上述天津地区旧石器时代诸地点出土的石制品进行技术类型分析。归纳出该地区石器工业主要包括以下三种。

　　（1）以小石器为主体的工业类型。包括七区、小平安、大星峪等地点。主要使用锤击法进行剥片，偶见砸击法。工具以刮削器为主，其次为尖状器，砍砸器等。就形态而言，工具以小型为主。

　　（2）存在砾石石器工业，包括下营黄土地、丈烟台东山、杨庄西山等地点，工具以重型砍砸器为主，毛坯多以块状为主。

　　（3）细石叶及石叶工业也占一定比重，包括太子陵、丈烟台、野沟、闫子峪、营坊等地点。剥片技术除锤击法外，存在间接剥片技术。工具修理采用压制法、指垫法及间接法。工具类型以刮削器和尖状器为主，雕刻器、琢背小刀、石钻占一定比重，复合工具较少，整个器形加工规整，大多数工具小而精致。

第1节　不同时期文化特征的界定与对比

　　结合上述，发现天津地区旧石器时代中期文化展现出一种大而粗的特征，工业类型包括砾石工业和小石器工业类型。具体来讲，石器尺寸整体较大，即使是小石器工业类型，石制品尺寸也以中小型为主，且精修工具比例很低（表3-1、表3-2）。砾石工业类型剥片以锤击法为主，原料以石英岩为主，大型石片石器常见，修理粗糙或者对大石片不进行修理直接使用。工具类型主要为大型刮削器和砍砸器等。典型遗址包括杨庄西山、下营南岭等地点；而小石器工业类型剥片技术仅见锤击法，原料以黑色、黑灰色燧石为主，角岩也较多。石器大小以中小型为主，工具毛坯均为片状，石器类型包括普通石核、石片、刮削器、凹缺器等，不见雕刻器；修理方式以硬锤锤击正向加工为主。

　　到了旧石器时代晚期，天津地区砾石工业类型和小石器工业类型继续并行发展，华北地区旧石器时代晚期鼎盛的小石器工业并未取代砾石工业类型，砾石工业类型在旧石器晚期文化中依旧占有举足轻重的地位。砾石工业类型与小石片工业类型整体特征和旧石器时代中期相比，并无太大变化，石英岩仍是这个时期古代居民使用频繁的原料种类，硅质岩和角岩也有少量使用。旧石器时代晚期，天津地区在华北旧石器晚期文化的影响下出现了不甚发达的石叶-细石叶工业类型，典型遗址有太子陵和骆驼岭遗址。其具体工业特征是剥片技术以锤击法为主，石制品以中小型的石片工具为主，存在少量典型细石叶及以石叶为毛坯的工具，不见大型工具。石器组合包括普通石核、石片、刮削器、凹缺器、尖状器等（表3-1、表3-2）。

表3-1 天津地区旧石器时代、旧、新石器时代过渡及新石器时代早期文化特征对比

时代特征	遗址（地点）	文化特征	
		石器特征	陶器特征
旧石器时代中期	1. 杨庄西山第2层下部 2. 东营坊第4层 3. 朝阳洞1号洞第2层 4. 下营南岭	砾石工业类型：原料以石英砂岩为主，剥片主要为锤击法，不见砸击法；石器组合包括锤击石核、石片、石锤、大砍砸器、刮削器等 小石器工业类型：原料以黑色或灰黑色燧石为主；仅使用锤击法剥片；工具毛坯均为片状，类型有刮削器、凹缺刃器、废片等，不见雕刻器，使用锤击法修理，单面加工为主。石器大小以中、小型为主	无
旧石器时代晚期	1. 丈烟台 2. 赤霞峪西岭 3. 船舱峪东岭 4. 骆驼岭 5. 太子陵第2层上 6. 下营黄土地	砾石工业类型：石制品以中型为主，大型石片工具、砾石工具常见，工具类型包括刮削器、砍砸器等 小石器工业类型：石制品以中小型石片工具为主，偶尔见大型石制品，但基本以小型为主，工具绝大多数为刮削器、尖状器等 细石叶工业类型：石制品以中小型的石片工具为主，还包括细石叶及以石叶为毛坯的工具，不见大型工具	无
旧、新石器时代过渡时期	1. 青池遗址第一期遗存、青池遗址石制品采集点 2. 朝阳洞第1层	打制、压制石器：原料以燧石为主，还有玛瑙和石英砂岩；有锤击石核、砸击石核和细石叶石核；石片包括锤击石片、砸击石片、细石叶；工具包括刮削器、端刮器、凹缺器、钻器 磨制、琢制石器：石容器（罐、筒形罐、钵）、磨盘、磨棒、石斧、石磨石、石砧、石球 装饰品：石环、配饰等	外表多呈褐色，少量灰褐色，内壁多呈黑灰色，陶胎较厚、火候不高，色泽不匀，有夹砂和夹云母屑两种，手制；器形有筒形罐、钵、盆、铛网坠、支脚等
新石器时代早期	青池遗址第二期遗存	打制、压制石器：石片、刮削器、细石叶石核 磨制、琢制石器：石容器（罐）、磨盘、磨棒、斧、耜、刀、杵、凿、锛、石球、磨石、石砧、网坠等 装饰品：块、柱形饰品等	有夹砂和夹云母屑两大类，以夹砂陶为主，多手制；夹砂陶器有筒形罐、碗、钵、豆、磨盘、支脚和盆；夹云母屑陶主要是盆和少量支脚；纹饰以之字纹为主，筒形罐多为沿下一匝横压竖排之字纹然后是通体竖压横排之字纹

表3-2　天津地区旧石器时代、旧、新石器时代过渡及新石器时代早期石制品组合对比

时代特征	遗址（地点）	文化特征	
		石器特征	陶器特征
旧石器时代中期	1.杨庄西山第2层下部 2.东营坊第4层 3.朝阳洞1号洞第2层 4.下营南岭	砾石工业石器	小石片工业石器
旧石器时代晚期	1.丈烟台 2.赤霞峪西岭 3.船舱峪东岭 4.骆驼岭 5.太子陵第2层上 6.下营黄土地	石叶-细石叶工业石器 小石片工业石器	砾石工业石器
旧、新石器时代过渡时期	1.青池遗址第一期遗存、青池遗址石制品采集点 2.朝阳洞上层		
新石器时代早期	青池遗址第二期遗存		

旧、新石器时代过渡时期一般被认为是处于距今12000～9000年前后，青池遗址第一期文化下层堆积测年结果为距今10000年左右，是一个打制石器、细石叶技术产品、磨制石器、早期陶器和装饰品等共存的典型遗址，显示出明显的过渡时期文化的特征。天津地区乃至整个华北地区旧新过渡时期文化的特征表现出极强的相似性。打制、压制石器原料以燧石为主，还有玛瑙和石英砂岩，石器组合包括锤击石核、砸击石核和细石叶石核，石片包括锤击石片、砸击石片、细石叶等；工具包括刮削器、端刮器、凹缺器、钻器、雕刻器等。磨制、琢制石器有罐、筒形罐、钵等石质容器及磨盘、磨棒、石斧、磨石、石砧、石球；装饰品有石环、穿孔配饰等。陶器显示出早期陶器的特征，器表多呈褐色，少量灰褐色，内壁多呈黑灰色，陶胎较厚，火候不高，色泽不匀，有夹砂和夹云母屑两种，均为手制；器形有筒形罐、钵、盆、铛网坠、支脚等（表3-1、表3-2）。

天津地区新石器时代早期文化依旧为打制石器、细石叶技术产品、磨制石器和陶器共存的形态。但石制品中打制石器数量减少，类型包括锤击石核、石片、刮削器等。磨制、琢制石器包括石质容器（罐）、磨盘、磨棒、斧、耜、刀、杵、凿、锛、石球、磨石、石砧、网坠等，农业工具比例极大增加；装饰品有玦、柱形饰品等。陶器有夹砂和夹云母屑两大类，以夹砂陶为主，多手制；夹砂陶器有筒形罐、碗、钵、豆、磨盘、支脚和盆；夹云母屑陶主要是盆和少量支脚；纹饰以之字纹为主，筒形罐多为沿下一匝横压竖排之字纹然后是通体竖压横排之字纹。

第2节　石器工业类型之间的关系

2.1　小石器工业类型

小石器工业是中国北方地区旧石器时代的传统工业类型。目前，在华北地区内发现的众多小石器文化，尽管在时间上明显存在着许多缺环，但从已知的各时期文化性质和面貌上，似乎能看出小石器文化从早期到晚期的发展演变趋向及时空关系。

早、中期小石器文化的面貌具有一定的相似性。主要表现在以锤击法打片为主，砸击法辅之，石器普遍细小，加工较简单。这种相似性在旧石器时代中期表现出了轻微的差异性。例如，板井子（谢飞、石金鸣，1991）、新庙庄（谢飞，1991）和许家窑（贾兰坡、卫奇，1976）都发展成了各具自身特色的旧石器时代中期文化。板井子地点打片采用锤击法，石器组合中刮削器比例高；许家窑文化的工具组合中存在大量石球和原始柱状石核；新庙庄小石器文化突出的表现为石制品个体稍大，存在较多的三棱尖状器和少量大型砍砸器。由此可见，中期小石器工业的石器加工水平较之早期有所提高，显出了鲜明的文化继承性。

晚期的小石器工业上承早、中期传统下开晚期晚段细石叶工艺的先河，在泥河湾盆地细石叶工艺传统的发展中有十分重要的地位。它强烈地继承早、中期传统小石器文化的特点，石器细小，加工较细，刮削器居多，尤以圆头刮削器最为发达。但在中晚期过渡阶段，小石器工业的发展过程中又分出两条道路：一条道路仍然是沿着传统的小石器文化向前发展，如西白马营遗址，另一条道路是向着细石叶工业发展，出现了一些新的文化因素，如峙峪遗址（贾兰坡等，1992），其文化因素接近于细石叶工艺，很有可能是晚期细石叶工业的先驱。其工具类型与早、中期相似，但其在技术上已经出现了间接打片及压制修理；并且出现了楔形石核的雏形，基本上具备了楔形石核的基本特征，其背缘、底缘经过修理，从台面一端剥片，底部是一条从剥片面底端延至台面后端的楔状缘，疤痕浅而窄长。石核四周全部剥片，片痕细小密集，均为长型，打击点较模糊。从形态与片疤特征来看，与细石叶石核较为接近。此外，一些器物的加工方法也与细石叶工艺较为接近。故在中晚期过渡阶段小石器遗存中出现的两条不同的发展道路及存在的进步因素，证明了晚期小石器工业应为早中期小石器工业向细石叶工业过渡的一个重要环节。

纵观天津地区自旧石器时代早期的段庄地点至旧石器时代晚期偏晚阶段的杨庄西山地点，连续存在着小石器工业，石制品组合特征也体现出一定的相似性，即石制品皆以中、小型为主；石片台面以人工台面为主，断片多于完整石片；工具毛坯以片状为主，块状极少；工具以刮削器（以单刃为最多）为主，使用锤击法修理，单面加工（正向为主，反向次之）为主。到了旧石器时代晚期，出现了新兴的细石叶工业，由于它的迅速崛起，打破了原有的平衡状态，在一定时期内，与小石器工业二者同时存在，并肩发展；随后小石器工业被细石叶工业所取代。

2.2　细石叶工业类型

旧石器时代晚期偏晚阶段，中国北方地区的石器文化更具多样性，自早期起即已存在的小石器工业传统继续发展，而在此基础上又新出现了细石叶工业类型，它又下开新石器时代高度发达的细石叶工业的先河，在细石叶工艺传统的发展上居有十分重要的地位。由于它的迅速崛起，二者同时存在，并肩发展；后在旧新石器时代过渡之时，细石器工业逐渐取代小石器工业，形成了以细石叶工艺为主导的石器工业，这种现象在更新世晚期之末至全新世时期变得尤为鲜明。

细石叶工艺传统可追溯到北京人文化（贾兰坡等，1992），华北旧石器时代文化发展的两大系统之一的周口店第一地点——峙峪系，在更新世中期至晚期这段时间在华北分布很广，包括泥河湾盆地在内，峙峪文化是华北地区旧石器时代晚期偏晚阶段及新石器时代细石叶工业的技术源头。峙峪遗址的意义就在于它是北京人文化与细石叶工业的联系环节之一，在泥河湾盆地范围内属于小石器工业与细石叶工业的联系纽带。

　　峙峪遗址出现了原始的楔形、锥状石核及加工较为细致的圆头刮削器，已经开始使用间接打片及压制修理，而在籍箕滩、虎头梁遗址的细石核中可以清楚地看到峙峪的原始细石叶石核的影子；中期的许家窑存在大量原始的棱柱状石核，属于细石叶工业柱状石核的前身。贾兰坡等前辈学者曾这样论断："可以设想从峙峪文化到新石器时代的细石叶制品之间还隔着一段空白，这段空白将被比峙峪更晚的、更接近细石叶制品的发现所补足。我们之所以这样判断，因为在更新世晚期的旧石器时代文化遗物中至今还没有发现石髓的柱状石核和铅笔头状石核；窄而长的小石片、石镞、扇形石核石器发现的很少。"（贾兰坡等，1992）而籍箕滩、西水地、虎头梁、油房、瓜地梁（刘利红，1999）等遗址的细石器文化的发现正好填补了这段空白。而多存在于二级阶地顶部的新石器时代遗存如头马坊黑土坡（谢飞，1991）、于家沟（谢飞，2000a；谢飞，2000b）、周家山（陈淳、谢飞，1989）、大同高山镇（陈哲英等，1985）、天镇楼子町（陈哲英、吴永春，1984）、应县边耀（陈哲英等，1989）等大多继承了旧石器时代晚期细石叶工业类型的文化传统，但也发生了一些变化，石器的生产技术略有不同，细石叶石核的类型除楔形石核外，还有锥形石核、半锥状石核、柱状石核等，而且就楔形石核本身来讲，其生产工艺已相当简化，完全不同于旧石器晚期细石叶工业石核。这些楔形石核多因材打制，表现了细石叶的剥取工艺更为纯熟，一些预制程序被省略或简化。如果说，旧石器时代晚期细石叶工业通过预制一个两面器来同时满足细石叶石核技术的几个要素：单一固定台面，棱锥状剥片面和特定的底部，那到了这个时期因材料的不同采取不同的方法满足这些条件，并尽可能地利用素材的天然形状来满足这些条件，而不做过多的修理，如楔形石核，楔状缘的预制不一定使用软锤技术，有的似乎未进行精心修制，台面常常为自然面。有的石核仅在剥片的工作面略加修制，其余部分仍然保持自然砾石状态显示其对石料的选择不似旧石器晚期那样苛求；半锥状石核充分利用可利用的部分，尽可能地剥取石叶，锥状石核两个相对纵脊的修理可以看作是楔形石核楔状缘思想的延伸，但又由于两侧缘在底端相交于一点，使得剥片可以沿台面周边进行，大大地提高了石核的利用率。新石器时代细石叶工业的细石叶生产技术应较旧石器晚期偏晚阶段更为进步，石器类型更加复杂多变。

　　以太子陵、丈烟台、营坊等地点为代表的天津地区旧石器时代晚期细石叶工业主要文化面貌体现在：石制品原料以黑色或灰黑色燧石为主，同时还有石英砂岩、脉石英等原料；石制品以小型为主，微型次之；类型相对简单，包括石核、石片、石器及断块；剥片主要采用锤击法，石核包括细石叶石核和石片石核；石片以人工台面为主，其中以点状台面居多，素台面次之，且石片背面多为非自然面，应为次级剥片的产品。工具组合以小型为主，微型次之，刮削器是主要类型，其次还有尖状器、琢背小刀等；工具毛坯均为片状，由硬锤及软锤锤击法加工而成，单向加工为主，多为正向加工，毛坯加工部位多集中在侧边。

　　结合天津地区旧石器时代晚期遗存分析，我们大体可以看出这小石器工业及细石叶工业这两种工业类型在技术传统上存在着一定的对应关系，反映了两个文化传统之间的承接和变化；而晚期偏晚阶段与新石器时代的细石叶工业之间呈现出文化的继承、发展、变化则属于同一文化传统内技术上的进步。

2.3　砾石石器工业类型

张森水先生曾将中国境内的石器工业类型归纳为南方石器工业和北方石器工业，分别对应砾石石器工业和石片石器工业。在此基础上认为不同区域存在着区域性文化类型（张森水，1990，1999）。砾石工业类型是中国南方地区旧石器时代早、中期的传统工业类型。早、中期石器工业面貌基本差别不大。但到旧石器时代晚期石器工业面貌发生改变。主要表现是器形较小、加工精致的石制品逐渐增多。而早、中期旧石器时代石砾石石器文化的石制品以大型为主，长度多在100mm以上，长度少于40mm的很少，打片主要用锤击法，也用碰砧法，砸击法打片的情况较少；石器毛坯以块状（砾石、石核和断块）为主，其中砾石的占比较高，故有砾石工业之称；石器中重型石器远多于轻型，类型包括砍砸器、手镐、手斧、手锛、石球等，砍砸器在工具组合中占优势，其余为常见类型，如刮削器和尖刃器，石锥和雕刻器几乎缺失；石器的修理主要使用硬锤锤击法，且以正向加工为主，反向、错向和复向修理的也占有一定比例。此外，还有交互打击。石器的修理工作较粗糙，修疤以深宽型为主，刃缘曲折；使用石片较多等（张森水，1999）。

南方石器工业分布的最东点是安徽宣州市的向阳地点（房迎三，1997），最西点是资阳人B地点，最南点为广西田东县的牛坪坡，最北点是陕西洋县金水地点（汤英俊等，1987），向东到达沿海地区，向西扩展到青衣江和岷江流域，向南越出国境，向北越过秦岭（张森水，1999）。具体来看，主要集中在三个区域：①长江中下游地区，主要指长江沿岸的湖北、湖南、江西、安徽四省全境；②汉水上中游地区，该区域主要发现于鄂西北和陕南的汉水沿岸；③珠江上游地区，该区域主要发现于百色盆地、广西新洲、广西牛坪坡等（刘礼堂、祝恒福、解宇，2010）。

除了广泛分布于南方的砾石石器文化外，中国北方部分遗址或地点也存在一定比例的砾石石器，成为北方旧石器时代重要的文化因素，但始终未曾占据主流。华北北部砾石文化因素最早见于中更新世的太原土堂遗址、北京猿人遗址、庙后山遗址和大同青瓷窑遗址等；而在旧石器时代中期，见于周口店和太原古交后梁地点。华北南部旧石器时代早期砾石文化因素见于三门峡、丁村、泾川和匼河等地；中期则见于丁村地点群、灵井下层文化、织机洞和徐家城等地点。在旧石器时代晚期，华北部分地点还存在零星砾石文化因素，但总体来看均走向衰落（陈宥成、曲彤丽，2015）。

因此，综观旧石器时代中国境内地区，砾石工业出现较早，在旧石器时代晚期或者稍晚衰落。在华北地区虽在不少地点均有出现，但始终未曾占据主流。

天津地区砾石石器工业类型主要以下营黄土地、杨庄西山及丈烟台东山等遗址或地点为代表，其石制品组合以大型的、石片及砾石为毛坯的工具为主，如砍砸器、手镐等，加工方法均为硬锤锤击法，石制品大小以中大型为主。遗址内可见石核剥片或加工大型工具遗留下的副产品——片状产品。根据天津地区2005年调查材料、2015年调查及发掘材料来看，在天津地区砾石石器工业与石片石器工业传统是并行发展的，随着时间推移，新的工业类型并不会完全取代原有的工业类型，天津蓟县地区砾石石器工业、小石器工业及细石叶工业均属并行发展，存在互相融合。

2.4 天津地区旧石器时代晚期至新石器时代早期不同工业类型之间的文化关系

旧石器时代晚期，天津地区存在小石器工业、砾石石器工业和细石叶工业，无论从数量多少，还是从器型的复杂程度看，三者存在着较大差距，而后者在技术上具有质的飞跃。但仔细比较却不难发现三者之间仍存在许多相同之处。

根据天津地区旧石器地点分布情况来看，三种石器工业之间并没有明显的界线。从典型石制品组合对比来看，它们在大部分工具组合上存在着一致性，较为引人注目的是细石叶工业中出现了华北地区旧石器时代晚期细石叶工业中较为流行的圆头刮削器、雕刻器，由此可见细石叶工业与小石器工业类型之间可能存在着某种文化联系。通过对天津地区旧石器时代晚期这两种工业类型遗存的比较研究发现，它们之间存在着广泛的一致性。即使存在着石器种类的增加、个体的差异。但就现在的对比来看它们是文化发展中的一种正常现象。所以，细石叶工业与小石器工业类型二者存在性质上的差别属于正常现象。

细石器分类过程中，被归于"细小石器"。但细石器与细小石器是不同的，细小石器中是没有"真正"细石叶技术，而细石叶工业遗存中却存在着许多小石器工具。这一现象正好说明细石叶工业的特点：它来自完全是打制石器的旧石器时代，但却又不同于打制石器，其标志就是真正细石器即典型细石核和细石叶的出现，也就是常说的"典型细石器"的出现。

从石器的内涵分析，细石叶工业与小石器工业类型二者可以归入一个大的文化系统的两个分支。在比较的过程中，发现存在一定差异，小石器不似细石器那样类型丰富多样，而且不够稳定，加工较为简单、原始。例如，圆头刮削器仅修理刃部。而在细石叶工业中虽然也存在只修刃的情况，但还包括加工细致的同类工具和一批器身压制的复合工具。另外，还有一些器物如舌形器、桂叶形尖状器等都是细石叶工业的典型器物。

在新、旧石器时代的过渡时期，细石叶工业起了桥梁的作用。细石叶工业是以"一种新型的生产力和一种新型的生产关系出现在传统的打制石器中间，并且得到了很大的发展。它的出现，不仅意味着旧石器时代已开始酝酿着或已发生着一项重要变革，而且标志着在旧石器时代晚期至少有两种文化并存：一种是传统的打制石器文化。是人类拥有第一把石刀后，一直发展延续下来的，前后经历了一百多万年的旧石器文化；另一种是以细石叶工艺为主要文化内涵的过渡阶段的文化"（陈淳、王向前，1989）。

因此可以得出这样的结论：细石叶工业与小石器工业类型同属于中国北方主工业类型，

是主工业类型下的两个分支——分别为以小石器和细石器为主体的工业类型、砾石石器工业类型。当一种文化面貌在某一地区根深蒂固的时候，另一种新的文化面貌被理解和接受显然是需要一段时间的，细石叶工业是从小石器工业中派生出来的，并与其并行发展，二者有过一段共存的时间，表现在文化上，就是石器的原始性与相似性。到了新石器时代早期，细石叶工业则完全取代了小石器工业，成为天津地区内的主流工业。

第3节　与周邻地区的文化关系

对古人类技术、行为和生存模式的研究是旧石器时代考古学的范畴。这一学科通过对埋藏于地下的古人类生产生存活动所遗留下来的遗物、遗迹及其空间分布关系的发掘与研究，探讨人类在特定环境中适应方式、占有的食物和生活资源的种类及获得的方法和途径，其活动区域的大小及其对土地的开发利用方式及与其他生物的相互依存关系（高星，2001）。

天津蓟县地区介于东经116°43′～118°04′，北纬38°34′～40°15′，地处华北平原北部，东临渤海，北依燕山。蓟县所属的天津地区临近华北地区东部，与朝鲜半岛、日本群岛隔海相望；其地处北半球中纬度欧亚大陆东缘地带，是第四纪环境演变的敏感区域。由于其特殊的自然环境和地理位置，决定了其在第四纪晚期可能为古人类文化的交流搭建了"走廊"，对于研究东北亚地区旧石器时代文化的扩散与交流有着深远意义。本节主要从环境、文化等不同角度出发。将该地区和中国华北地区、朝鲜半岛地区及俄罗斯外贝加尔地区旧石器时代晚期文化进行比较，阐释这一地区旧石器时代文化的研究成果对于了解北亚、东北亚地区的远古历史研究的意义。

3.1　与华北地区旧石器时代晚期文化的关系

小石器工业在器形、加工技法等方面，与汾河流域的典型丁村文化存在一致性，但丁村文化在中晚期过渡阶段出现的两条不同的发展道路——典型丁村文化与细石叶工业。在蓟县地区的小石器工业与典型丁村文化的比较中，二者的文化主体截然不同。蓟县地区的旧石器工业以细小石器为主，而丁村文化则以大石器为主。二者在工具的加工技术上有一些相似之处：使用锤击法修理，包括正向加工和两面加工。二者都存在软锤技术；均有相同的打片方法和修理技术；存在着相同或相近的石器类型，个体存在着差异。例如典型丁村文化的某些石器，诸如石球、锯齿刃器则不见于蓟县地区的小石器工业中，且石核的充分利用、纯熟的打片方法，较为先进的第二步加工技术，以及类型的多样性和复杂性等，除有其自身的发展特点，和其他文化相互影响外，也反映了它与蓟县地区的小石器工业有些纵向的发展关系。占据了汾河流域的典型丁村文化在发展过程中有可能受到小石器工业某些传统的影响。

　　而细石叶工业与汾河流域的丁村、下川文化的关系较为密切，它们存在着很多相同之处。比如，典型的楔形石核、柱状石核、锥状石核、圆头刮削器，到雕刻器、石镞。从细石叶工业传统中主流的文化因素、加工技法上看，它们都是非常相似的，然而下川文化似乎更复杂多样。从石器内涵分析，它们可以归入一个文化系统。在比较过程中还会发现它们存在一些不同点。细石器类型上丁村不如下川和蓟县地区那样丰富，且不够稳定，加工也较为简单、原始。丁村的尖状器、石镞修理较为简单，这也存在于另两者，但它们还有一批器身压制、底部加工的尖状器与石镞，而且在蓟县地区还存在双尖尖状器，这在另两者中则不见。此外，在下川与丁村文化中还存在楔形析器及石核式石器，而在天津地区则不见。从年代来看，蓟县地区的细石叶工业与泥河湾盆地、丁村、下川文化发展上有一定的渊源，而属于细石叶工业的泥河湾盆地中的峙峪遗址年代最早（图3-1），其又是华北细石叶工业的源头。由此推断，细石叶技术最早出现在泥河湾盆地，而后向四周传播，故它们同属于一个文化传统，平行发展，虽然存在相当的差异，但这种差异可归为地域特征。

3.2　与辽东地区旧石器晚期文化的关系

　　辽宁地区是天津地区古人类往北迁徙的必经之地，因此探讨天津地区与辽宁地区旧石器晚期文化的异同有利于探索两个地区旧石器时代文化的演变与发展。从现有研究成果来看，辽宁地区旧石器时代遗址主要集中于辽宁东部地区，主要涉及沈阳和本溪地区。沈阳地区地处东北南部，辽宁东北部，与华北地区东部临近，与朝鲜半岛、日本群岛隔海相望；其地处北半球中纬度欧亚大陆东缘地带，是第四纪环境演变的敏感区域，由于其特殊的自然环境和地理位置，决定了其在第四纪晚期可能为古人类文化的交流提供了"走廊"，对于研究东北亚地区旧石器时代文化的扩散与交流有着深远意义。

　　沈阳地区旧石器晚期石器工业类型主要包含大石器工业类型、小石片工业类型和细石叶工业类型。大石器工业类型以东小陵村西山地点为代表，还包括王立岗村东山、后靠山屯北山、刘家屯村老山头、吴家窝堡东山地点。年代距今大约3万～2万年。石器原料种类较多，有石英、石英岩、砂岩、玛瑙等10余种。其中，石英岩和石英的数量最多，其次为玛瑙、石英砂岩等。石器类型包括石核、石片、工具和断块四类。工具数量最多，其次为石核，再次为断块，石片最少。石核均为锤击石核，分为单、双和多台面石核三类，其中单台面数量最多，双台面和多台面石核数量相当。石核中人工台面的使用要多于自然台面，其中人工台面中并不见修理台面的行为。石核的剥片方式以同向和复向为主。观察台面角及核体厚度，多数石核仍可继续进行剥片，利用率不是很高。无使用痕迹的石片数量较少，已发现的均为锤击石片。其中，完整石片占多数，断片数量较少。石片以自然台面居多，另外还有打制及线状台面；未见修理台面。其间多使用同向剥片法，以获取大量石片。工具以三类工具为主，以单刃器居多，多为片

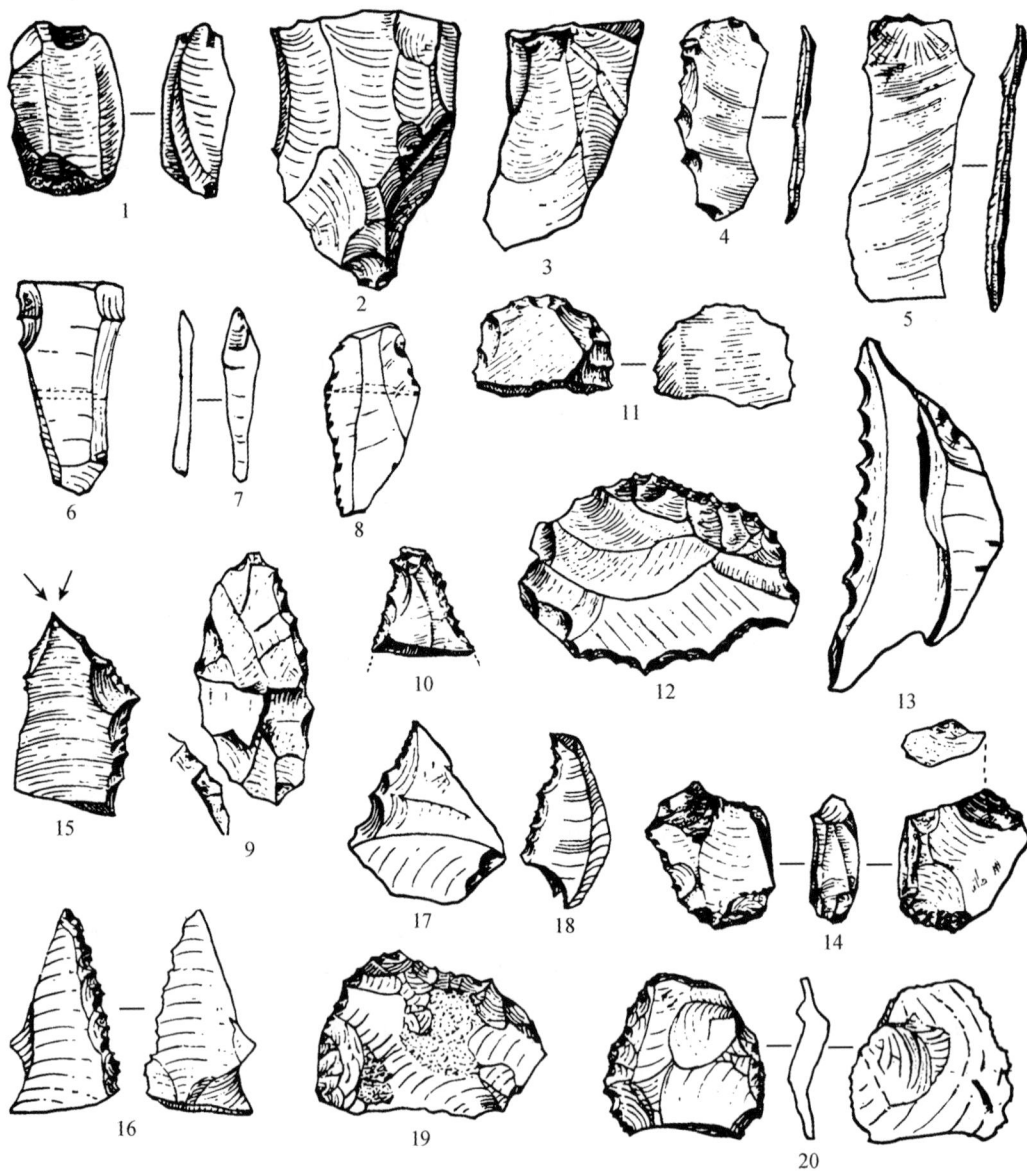

图3-1　山西峙峪遗址旧石器晚期石制品

（贾兰坡，1972）

1.砸击石核　2、3.多台面石核　4～8.石片　9、10.尖状器　11.圆头刮削器　12、19、20.盘状刮削器　13.凹刃刮削器
14.扇形石核石器　15.屋脊形雕刻器　16、17.斜边雕刻器　18.凿形雕刻器

状毛坯。除修理工具的刃部外，对器形及把手部位的调整亦非常普遍，如人为截断的断面是工具修形的表现。修理多采用硬锤直接修理，修疤多较深且大，形状以鱼鳞状居多。修理方向有正向、反向和复向。小石片工业类型以哈户硕村黑山头地点为代表，还包括李家窝堡北山、杨家窝堡后山、柏家沟西山、刑家屯威虎山、羊草沟南山、古城子、三家子北山、中和南山、农大后山和农大百草园地点。年代距今大约2万年。石器较小，工具多以刮削器为主，二、三类工具较多，以石英岩、板岩、玛瑙等为原料。多采用锤击法剥片和修理。刮削器、钻器等小型

工具多选用锤击石片为毛坯，对其进行打制修理，修疤较小且密集，形制较为精细。砍砸器选择砾石或大石片为毛坯，加工而成。细石叶工业类型以石桩子村北山地点为代表，还包括后大屯二岭山、苇子沟白虎山、五里山、石佛寺北岗和洋什东岗地点。年代距今大约1万年到新旧石器过渡阶段。以出现细石器的代表器物细石叶石核、细石叶为依据。本次所采集的细石器石核包涵细石器的预制阶段的石核到剥片阶段的石核，并有完整的细石叶和石叶出现。原料多选择玛瑙、燧石。采用间接法剥片，打制精美，代表先进的石器加工技术。刮削器、钻器等工具，毛坯多选择较小的锤击石片，少部分选择砾石。锤击法加工修理，修疤较小且密集。砍砸器则选择较大的石片为毛坯，正向加工修理，修疤较大（沈阳市文物考古研究所、吉林大学边疆考古研究中心，2015）（图3-2）。

本溪地区地点群石器工业则显示出大石器工业类型的特征。原料以角岩和石英砂岩为主，其中角岩占绝大部分。石器类型包括石核、石片、工具和断块。石核的数量较多，尺寸较大，且种类齐全，使用人工台面进行剥片，剥片面和可见疤数较多，表面砾石面保留较少。片疤以鱼鳞状为主，延伸程度多为中等。这都体现出当时人们有意识地调整台面和剥片面以提高石核利用率的思想。石片的台面以人工台面占绝大多数，自然台面较少表明古人类为获取合适的石片在剥片之前已有修理台面、调整台面角的意识，背面保留砾石面的较少，大多为石片疤。工具比例较高，二类工具均为未经加工修理的使用石片，有刮削器和薄刃斧两类。从刃缘的数量来看，有单、双和复刃。三类工具均以石片为毛坯，有刮削器、砍砸器、薄刃斧和尖状器等（石晶等，2017）（图3-3）。

相较而言，天津地区旧石器文化与辽宁东部地区有着很强的相似性，所不同的是两地所采用的原料差异较大。天津地区大石器工业类型石制品原料绝大多数为石英岩，而辽宁东部地区则主要为角岩。辽宁地区小石片工业类型与细石叶工业类型中原料多使用玛瑙，天津地区则主要使用质地较差的燧石。

3.3　与中国东北其他地区旧石器时代晚期文化的关系

中国东北地区是旧石器时代人类迁徙和文化传播的必经之地，由南向北和由西往东的不同类型的旧石器文化及东北地区固有的旧石器文化在这里交融、碰撞，产生了新的文化类型，形成了这里多种石器工业类型并存的面貌（赵宾福，2006）。

东北地区近年来新发现的旧石器遗存，从时间上看，大多数属于旧石器时代晚期遗存，从分布地域上来看，主要集中在吉林和黑龙江两省地域内（陈全家、王春雪，2015）。总体观察东北地区旧石器文化遗存，它们具有以下几个共同特征。

（1）旧石器时代遗址的埋藏类型主要为露天遗址，分布在旷野和河流的阶地上。这些遗址多分布于南部，北部分布较少，平原山地交界处多，高山地区较少，河流第Ⅰ、Ⅱ阶地较多，而高阶地较少。

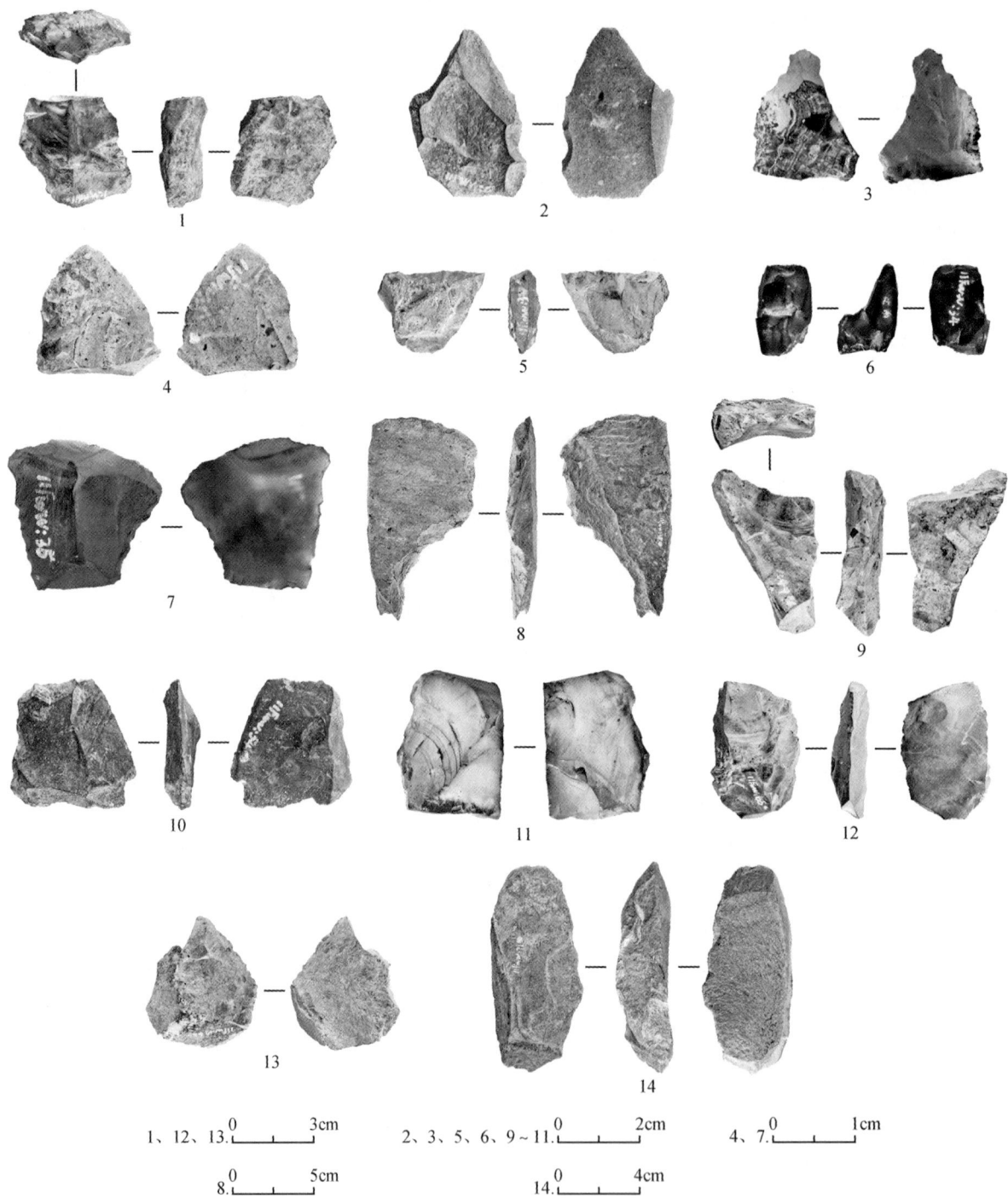

1、12、13. 0 —— 3cm　　2、3、5、6、9～11. 0 —— 2cm　　4、7. 0 —— 1cm

8. 0 —— 5cm　　14. 0 —— 4cm

图3-2　沈阳地区小石器工业类型石制品

（沈阳市文物考古研究所、吉林大学边疆考古研究中心，2015）

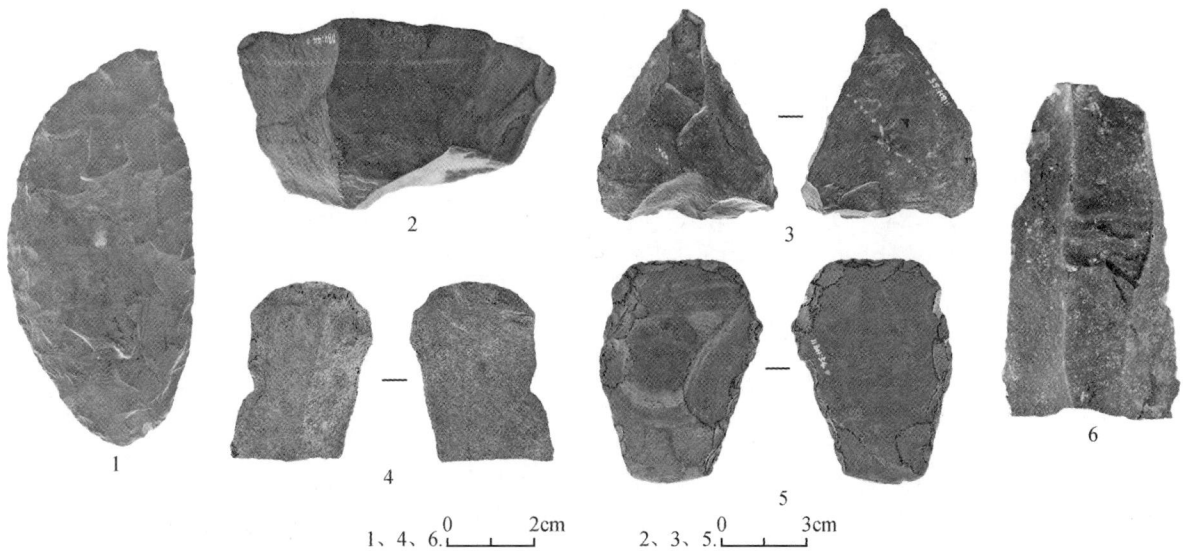

1、4、6. 0 ——— 2cm
2、3、5. 0 ——— 3cm

图3-3　本溪地区旧石器时代晚期石制品

（石晶，2017）

（2）石制品原料种类繁多，主要以黑曜岩为主，石英、石英岩、玛瑙、燧石、水晶、蛋白石、安山岩、流纹岩、脉石英、角页岩等较少。东北地区火山喷出岩类广泛的分布范围使得旧石器晚期的古人类获取诸如黑曜岩类的优质石料十分便利，使其在长期的实践过程中认识到黑曜岩优于其他石料，质地均匀，不含杂质，也反映了古人类剥片和加工工具时对黑曜岩等优质质料的偏爱，也反映了其遵循因地制宜、就地择优取材的策略。

（3）石制品以小型和微型为主，中型、大型、巨型标本等较少。

（4）石核除锤击、砸击石核外，出现了细石叶和石叶石核。细石叶石核主要有楔形、锥形、船底形细石核等，从细石核的使用程序和程度上可以看出其预制、剥片、中止、废弃的工艺流程（图3-4）。

（5）剥片方法以锤击法为主，砸击法和碰砧法也可见，出现了间接剥片法。石核剥片前，存在修理台面技术。

（6）细石叶、石叶多保留中段，推测可能用来作为复合工具的镶嵌刃部。

（7）第二类工具（使用石片）在遗址工具类中的比例相对较高，这说明古人类已经认识到有些石片可以直接使用，有意选择边缘锋利的剥片来使用。大多数标本手感刃口仍较锋利，可继续使用。

（8）工具毛坯种类多样，包括石片、石叶、细石叶、石块、砾石等，其中以片状毛坯为主，块状毛坯次之。

（9）工具种类主要有刮削器、尖状器、雕刻器、琢背小刀、石钻、石锥、砍砸器、锛形器等，其中刮削器数量最多，类型丰富多样，尖状器次之（图3-5）。

（10）工具修理方法主要为锤击法，此外还有压制法、指垫法及间接法修整。

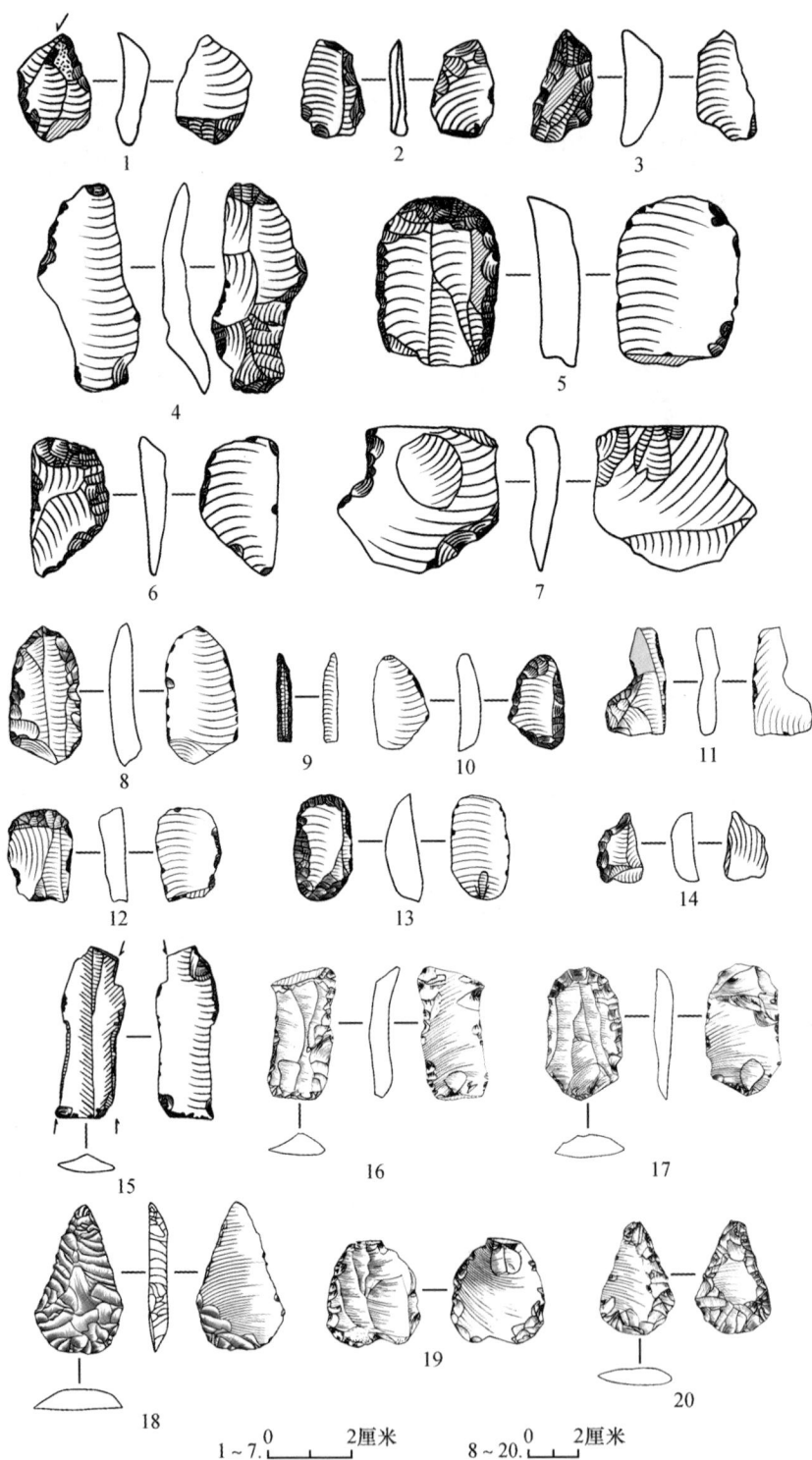

图3-4　东北地区东部发现的部分细石器

1、15.雕刻器　2、10.琢背小刀　3、8、18.尖状器　4～7、11～14、16、17、19、20.刮削器　9.石钻
（1～7.柳洞遗址；8～15.石人沟遗址；16、17、19、20.青头遗址；18.沙金沟遗址）

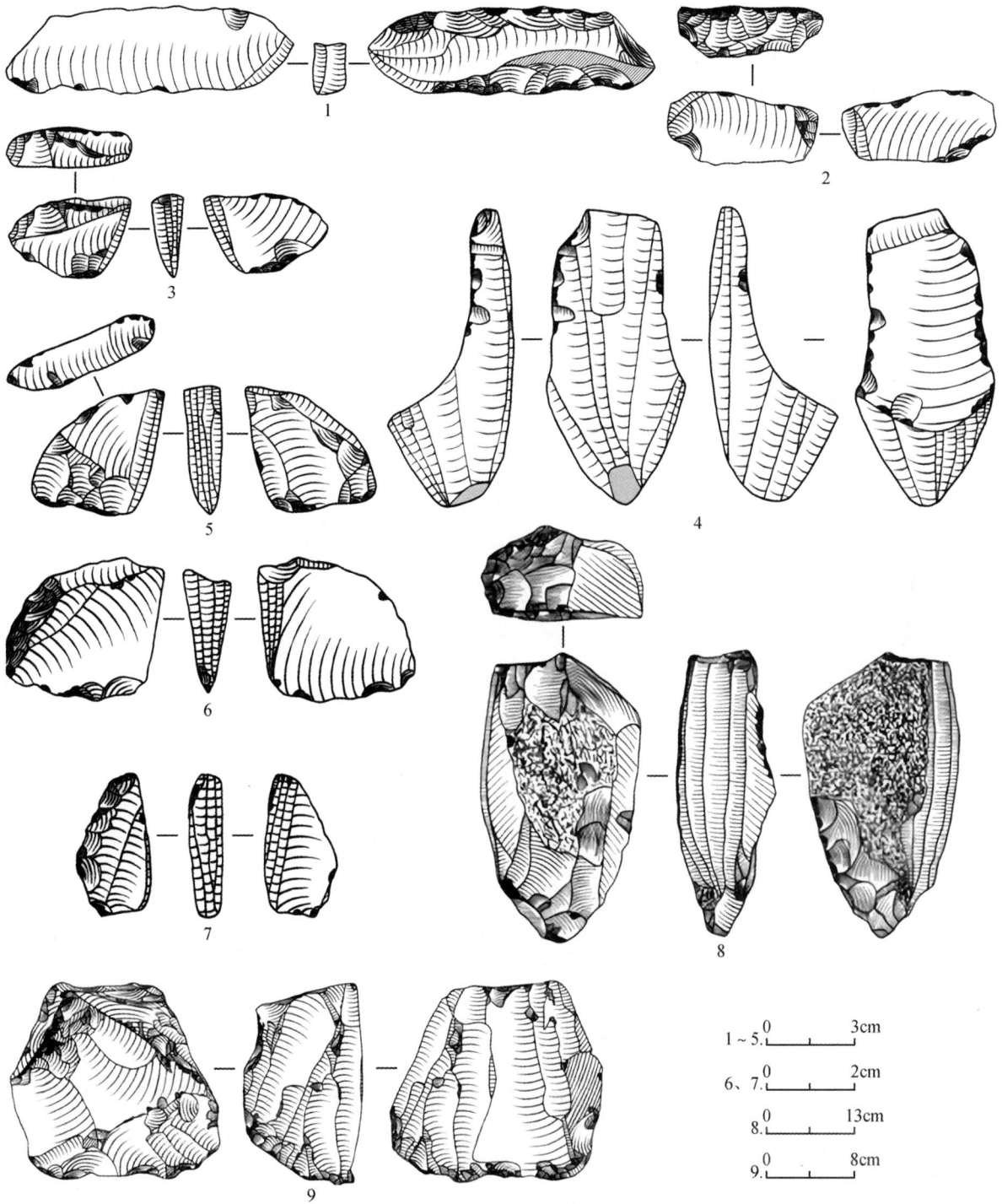

图3-5 东北地区东部发现的细石叶石核及石叶石核
（1~5、9.石人沟遗址；6、7.柳洞遗址；8.抚松西山遗址）

（11）工具加工方式是多样的，以单向加工为主，少数为双面加工，单向加工者多为正向加工，反向加工较少；双向加工主要是交互、复向、对向和错向加工。在少数第一类工具（石锤、石砧）上可见研磨技术。

（12）吉林抚松新屯西山发现的椭圆形石圈和用火遗迹，体现了旧石器时代晚期之末的古人类利用这样的建筑来躲避风寒，制作和加工工具，反映了该时期古人类有着较高的环境适应能力。

从文化特点、技术传统等方面进一步分析，东北地区新发现的旧石器文化遗存可以划分为三种工业类型（赵宾福，2006）：以大石器为主体的石器工业类型，主要分布在东北的东部山区。该类型以吉林图们下白龙、延边安图立新、辽宁本溪地区、桓仁地区地点群、黑龙江海浪河流域地点群为代表，与黑龙江饶河、吉林抚松仙人洞遗址的文化面貌相近，突出特点就是工具整体器形较大，砍砸器在工具组合中所占比例较高，工具修理相对简单，加工较为粗糙。与天津蓟州地区所不同的是，蓟州大石器工业类型的石制品均是粗粒的石英岩，而东北地区大石器工业类型中吉林省东部地点原料为石英岩，辽宁地区则以角岩为主。以小石器为主体的工业类型，主要分布在东北中部的丘陵地带。该类型以吉林辉南邵家店、图们岐新地点、榆树周家油坊、辽宁海城小孤山、喀左鸽子洞、黑龙江阎家岗、牡丹江流域地点群、绥芬河流域地点群和穆棱河流域地点群多数地点为代表。该工业类型的文化特征是剥片以锤击法为主，偶见砸击法。工具以刮削器为主，其次为尖状器，砍砸器等器形较少。工具修理较精致，并以中、小型为主。石叶-细石叶工业类型，主要分布在东部的山区和北、西部的草原地带。此类型以吉林和龙石人沟、珲春北山、和龙柳洞、抚松新屯西山、安图沙金沟、和龙青头、黑龙江神泉及十八站遗址为代表（陈全家、王春雪，2008）。

剥片技术除锤击法外，还使用了间接剥片技术。工具修理上采用了压制法、指垫法及间接法。工具类型以刮削器和尖状器为主，雕刻器、琢背小刀、石钻等较少，还出现了复合工具，整个器形加工规整，大多数工具小而精致（图3-4、图3-5）。东北地区的大石器和小石器工业传统从旧石器时代早期开始就应该是同时存在和并行发展的，细石叶工业开始出现于旧石器时代晚期，可能是从小石器工业传统中派生出来的一种新的变体类型，但是这种变体类型并没有完全取代原有的小石器工业传统而是与其并行发展（陈全家、王春雪，2008）。

天津地区也存在这三种石器工业类型，不同的是，东北地区在旧石器晚期还大量存在棱柱状石叶石核及以石叶为毛坯的工具或直接使用的石叶，部分地区大量出现"小石叶"工艺的石制品（李有骞，2014），而天津蓟县地区石叶石核、石叶制品及小石叶工艺的石制品基本不见。另外，东北东部地区，旧石器时代大量使用黑曜岩制作石器，成为东北东部地区一大特色，而天津地区则以石英岩和劣质燧石为主要原料。

3.4　与朝鲜半岛旧石器时代晚期石器工业之间的文化关系

　　朝鲜半岛位于亚洲大陆东缘中央，南北介于N33°6′和N43°之间，东西介于E124°11′和E137°51′之间。朝鲜半岛三面环海，西濒黄海，东临日本海，南隔朝鲜海峡与日本相望，北以鸭绿江、图们江与中国、俄罗斯毗邻。近年来，伴随如忠州水库、住岩水库和高速公路等基础建设的进行，发现了垂杨介、上舞泷里、金窟和月坪等大批重要的旧石器时代遗址（冯宝胜，1990；李有骞、陈全家，2008）。遗址数量的增加和学术水平的提高，大大促进了朝鲜半岛旧石器研究的发展，学者的研究主要集中在东亚早期石器工业、细石叶技术的传播和冰楔和火山灰断代等方面，并取得了许多成果（李有骞、陈全家，2008）（表3-3）。

表3-3　朝鲜半岛发现的旧石器时代晚期遗址一览表（Norton C. J. et al., 2007，略有改动）

序号	遗址名称	遗址类型	发掘时间	遗址断代	断代方法	主要原材料
1	屈浦里	露天	1963～1964年	晚更新世～全新世	石制品组合	未知
2	万达里	洞穴	1979～1980年	晚更新世/全新世	生物地层学/石制品组合	黑曜岩、石英
3	上舞泷里	露天	1987～1988年	晚更新世	石制品组合	黑曜岩、石英
4	下花溪里	露天	1991年	晚更新世之末	石制品组合	黑曜岩、石英
5	长兴里	露天	1998～2000年	24200±600 BP	^{14}C	黑曜岩、石英
6	米乐洞	露天	1994～1995年	晚更新世～全新世	石制品组合	页岩、石英
7	垂杨介	露天	1983～1985、1996、2001年	c.18630 BP c.16400 BP	石制品组合/^{14}C	页岩
8	老隐洞	露天	1998～1999年	晚更新世	石制品组合	角页岩、石英
9	和顺	露天	1986～1989年	c.15000 BP	石制品组合	石英、角页岩
10	速仓里	露天	1967、1990～1992年	晚更新世/20,830±1880 BP	石制品组合/^{14}C	页岩、石英、斑岩
11	玉果	露天	1990年	晚更新世	石制品组合	灰岩、斑岩
12	月坪	露天	1995、1998、2001年	晚更新世	石制品组合	流纹岩
13	曲川	露天	1986～1989年	晚更新世	石制品组合	石英、斑岩
14	中洞和左洞	露天	1992～1993年	晚更新世	石制品组合	灰岩、斑岩、石英
15	琴坪	露天	1988年	晚更新世	石制品组合	灰岩、斑岩
16	竹山	露天	1990年	晚更新世	石制品组合	灰岩、斑岩
17	仕弗里	露天	1989年	晚更新世	石制品组合	灰岩、斑岩

　　朝鲜半岛北部多高山，南部多丘陵，东部为山地，西部为平原。主要河流有图们江（中朝界河）、鸭绿江（中朝界河）、大同江、汉江、锦江、蟾津江和洛东江，除鸭绿江以外这些河流两岸都发现了旧石器遗址。旧石器遗址多位于Ⅱ、Ⅲ级阶地上和石灰岩洞穴内。在平壤、首

尔、堤川、大田和光州市附近遗址的密度较高，汉江流域遗址众多，面貌多样。

朝鲜半岛的学者对岛内旧石器时代的划分和工业类型的认识还存在许多争议。裴基同把半岛的旧石器分为以石叶技术为特征的石器群和以不规则为特征的石器群，分别属于旧石器时代的后期和前期（裴基同，2001）。崔茂藏基于同中国旧石器时代遗址的对比，把朝鲜半岛旧石器分成前、中、后三期。前期以黑隅里遗址为代表，中期以全谷里、龙谷里、鸣梧里、金窟、屈浦里Ⅰ期和楠溪里遗址为代表，后期以屈浦里Ⅱ期、鲋浦里、石壮里上层、垂杨介上层、上舞泷里上层和玉果等遗址为代表（崔茂藏，1994）。李鲜馥根据有无手斧将旧石器时代分为前期和中期（李鲜馥，1990）。李隆助则把旧石器中期划分出以砍砸器、切割器和多面体工具为基础的砾石工业、使用手斧的砾石工业和石片工具工业三种类型（Lee，2006）。李宪宗认为朝鲜半岛旧石器时代晚期应该包括砾石工具传统、石片工具传统和细石叶传统三种类型（Ли Хонджон Характер，1996）（图3-6）。

根据石制品组合的特点，在朝鲜半岛至少可以分辨出四种工业类型。第一种为砾石工业，是朝鲜半岛已发现的最早的制作石器的工业，以砾石加工的石核工具如手斧、砍砸器为特征，代表遗址是全谷里、金坡里、龙谷里和金窟。第二种为石片工业，以石片作为加工工具的主要毛坯，代表遗址是屈浦里上层、昌内和泉沟，在砾石工业和石叶工业的关系上石片工业具有承上启下的意义。第三种为石叶工业，以石叶的剥制和有柄尖状器的出现为特点，代表遗址是古礼里、竹内里、垂杨介和龙山洞。第四种为细石叶工业，细石叶石核的使用是该工业最显著的特征，代表遗址是垂杨介上层（图3-7）、上舞泷里上层、下花溪里、万达里、金坪和竹山等（图3-8）。

根据天津地区细石叶工业遗址内出土的石核和石片观察，应该有三种剥片技术在该地区被使用过：一种是锤击法（包括软锤法和硬锤法）直接剥片，以锤击石核及锤击石片为代表。另一种为间接法剥片，以细石叶石核、石叶石核、细石叶及石叶为代表。另外，还存在砸击法，但考虑到燧石硬度大、致密均一、脆性等物理特性，无法真正完全地将锤击、砸击石片完全区分开来，因而不能排除砸击技术在这些旧石器地点应用的可能性。

从石片角的统计结果来看，大多数残片都是在石核台面角不大的情况下剥取的。大多数残片为点台面、刃状台面等人工台面，线台面、素台面次之，有脊、有疤、自然台面者很少，说明石核的预制台面技术较高，这也与石核的统计分析结果一致。石片背面为非自然面的比例最大，这表明石片多为非初级剥片，反映了遗址石核产片率较高。碎屑虽然仅仅是石制品加工过程中出现的副产品，但是它们对研究石器加工技术和分析人类行为有着重要的意义。当使用脆性大的燧石进行剥片或加工工具时会产生较多的碎屑，可以进行模拟试验，来计算石片及工具在数量上与碎屑及断块的比例关系，进而对遗址的功能进行分析，判断它究竟是一处石器制造场还是野外宿营地。

工具修理上采用了压制法、指垫法及间接法。工具类型以刮削器和尖状器为主，雕刻器、琢背小刀、石钻等较少，还出现了复合工具，整体器形加工规整，大多数工具小而精致。以该

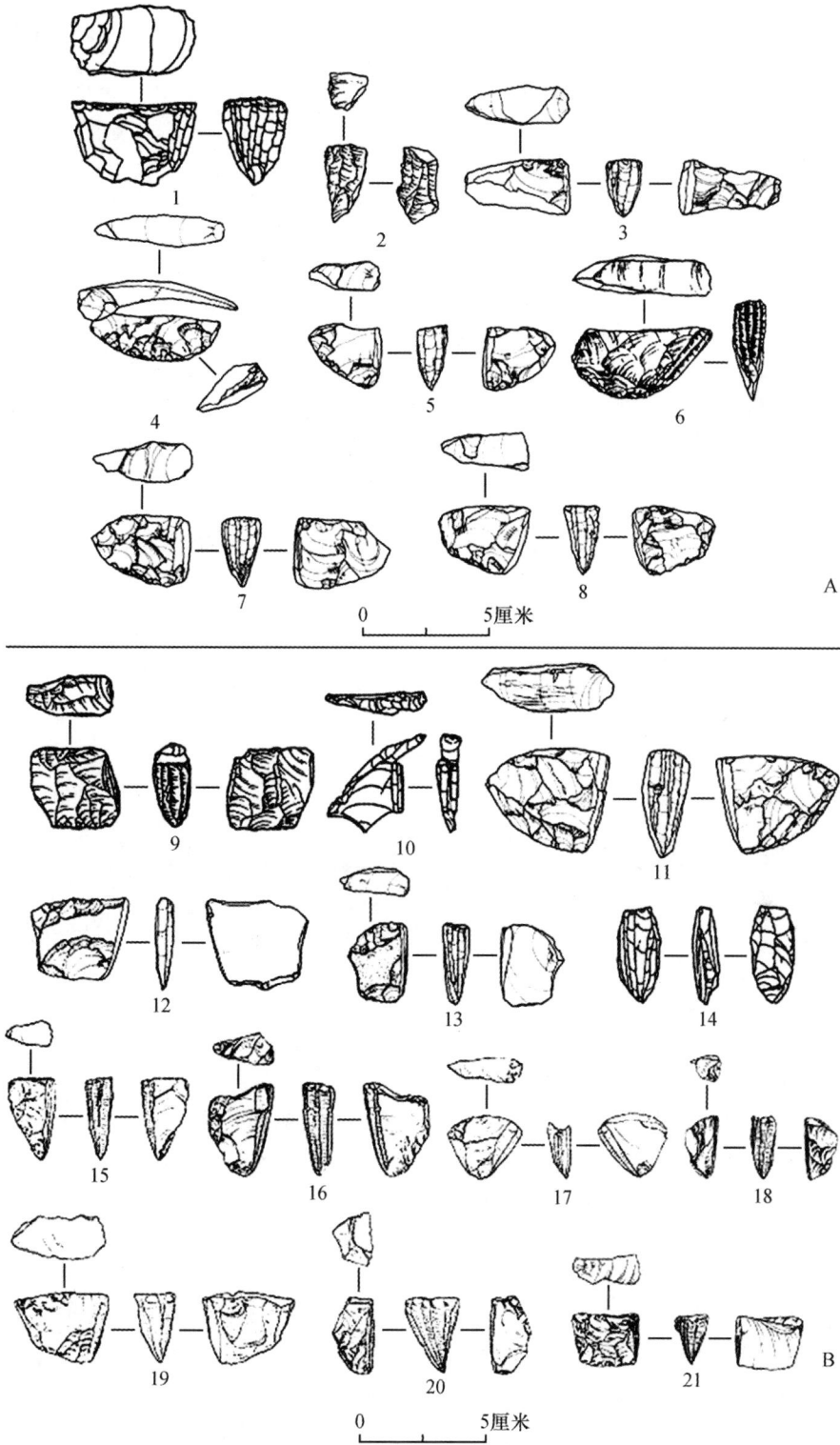

图3-6 朝鲜半岛中部（A）及南部（B）发现的细石叶石核

1.上舞泷里遗址 2.平昌遗址 4～8.垂杨介遗址 9.林努里遗址 10.松田里遗址 11～13.大田遗址

14～21.月坪遗址

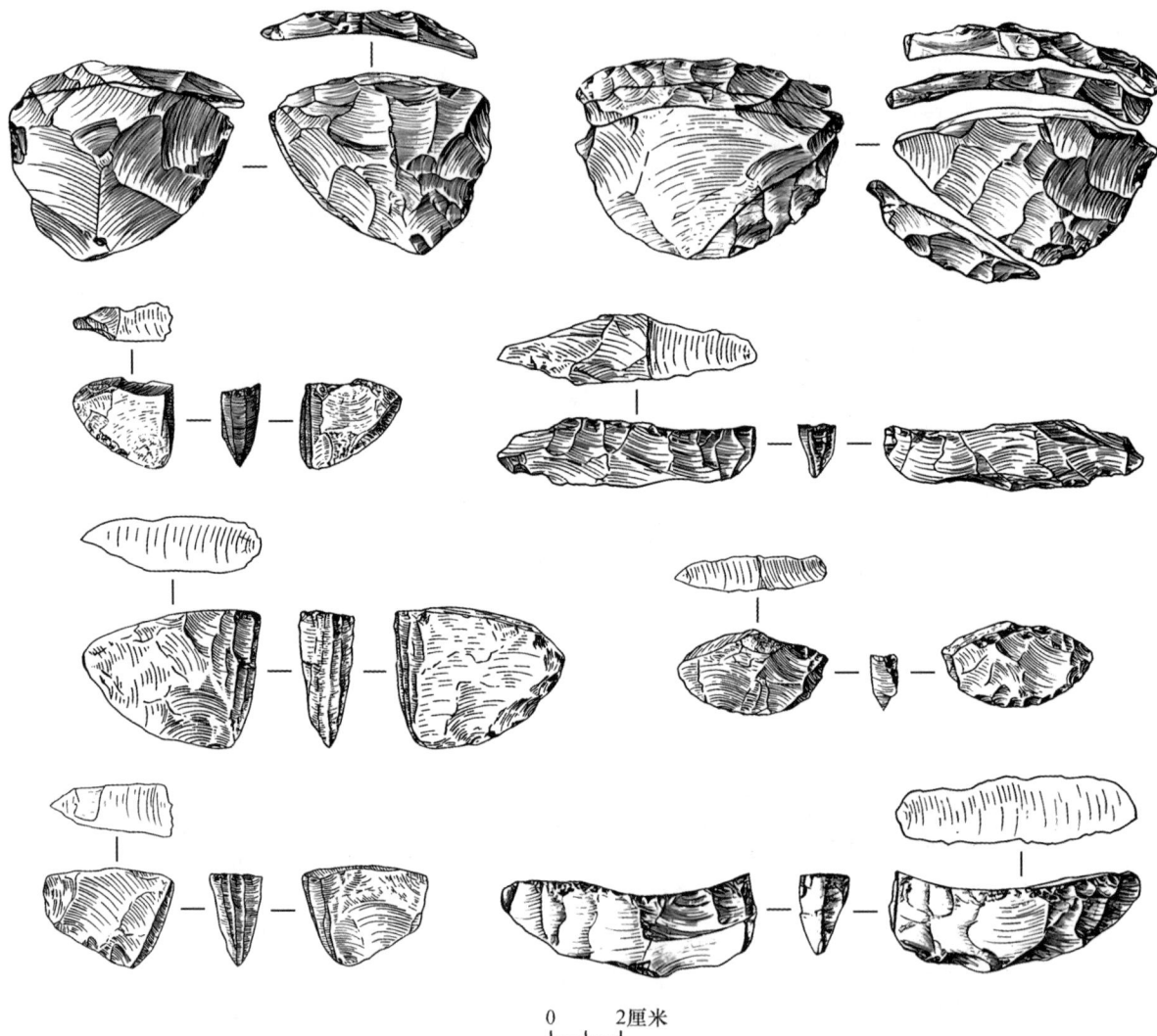

0   2厘米

图3-7　韩国垂杨介遗址发现的细石叶石核

地区遗址内主要的工具类型——刮削器为例，加工方向以单向为主，其中正向加工数量最多，反向加工次之，复向等加工方式较少。大多数标本修疤排列规整、连续。

朝鲜半岛地区细石叶工业的类型学重建主要着眼于细石叶石核工艺技术的一些基本要素，如打制台面、细石叶剥离的位置、毛坯类型、是否预制等。该地区主要的剥片方法是直接法和间接剥片法。细石叶石核类型主要为楔形细石叶石核，而后被锥形细石核所取代。一些日本学者根据本国的细石核材料，共划分出十几种细石核类型（加藤真，1993），其中一部分也得到了我国学者的承认，韩国学者根据朝鲜半岛细石核材料与周边地区对比也划分出几种类型，并将细石叶的生产分为三个阶段：毛坯制作、预制台面及剥离细石叶（Seong，2008）。由于细石叶工艺的复杂性，细石核毛坯的选择和制作阶段是尤为重要的，这将直接影响到剥片产品的质量和细石核的形态变化，由此学者也将细石核毛坯分为几种类型：两面修整、单面修整、锥形（Seong，1998）。

石器类型较为复杂多样，除了端刃刮削器、边刃刮削器、雕刻器、尖状器、石钻、锥等细小石器外，还包括一些砍砸器和手斧等大型石器，垂杨介遗址即是如此（李隆助、禹钟允，1999），细小石器一般由均质的优质原料制成如硅质灰岩或凝灰岩、黑曜岩，而粗大石器由石英和石英岩制成（Seong，2008）。虽然在细石叶工业内存在一定数量的粗大石器，但细石叶工艺仍占主体地位。在朝鲜半岛细石叶工业内还存在着一种较为典型的石器类型——有柄尖状器[①]（崔哲慜等，2017）（图3-8）。根据它们的制作方法，长石片被剥离之后，它上部宽的部分用压制法修理，修出一个装柄部和对称的器形，用来承受装柄使用时的压力。

综上所述，天津地区和朝鲜半岛旧石器时代晚期细石叶工业在剥片技术和工具修理技术方面都较为相似，不同的是后者有柄尖状器较为发达，二者都存在兼有细石器和砾石工具的遗址，如韩国垂杨介遗址和太子陵遗址。这两个地区的古人类均因地制宜，充分利用当地原料，而原料的质地对石器的制作修理影响很大，质地较差的原料如石英、石英岩等制作砍砸器等粗大石器，而黑曜岩、燧石等质优的原料制作精致加工的细石器。

晚更新世以来，虽然区域地质构造趋于稳定，但自然环境演变仍很显著，其特点是伴随全球古气候变化，出现了干湿冷暖的交替和相应的生态系统变化。在末次盛冰期的环境压力下，以往生活在北部地区的人类被迫向南迁移。迁移导致了新的文化因素的介入，使得该地区原有的文化面貌发生了很大改变。末次盛冰期前后东北亚地区旧石器文化变化的地层证据和史前人类遗址的时空分布表明，末次盛冰期的环境恶化对于东北亚地区的古人类文化具有普遍性。

天津地区旧石器时代遗址的埋藏类型主要为露天遗址，主要分布在旷野和河流的阶地上。而朝鲜半岛则地形多山，前寒武纪的片麻岩和花岗岩基底约占半岛面积70%，为中朝古陆的组成部分，金属矿产资源丰富。山地地形约占半岛面积的75%，因久经侵蚀多呈低山丘陵，一般高度多在1500m以下。半岛可分三个地形区：①北部山地高原区，主要由古老的结晶片岩和片麻岩组成，海拔约2000m；②中东部山地丘陵区，位于妙香山以南，从元山直抵釜山、纵贯东部海岸的太白山脉，长约450km，海拔约1000m，东坡陡峻，西坡平缓，是半岛南部地形的脊梁。本区西侧有几条平行的华夏向山脉，如广州山脉、车岭等，均属低山丘陵地带；③西部南部的丘陵低地区，海拔多在500m以下，黄海沿岸有大小平原断续相连（刘德生等，1986）。朝鲜半岛主要可以分辨出四种工业类型：①砾石工业，以砾石加工的石核工具如手斧、砍砸器为特征，以全谷里、龙谷里和金窟为代表；②石片工业，以石片作为加工工具的主要毛坯，代表遗址是昌内、泉沟；③石叶工业，以石叶的剥制和有柄尖状器的出现为特点，代表遗址是古礼里、垂杨介等；④细石叶工业，细石叶石核的使用是该工业最显著的特征，以垂杨介上层、上舞龙里上层、金坪为代表（李有骞、陈全家，2008）。

---

① 国内也有学者将其译为"有舌尖状器"，具体见〔韩〕李隆助著，李占扬译：《朝鲜半岛的旧石器文化——主要记述秃鲁峰和垂杨介遗址》，《华夏考古》1992年第2期，第106~112页。

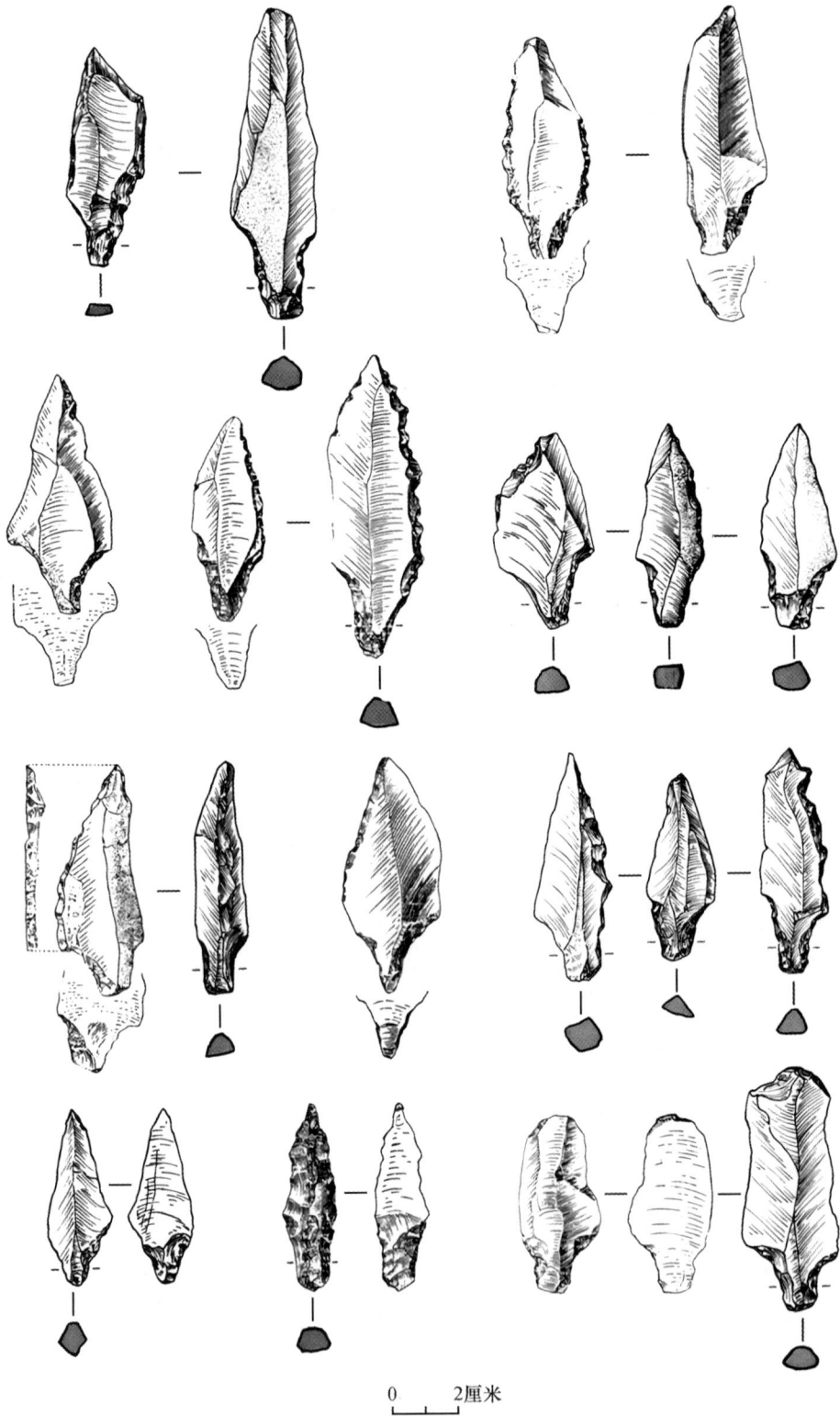

0 ———— 2厘米

图3-8　朝鲜半岛发现的有柄尖状器

（崔哲憝等，2017）

从总体上观察，天津地区和朝鲜半岛地区在文化面貌上有着密切联系，可以说，同属于一个大的文化区，但是各自又有地方特色。本书认为这种文化上的相似，应理解为类同，而非趋同，是某种文化特征在时空上连续分布所造成的传播迁徙。以细石叶石核为例，这两个区域旧石器时代晚期细石叶工业的细石叶石核均以楔形石核为主，细石叶技术发展以楔形石核的专门化和精致化为特点，几种独特的台面修理技术都出现在这一时期，存在不同类型、形态尺寸各异，核坯和台面技术有简化的趋势，这也反映了细石叶技术的娴熟程度。这两个区域内细石叶工业的不同技术类型与特征，可能代表了传播后细石叶技术传统在当地发展的结果。

综上所述，天津蓟县地区和朝鲜半岛地区旧石器时代晚期细石叶工业特征表明，两个区域在晚更新世之末人类活动频繁，可能存在着一定程度的文化交流。这些遗存不仅是研究旧石器时代晚期文化的重要资料，而且也为解决石叶、细石叶技术的传播提供了充足的材料。所发现的遗址对研究东北亚地区旧石器时代晚期以来人类生活的环境背景、旧石器文化内涵、东北亚地区旧石器文化之间的关系及旧石器时代向新石器时代过渡具有重要的学术意义。

3.5 与俄罗斯外贝加尔地区旧石器时代晚期文化之间的关系

外贝加尔地区包括贝加尔湖以东，额尔古纳河以西，外兴安岭（斯塔诺夫岭）以南的地区。包括赤塔州和布里亚特共和国（冯恩学，2002）。这一地区，目前发现的旧石器时代遗址主要有乌拉钦（冯恩学，2002）、阿莫戈伦（冯恩学，2002）、库布哈伊（冯恩学，2002）、雪橇岬（冯恩学，2002）、瓦尔瓦林那山（冯恩学，2002）、索哈季诺（冯恩学，2002；奥克拉德尼科夫、基里洛夫，1980）、托尔巴加（冯恩学，2002）、察甘奥尔（冯恩学，2002）、萨蓬（冯恩学，2002）、巴扎什干塔（冯恩学，2002）等遗址（蒙盖特，1963）。遗址主要分布在河流的第二、第三台地上。时代跨度从旧石器时代中期一直到晚期之末。

遗址石制品类型较为丰富，主要包括石核、石片、断块、石叶、细石叶、工具等。石核除锤击石核外，还出现了勒瓦娄哇石核，棱柱状、砾石石核较少；旧石器时代晚期则出现大量的似棱柱形、柱形、楔形石核，表明间接剥片法的存在。旧石器时代中期工具类型较为简单，主要以各种形式的刮削器和尖状器为主，还存在砾石工具；旧石器时代晚期工具类型变得丰富起来，包括刮削器、尖状器、雕刻器、石钻、锛形器、锯齿刃器等，砾石工具仍然存在，以砍砸器为主，工具毛坯主要有石片、石叶及砾石等。综上所述，从诸遗址的文化特点及技术传统来看，该地区旧石器时代晚期文化为石叶及细石叶工业类型，虽然存在一定数量的砾石工具，可能是受当地自然地理环境及适应生存方式有关（图3-9）。

古人类在适应环境和环境演变的同时，无时无刻不在克服环境制约，调整人类与环境的关系，使之生产力水平不断提高。从古人类适应生存方式及策略——石器工业类型来看，外贝加尔地区石器加工技术与蓟县地区较为相似，都存在细石叶工业。从剥片技术来看，除了锤击石核外，还有大量的细石叶石核例如楔形、似棱柱状、半锥形石核等，存在间接剥片技术，原

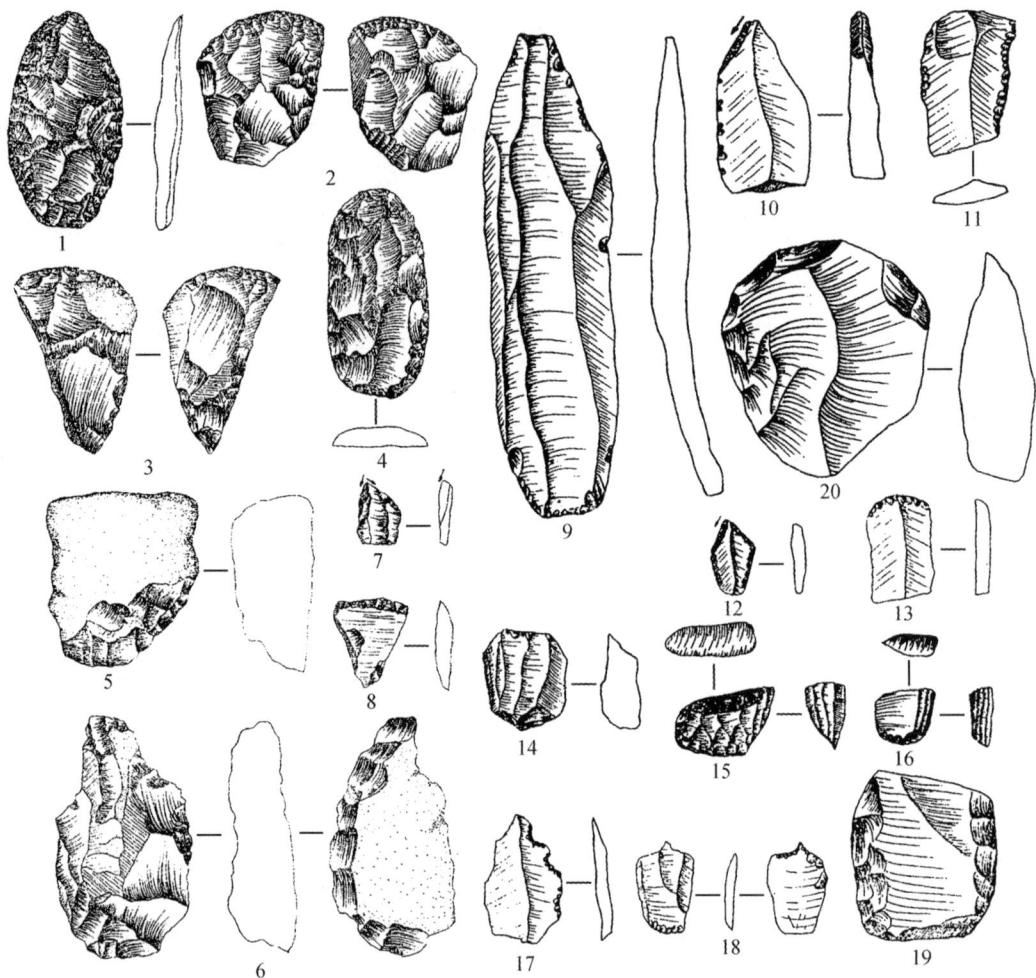

图3-9　外贝加尔地区旧石器遗址的部分石制品

1～4、8、11、13、17、19.刮削器　5.砍砸器　6.手斧　7、10、12.雕刻器　9.长石叶　14～16.石核　18.石钻

（1～4为索哈季诺遗址；5～8为阿莫戈伦遗址；9～19为雪橇岬遗址）

料利用率较高。从工具类型来看，都存在刮削器、尖状器、雕刻器、琢背小刀、石钻及复合工具，工具毛坯以细石叶、石片等片状毛坯为主，块状毛坯较少。从工具组合来看，既存在拇指盖状刮削器、琢背小刀、石钻等细小石器，也存在着一些砍砸器等大型工具。有学者认为与文化的地域性和缺乏好质量的硅质原料有关，还有学者认为与其功能和适应自然环境有关，本书认为后者可能性更大一些，原因有三：一是石料的大小会对石器体积有所影响；二是当地石料的质地对石器的制作修理影响很大；三是遗址所处的环境影响了石器的功能，从而也影响着石器体积的大小。例如，大型工具可以进行砍、砸、挖掘等重体力劳动。

此外，这两个地区在文化内涵上除了存在较多共性外，还存在着一些区别。蓟县地区除了细石叶工业类型外，同时还存在小石器工业类型，而外贝加尔地区则仅见石叶及细石叶工业类型。外贝加尔地区诸遗址内存在少量勒瓦娄哇型石核及相当数量的骨制品（如骨器及有刻划痕迹的骨板等）、房址、灶等遗迹，人工用火证据明显，这在蓟县地区非常少见。这可能与自然环境、地方性文化传统及与周边地区文化影响有关。

综上，天津地区的旧石器工业特点与上述周邻地区旧石器时代晚期的细石叶工业特点有许多相似之处，相互之间应该存在某种联系，是否意味着文化的交流与传播，尚需要作进一步的工作。

3.6　与华北地区新、旧石器时代过渡及新石器时代早期文化对比

距今12000～9000年前后，在考古学上被认为是旧石器时代向新石器时代过渡的时期，正是在这个过渡时期，磨制石器技术得到应用并逐步推广，陶器产生，出现了原始的农业与家畜饲养业。在一些地区，人类的经济方式由完全以采集、狩猎为主转变为开始经营农业并饲养家畜，生活方式发生了巨大的变化。

这个时期，全球环境发生了较大的变化，气候开始转暖，全球气候由寒冷干燥的末次冰期进入了温暖湿润的冰后期。目前，在华北地区发现并经过正式发掘的属于次过渡阶段的遗址为数不多，青池遗址则为天津地区一处典型的过渡时期遗存，除青池遗址外，还有河北阳原于家沟（林杉等，2018）、北京门头沟东胡林（赵朝洪，2006）、北京怀柔转年（郁金城，2002）、河北徐水南庄头（李君等，2010）等遗址。这几处过渡时期遗存除南庄头石制品较少外，均为距今10000年前后的有打制石器、磨制石器、细石器和陶器共存的遗址（表3-4）。

北京门头沟区的东胡林遗址文化类型与青池遗址较为相似，东胡林遗址石器种类有打制石器、磨制石器和细石器等，以打制石器居多，其次是细石器，磨制石器的数量很少。所用石料多取自河滩砾石，质地有凝灰岩、砂岩、页岩、花岗岩、脉石英、燧石等。打制石器的器类包括砍砸器、刮削器、尖状器等。大多加工比较简单，有的稍加打制即成；少数制作较精细，采用两面加工方法。细石器的种类有石核、石片、石叶等，多用燧石制成，加工较为精细。磨制石器的数量较少，仅见小型斧、锛类器。一般只是局部磨光，器身仍保留着打击疤痕；仅个别小型器物通体磨光。遗物中有多件琢磨而成的石磨盘、磨棒。磨盘一般平面近椭圆形。磨棒分为两种，一种剖面近圆角方形，另一种剖面呈圆形，后者比前者制作更为细致。除此之外，还出土石臼和用于研磨赤铁矿颜料的石研磨器，以及使用过的赤铁矿石。遗址年代距今11000～9000年（赵朝洪，2006）。

转年遗址为典型的石容器与装饰品、细石器和陶器共存的遗址。遗址出土石制品数量庞大类型丰富，包括打制石器、磨制石器和细石叶技术产品，打制石器包括石核、石片、刮削器、尖状器和砍砸器；磨制石器包括小石斧、锛状器和石质容器；磨制石器包括石磨盘和石磨棒；细石叶技术产品包括细石核、细石叶、刮削器和雕刻器、断块和碎屑等，其年代距今约10000年（郁金城，2002）。

表3-4　天津地区与周邻地区旧、新石器时代过渡时期遗址文化特征对比

遗址名称	新石器时代早期及过渡时期地层序列	年代	石器组合
青池遗址（坡下）第一期遗存（纪烈敏等，2014）	第6层：浅黄色土 第7层：红色砂土 第8层：黄褐色土 第9层：灰黄色砂土 第10层：马兰黄土	第6层：6690～6505calBP 第7层：8700～7600calBP 第8层：10075～9600calBP 第9层：10750calBP[①]	石容器、打制石器（石核、石片）、装饰品（人面雕饰、石环）和细石器（刮削器、尖状器、雕刻器、细石叶石核、细石叶等）、琢制石器（磨盘、磨棒、砺石、石球）、磨制石器（磨盘、磨棒），还存在大量砸击技术的石核与石片
东胡林遗址（赵潮洪，2006）	T8第2层：灰黄色土，质地松软 第3层：红褐色土，质地较硬 第4层：黄色土，质地松软 第5层：灰褐色土 第6层：浅红色土，致密 第7层：灰黄色砂土 第8层：灰黑色土 第9层：浅灰色砂土 马兰黄土 第4、6、7层为风成和水成	T9第3层：8000～7600 东胡林人：11000～9000	打制石器（占大部分，包括刮削器、砍砸器、尖状器）、细石器（细石叶石核、细石叶、刮削器）、磨制石器（较少，小型斧、锛形器）、琢制石器（石磨盘、磨棒）石臼、赤铁矿颜料研磨器
转年遗址（郁金成，2002）	第3层：褐黄粉砂质黄土状土 第4层：灰黑黏质砂土 全新世不整合砂砾层 古土壤 离石黄土	第4层：约10000	大量打制石器（石片、石核、刮削器、尖状器等）、磨制石器（小石斧、锛状器、石容器）和细石器（楔形、锥形细石核、细石叶、端刮器等）与陶器共存
于家沟遗址（林杉等，2018）	上部：黑灰色砂质黏土或黏质砂土 中部上：黄灰色粉砂土 中部下：灰黄、锈黄与灰色粉砂土 下部：石灰岩砂砾层 底层：灰绿色泥河湾湖相沉积	上部：8000～5000 中部：14000～8000 下部：无	中部：细石器（楔形石核、细石叶、端刮器、尖状器、雕刻器、锛状器）装饰品：贝壳、螺、鸵鸟蛋皮、鸟骨等打磨钻孔而成 下部：细石器
南庄头遗址（李君等，2010）	T3第5层：黑色砂质黏土 T3第6层：黑色黏质砂土 T1第5～6层：灰黑色黏质砂土	T3第5层：9980±100 T3第6层：10815±160 T1第5～6层：9810±100	磨盘、磨棒、石英石片等

　　于家沟遗址位于河北阳原县泥河湾盆地，遗址为上、中、下三组地层，上组地层为新石器时代中晚期，年代跨度为距今8000～5000年。中组地层为新石器早期文化层，年代跨度为距今14000～8000年。中组地层包括上、下两层，上层为灰黄色粉砂土，遗物包括细石叶技术产品和磨制石器及夹砂黄褐陶。下层为灰黄色、灰色粉砂土，无陶片，遗物包括装饰品和细石叶工

---

① 该数据于2017年6月和2018年9月美国Beta实验室测得。

艺制品。装饰品多为贝壳、螺、鸵鸟蛋皮等打磨穿孔而成。细石叶工艺产品包括楔形细石核、细石叶端刮器、尖状器、雕刻器和锛状器等。下组地层为旧石器时代晚期地层，遗物包括少量细石叶技术产品。于家沟遗址是华北地区典型的旧新过渡遗址。其中组地层——灰黄色沙土堆积与青池遗址坡下遗存的第8~10层灰黄相间的堆积相对应，石器种类也基本类似。两个遗址对应年代均早于距今8000年（林杉等，2018）。

另外，南庄头等邻近青池遗址的新石器早期或新旧过渡的遗址其年代和文化类型均与青池遗址有一定的相似性（李君等，2010）。

通过对比，青池遗址与华北地区经过发掘的几处过渡时期遗存有着很强的相似性，因此也可以进一步确定青池遗址过渡遗存的性质。天津地区过渡时期遗存的存在也为天津地区史前文化序列补上重要的一环（表3-4）。

第4节　自然环境对石器工业的影响

更新世晚期到全新世初期，是蓟县地区自然环境变化较多的时期。末次冰期极盛期的来临与消退，使得有些时期极端干冷，有些时期干湿冷暖快速波动。动荡的气候变化对旧石器时代晚期石器工业产生了深远影响。环境包括自然地理环境、古气候环境和资源环境（杜水生，2003），环境对石器工业的影响主要体现在两方面：一方面是对选择石料的影响，另一方面是对遗存中人群流动性（即对遗址使用性）的影响（李壮伟、尤玉柱，1980）。

从环境对选材的影响来看，晚期人类由于受到自然环境的限制，必须利用质地相对较差的各种石料，因此对石器技术的发展和石器工业的特征产生很大的制约（李壮伟、尤玉柱，1980）。长期以来，原料对石器工业的影响未受到充分重视，并未被视为一种文化特征。而这两种工业对石料的要求也各不相同，小石器工业原料要求脆性均质和各向同性的细粒硅质原料，而细石叶工业的原料多是韧性大却节理少的原料。环境对石料的影响主要体现在石料的可获性和丰富程度上。小石器工业的原料来源多在遗址附近，表现出强烈的地方色彩，但也有一部分石料来源较远；而细石器工业由于当地环境中的优质石料贫乏，不适于石器生产的发展，故人类对石料的选择则表现出刻意的追求，一些优质石料从外地输入并在原产地进行一定程度的精选，这与小石器工业形成鲜明对照。此外，石料的获得还与遗存人群的流动性有关。

从环境对人群流动性和居址形式的影响，在食物稀少、供应不稳定的生态环境中，人群会分裂成最小的生存单位并以很大的移动方式来获得必要的食物。而在食物相对丰富的环境中，人群规模较大，栖居时间也较长。古人类的流动性和居址分布则取决于环境中食物的变化和丰富程度。而狩猎采集人群的居址形式被分为两种：居住系统相对稳定和流动性居址系统遗址。在理解居址的使用性质上，宾福德（陈淳，1996）的理论则较能科学体现，其认为居址系统与石器技术之间应有一定的对应关系，在相对稳定的聚落系统中，权宜性工具广泛使用，由于环境条件优越，生活资源稳定，石料供应充足，故石制品修理一般简单而粗糙，形态多变；而在流动性居址系统内，由于人要随时面对新的、原料资源未知的生态环境，需要携带一些精致工具，工具则需要修整细致，形态规范，可以实现多种功能，在设计时对其用途已有前瞻性，易于携带，并可随时加工改造，旧物新用。

可以据此分别对两种工业进行分析，小石器工业所反映的居住系统相对稳定，流动主要局限在遗址附近，但也携带一些精致性工具外出从事一些其他活动，且大多靠近水源；细石叶工业所反映的居住形态多为流动性的，堆积较薄，从石制品来看，在遗址中楔形石核的预制品、预制过程中的废品在石制品中占有重要地位，几乎所有的遗址中都有发现被废弃的楔形石核，明显反映了一种流动性极高的生活方式。

因此，从环境变化来看，由于细石叶工业所处的环境的不稳定性较以前大大增加，人类赖以生存的食物资源也不似以前丰富而稳定，土地的供养能力下降，人们的生存前景变得难以预测，迫使他们必须改变原来的生存方式，由一个在较小范围内相对稳定的生存方式转变为在一个在较大范围内进行频繁迁徙的生存方式，只有这样，才能在相对恶劣的环境下获得足够的食物资源。此时的古人类在竞争中选择了两条道路，一是遵循适当的生态环境，开辟新的资源与领地，虎头梁、西水地遗址群便是最好的证明；另一是受人口膨胀和食物短缺的挑战，他们总结狩猎和采集植物种子的经验，在新石器时代发明了陶业、畜牧业和农业。

从环境变化或者技术革新角度来谈论这些问题，虽然强调某一个方面而带局限性，但它们都从一定的角度对遗址石器工业的技术特点提出了合理的解释，在分析蓟县地区石器工业特点与人类生存行为方面提供了有益的借鉴和启示：该地区一些旧石器地点的石器工业具有权宜技术特点，还有一些遗址则反映出技术特点为明显的精细加工，这是与该遗址的性质或功能和石制品原料条件是密切相关的，同时也折射出古人类在此生产活动和适应生存谋略的信息（王春雪、赵海龙，2006；王春雪、陈全家，2007；王春雪等，2009；陈全家、王春雪，2008；石晶等，2014）。

从石制品组合和遗址所处地貌部位来看，这些旧石器地点是古人类从事石器生产的场所和栖息、消费的生活基地：地处森林与草原交接处的丰富多样的自然环境为动植物资源提供了生存条件，晚更新世时期北方广泛活动的最后鬣狗——赤鹿动物群为古人类提供了丰富的狩猎资源；而在洞穴周围山体基岩的风化裸露处，则为古人类提供了制作石器的原料。这些资源条件为古人类提供了一个理想的、相对稳定的家园，使其能够长期生活在这里。由于聚落相对稳定，人们可以随时将旧石器地点附近较为适宜的石料带到旧石器地点制作石器，或将外出狩猎采集时遇到的优质原料带回居址，这样便在事实上将地点储备了充足的石器原料，人们可以不必节省原料，来处心积虑地生产多功能、高效的工具。该点特性在天津蓟县地区部分旧石器地点断片、断块数量占多数所展现（王春雪、赵海龙，2006；王春雪、陈全家，2007；王春雪等，2009；陈全家，王春雪，2008；石晶等，2014）。

然而，稳定的生活形式并不一定排斥对工具的精细加工，相反，由于不需要疲于迁徙移动，石器制作者应有更充裕的时间和精力投入石器制作和技术的完善，生产出形制规范、功能完备的工具。在蓟县太子陵地点内，出现了手镐等形制规范的工具，石器向规范化、精细化发展，各类刮削器、尖状器等，一些可能作为复合工具来使用。

从天津地区最近新发现的地点、遗址石制品组合及技术特征来看，蓟县地区的旧石器地点的石制品虽然存在大量剥片及碎屑，但其工具数量相对较多。剥片方式规范，工具加工目的与功能之间的关系较为清晰。旧石器遗址内古人类的生产策略是在剥片过程中，选择边缘锋利的石片直接使用，但同时也精细加工一定数量的三类工具；从遗址内出土的石核及剥片来看，存在锤击法和间接剥片法，根据石片特征及燧石的物理特性，也存在砸击剥片，根据小平安、七区、丈烟台等旧石器地点内也曾发现过砸击石核，进而推测锤击法剥片进行到一定程度后，因剥片角度及手握不适感，剥片无法继续进行然后转换为砸击法继续进行。从废片分析来看，天津地区的石器工业的结构基本上相当于Collins生产程序分析中的第四组群所反映的行为特点，可归于第五组群的可能性较低。由此可认为，天津地区所发现的旧石器地点的剥片方法和加工技术的决策层次较高。

第5节　结论与展望

5.1　结　论

通过对天津地区旧石器时代遗址或地点新发现石制品进行较为详细的技术类型分析，本地区石器工业主要包括三种：一是以石片石器为代表的小石器工业；二是以砾石石器为主的大石器工业类型；三是以细石叶加工的各类石器为特征的细石叶工业类型。各遗址发现的石制品主要包括剥片和加工工具时产生的石核、石片、石叶、细石叶、碎屑及断块等。石制品原料以黑色燧石和石英砂岩为主，石英次之，硅质灰岩、安山岩、流纹岩等其他原料较少。剥片方法有锤击法和砸击法，此外，间接法剥片也占有一定比例，打片时对石核台面进行修整。工具以刮削器为主，雕刻器、尖状器次之，手镐、砍砸器等其他器形数量较少。工具毛坯以片状为主，块状毛坯较少；修理方式以单向加工为主，加工方式以正向加工为主。在总体上，石制品以小型及中型为主，中型、大型标本也占一定比例，个体间变异较小，加工较为精致，原料利用率较高。

天津地区晚更新世晚期诸遗址多数分布在山坡台地和河流阶地上，古人类一般选择在河流附近活动，表明古人类充分利用河流地区的水资源和生物资源。石制品类型中，石核、石片、断片、碎屑及其断块占绝大多数，成器率较高，工具组合类型较为丰富，背面多为石片疤的石片较为丰富，使用石片数量占有相当比例，多数工具进行精细加工。这些特点说明这些遗址可能是石器加工场所，但遗憾的是未发现与石制品伴生的动物化石，这还需要将来进一步的科学发掘。

结合泥河湾地区、东北地区以及天津和周邻地区的旧石器发现，以砾石石器为主的大石器工业类型及以石片石器为主的小石器工业传统至少从旧石器时代中期开始，就应该是同时存在并行发展的。细石叶工业自旧石器时代晚期才开始出现，它很可能是从小石器工业传统中派生出来的一种新的"变体类型"，但是这种"变体类型"并没有完全取代原有的小石器工业传统，而是与其并行发展。通过天津地区诸遗址的剥片、石器加工技术及原料利用情况，可以看出其属于华北地区以细石叶、石叶石核及其制品为主要特征的细石叶工业类型。该文化面貌可能受到了以油坊（谢飞、成胜泉，1989）、虎头梁（盖培、卫奇，1977）及下川（王建等，1978）为代表的旧石器时代晚期华北地区的典型细石叶工业传统的影响。华北地区细石器工业马蹄形分布带位于中国北部的华北地区大体在N32°～42°（谢飞，2000），西邻青藏高原，东濒渤、黄二海，北与内蒙古高原相接，南以秦岭北坡和淮河为界。从地势上，该区明显可分为三带，即东部的低山丘陵、中部的华北平原、西部的黄土高原和冀北山地。华北平原广袤辽阔，周边存在丰富的细石器遗存，它们面向渤海，大致环华北平原（环渤海）呈马蹄形展布，构成了旧石器时代晚期细石器工业马蹄形分布带。谢飞先生根据细石核技术类型将该马蹄形分布带又划分为东、西两个分布区和五个分布亚区（谢飞，2000）。细石叶工业为主的旧石器地点即属于东自渤海，西至怀来盆地间的广大地区的 I 区（船底形细石叶石核类型为主），由于下川文化对华北地区细石器工业的影响颇大，从时代和石核类型等众多因素考虑，天津地区应该是华北地区细石器工业发展和传播的地区之一。此外，天津地区石器工业还与晋西南的一些细石器遗址如薛关（王向前等，1983）、吉县柿子滩上文化层（解希恭等，1989）相比，有较大的相似性，均以间接法制作细石器，石制品类型中存在典型的楔形石核，且长、短身圆头刮削器是最典型的器形，此外，尖状器、石钻等也大体相似，但不存在后者出土的石锯、琢背小刀等器形。不论是从典型的楔形细石叶石核、柱状细石叶石核、锥状细石叶石核、圆头刮削器，到雕刻器、石镞，还是从细石叶工业传统中主流的文化因素、加工技法上看，它们都是非常相似的，然而天津地区旧石器晚期文化似乎更复杂多样。从石器内涵分析，它们可以归入一个文化系统。天津地区旧石器遗存的发现为探讨古人类在环渤海地区、中国北方乃至东北亚的演化过程和适应生存特点提供了重要材料，也为阐释晚更新世晚期现代人的迁徙与交流奠定了基础。

综上所述，从总体上观察，天津地区和泥河湾盆地、东北地区等环渤海地区在文化面貌上有着密切联系，可以说，同属于一个大的文化区，但是各自又有地方特色。本书认为这种文化上的相似，应理解为类同，而非趋同，是某种文化特征在时空上连续分布所造成的传播迁徙。以细石叶石核为例，这两个区域旧石器时代晚期细石叶工业的细石叶石核均以楔形石核为主，细石叶技术发展以楔形石核的专门化和精致化为特点，几种独特的台面修理技术都出现在这一时期，存在不同类型、形态尺寸各异，核坯和台面技术有简化的趋势，这也反映了细石叶技术的娴熟程度达到了非常高的水平。

5.2 对未来工作的展望

天津地区的旧石器考古调查表明旧石器时代的古人类在天津地区具有更大的分布区域，诸旧石器地点中文化遗物出露十分丰富，这些成为探讨该地区旧石器文化创造者的生存活动空间、生存能力、对土地及原料资源的开发利用方式和推测史前人群大小的重要资料。蓟县地区旧石器地点群的新发现说明该地区是范围广大、内涵丰富、科学研究价值重大的区域。为该地区旧石器时代遗址的管理、保护规划和科研计划提供了更全面、更坚实的科学依据，也将增强文物管理、遗址保护和科研人员的责任感和使命感。

新发现的朝阳洞、段庄、杨庄西山及清池等地点，其地层清楚，剖面上出露的石制品等十分丰富，进一步工作的潜力较大；这些地点的石制品中也不乏加工精细者，其为了解该区域旧石器文化序列、石器技术演变提供了重要线索。

天津地区的旧石器考古专项调查已取得了较好的成果，为天津地区旧石器考古学的发展奠定了初步基础。但依目前已发表的材料来看，该地区旧石器考古工作空间的不平衡性十分突出，从整体来看，新发现的旧石器地点集中于蓟县地区东部及北部地区，因此要想取得突破，就必须增大野外工作的力度，增加重点遗址发掘和研究的深度。未来蓟县地区旧石器工作的着重点应集中于以下几个方面。

第一，进行野外调查以获取更多的旧石器考古新材料，对新老材料的研究确认该地区旧石器文化类型的种类。通过器物类型学的研究，确认出旧石器时代向新石器时代过渡时期的文化遗存，填补该段研究的空白。通过该地区旧石器文化特征和石器技术的研究，探讨该地区旧石器文化与环渤海地区、朝鲜半岛、日本和俄罗斯滨海地区间的文化交流与传播（王春雪、赵海龙，2006；王春雪、陈全家，2007；王春雪等，2009；陈全家、王春雪，2008；石晶等，2014）。

第二，通过细致和高精度的试掘、测量和记录，得到遗址埋藏学和遗物、遗迹分布关系的资料和信息，对弥补以前田野工作的缺欠，正确判断遗址的性质、各种营力的作用和拥有材料的完整性，校正自然与人为因素导致的认识偏差，都具有重要的参考价值。

第三，结合遗址周围环境指标的综合测试分析，复原当时的气候环境背景。在发掘过程中已经分地点、分层位按5~20cm的间距系统采集了环境测试样品。借助孢粉分析、地层磁化率分析、$CaCO_3$测试、有机碳分析及O和C稳定同位素测定等技术手段，对环境样品进行综合测试分析，恢复各文化层形成时的气候背景，揭示古人类生活环境的演变，以及在这种因素的驱动下，古人类根据特定的自然资源适应生存及开发改造能力。

第四，借助地质学者观察、研讨和测试，对遗址及附近地区的地质、地貌演变和沉积成因，以及不同地点、地层之间的关系取得更深入、更合理的认识。

第五，系统提取遗址堆积的古环境和年代样品，对样品的分析和测试将使对古人类生存年代和环境的研究建立在更科学、更精确的基础之上。精确的年代测定是研究人类进化、文化发展和环境背景的基础和前提。针对天津旧石器遗址缺少年代测定的问题，在未来的田野发掘过程中将对旧石器地点注重系统地提取年代样品，对样品进行^{14}C、光释光和热释光测试，继而对古人类生存年代和环境的研究建立在科学精确的基础上。

第六，通过对蓟县地区旧石器地点群不同地点所蕴含的古人类文化特点与行为模式（原料的开发、剥片和石器加工技术工艺、地区工业特点、工具功能等）和环境因素（沉积结构、孢粉和地球化学分析等）的综合研究，以期能够揭示更新世晚期古人类对该地区旧石器遗址的占据与行为特点及环境动因。进而获取古人类在更新世晚期至末期文化行为特点与周边人群交流的确凿证据，对古人类在更新世晚期对天津地区开发与利用做出科学的阐述。

天津地区旧石器调查工作的时间相对较短，且主要集中在河谷地带，所取得的旧石器材料较为零碎，未发现伴生的哺乳动物化石；有些地点地层不甚清楚，对其时代只能大体推断。今后应根据这些线索寻找更多的材料和地点，尤其是地层清楚、遗物丰富的地点；对已发现的诸多地点应有选择地进行后续工作，包括试掘、地层观察、环境-沉积样品分析和年代测试；对重点遗址应进行系统发掘，获取全方位的、更翔实的资料。通过这些工作，我们有理由相信天津地区的旧石器时代考古研究将具有更坚实和丰实的基础，为探讨古人类在环渤海地区、中国北方乃至东北亚的演化过程和适应生存特点，探索东西方史前人类迁徙与交流的过程与方式，做出更大的贡献（王春雪、赵海龙，2006；王春雪、陈全家，2007；王春雪等，2009）。

本书主要对天津地区近年来的旧石器调查及发掘工作取得的有关旧石器时代中晚期至旧、新石器时代过渡时期遗存的考古成果进行了梳理、总结和分析，主要对处于环渤海地区中部的天津蓟县地区旧石器时代晚期至新石器时代早期古人类活动的环境背景、古人类技术行为及其在该地区的适应生存方式等学术问题进行了多角度的分析，对于有关区域旧石器文化的形成和发展的动因、不同石器工业类型的发展脉络、周邻地域间石器技术发展的不平衡性等方面进行了初步探讨，提出了一些自己的观点和见解。由于天津地区开展旧石器考古研究较晚，遗址分布范围较小，集中分布于蓟县地区，故所获得的旧石器材料远远不能反映出整个天津地区旧石器时代的文化面貌，所以研究还仅仅是开始，而所提出的观点也远远不是结论。我们希望抛砖引玉，使更多的不同学科的学者关注天津地区的旧石器考古研究，关注旧石器遗存的抢救和保护，参与对该地区旧石器遗存的深入探索中来，也为环渤海地区旧石器文化的历史重建做出应有的贡献。

本书涉及的遗址众多，不同学科领域内的材料繁杂。由于时间仓促，对于所涉及的材料认识有限，加之笔者学养粗浅，本书的内容还很不完善，一些分析阐释还很不到位。对于本书存在的不足之处，敬请各位师友和感兴趣的读者批评、指正，帮助我们在未来做得更好。

参 考 文 献

奥克拉德尼科夫·基里洛夫.石器时代和早期青铜时代的东南外贝加尔［M］.新西伯利亚，1980：227.

陈淳.旧石器研究：原料、技术与其他［J］.人类学学报，1996，15（3）：268-275.

陈淳，王向前.从细石核谈华北与东北亚及北美的史前文化联系［C］.山西旧石器时代考古文集.太原：山西经济出版社，1993：510-521.

陈淳，谢飞.河北阳原周家山的细石器遗存［J］.史前研究，1989：77-84.

陈全家，王春雪.东北地区近几年旧石器考古的新发现与研究［C］.考古学研究（七）.北京：科学出版社，2008：183-204.

陈宥成，曲彤丽.中国华北砾石石器遗存初探［J］.中原文物，2015（1）：16-23.

陈哲英，丁建平，张永权.山西应县边耀的细石器［J］.史前研究，1989：73-76.

陈哲英，王清诗，解廷琦.山西大同高山镇之细石器［J］.史前研究，1985：56-62，113，114.

陈哲英，吴永春.山西天镇县楼子町发现细石器［J］.考古与文物，1984（3）：124.

崔茂藏.韩国的旧石器文化［M］.首尔：集文堂，1994：88-106.

崔哲懋，侯哲，高星.朝鲜半岛旧石器时代晚期的有柄尖刃器［J］.人类学学报，2017，36（4）：465-477.

杜水生.泥河湾盆地旧石器中晚期以来人类行为的变化与环境变化的关系［J］.考古与文物，2003（2）：22-26.

房迎三.安徽省宣州市陈山旧石器地点1988年发掘报告［J］.人类学学报，1997，16（2）：11-21.

冯宝胜.朝鲜旧石器文化研究［M］.北京：文津出版社，1990：68-117.

冯恩学.俄国东西伯利亚与远东考古［M］.长春：吉林大学出版社，2002：40-53.

盖培，卫奇.虎头梁旧石器时代晚期遗址的发现［J］.古脊椎动物与古人类，1977，15（4）：287-300.

高星.解析周口店第15地点古人类的技术与行为［C］.第八届中国古脊椎动物学学术研讨会论文集.北京：海洋出版社，2001：183-196.

纪烈敏，刘健，张俊生.天津蓟县青池遗址发掘报告［J］.考古学报，2014（2）：195-242.

加藤真二著，袁靖，李伊萍译.日本学者对日本列岛及周围地区旧石器时代考古研究现状之我见［J］.北方文物，1993（1）：101-108.

贾兰坡，盖培，尤玉桂.山西峙峪旧石器时代遗址发掘报告［J］.考古学报，1972（1）：39-58+135-136.

贾兰坡，卫奇.阳高许家窑旧石器时代文化遗址［J］.考古学报，1976（2）：97-114，207-212.

李君，乔倩，任雪岩.1997年河北徐水南庄头遗址发掘报告［J］.考古学报，2010（3）：361-392，429-432.

李宏宗.朝鲜半岛旧石器时代中期文化研究［J］.历史与考古信息·东北亚，2006（1）：108-120.

李隆助，禹钟允.韩国丹阳垂杨介遗址最新发掘及研究成果［C］.庆祝贾兰坡院士九十华诞国际学术讨论会文集——垂杨介及她的邻居们.北京：科学出版社，1999：183-188.

李鲜馥，姜贤淑，李教东等.新坪里金德平山里竹山后期旧石器遗迹［C］.住岩坝水没地域文化遗迹发掘调查报告书（Ⅶ）.光州：全南大学博物馆，1990：21-76.

李有骞.黑龙江省旧石器遗存的分布、年代及工艺类型［J］.华夏考古，2014（3）：33-43.

李有骞，陈全家.朝鲜半岛旧石器材料及工业类型的初步研究——兼谈对吉林省东部地区旧石器研究的几点认识［J］.边疆考古研究（第7辑）.北京：科学出版社，2008：10-33.

李壮伟，尤玉柱.从桑干河流域几处遗址的发现看我国细石器文化的起源［J］.山西大学学报（哲学社会科学版），1980（3）：65-75.

林杉，敖红，程鹏等.泥河湾盆地于家沟遗址AMS-^{14}C年代学研究及其考古学意义［J］.地球环境学报，2018，9

（2）：149-158.

刘德生等.世界自然地理（第二版）［M］.北京：高等教育出版社，1986.

刘礼堂，祝恒富，解宇.旧石器时代中国南方砾石工业初探［J］.武汉大学学报（人文科学版），2010，63（5）：631-635.

刘利红.瓜地梁细石器遗址的发掘和初步研究［D］.北京大学硕士学位论文，1999.

蒙盖特著，莫润先译.苏联考古学［M］.北京：文物出版社，1963.

裴基同.韩半岛的前期、中期旧石器时代［J］.旧石器考古学，2001（62）：1-10.

沈阳市文物考古研究所，吉林大学边疆考古研究中心.沈阳地区旧石器考古发现与研究［M］北京：科学出版社，2015：1-177.

石晶，陈全家，李霞，王晓阳，魏海波.辽宁桓仁南山地点的石制品［J］.人类学学报，2017，36（2）：176-179.

石晶，王春雪，吴敬等.浅析云南永胜县枣子坪遗址出土石斧的制作工艺流程［C］.边疆考古研究（第16辑）.北京：科学出版社，2014：295-304.

汤英俊，宗冠福，雷遇鲁.汉水上游旧石器的新发现［J］.人类学学报，1987（1）：55-60，81，82.

王春雪，陈全家.试析吉林和龙石人沟旧石器时代晚期遗址古人类的技术与行为［C］.边疆考古研究（第8辑）.北京：科学出版社，2007：39-55.

王春雪，赵海龙，陈全家等.试析东北地区东部与朝鲜半岛旧石器时代晚期细石叶工业之间的文化关系［J］.内蒙古文物考古，2009（2）：35-49.

王春雪，赵海龙.关于微痕实验（低倍法）研究的几点认识［J］.博物馆研究，2006（2）：35-39.

王建，王向前，陈哲英.下川文化——山西下川遗址调查报告［J］.考古学报，1978（3）：259-288.

王向前，丁建平，陶富海.山西蒲县薛关细石器［J］.人类学学报，1983，2（2）：162-171.

王晓阳.辽宁本溪地区旧石器及相关问题的研究［D］.吉林大学硕士学位论文，2013.

谢飞.泥河湾盆地旧石器文化研究新进展［J］.人类学学报，1991，10（4）：324-332.

谢飞.河北旧石器时代晚期细石器遗存的分布及在华北马蹄形分布带中的位置［J］.文物春秋，2000（2）：15-25.

谢飞.环渤海地域新旧石器文化过渡问题研究纲要［C］.中国考古学跨世纪的回顾与前瞻——1999年西陵国际学术研讨会文集.北京：科学出版社，2000：181-189.

谢飞，成胜泉.河北阳原油房细石器发掘报告［J］.人类学学报，1989，8（1）：59-68.

谢飞，石金鸣.河北阳原板井子石制品的初步研究［C］.中国科学院古脊椎动物与古人类研究所参加第十三届国际第四纪大会论文选.北京：北京科学技术出版社，1991：74-95.

解希恭，阎金铸，陶富海.山西吉县柿子滩中石器文化遗址［J］.考古学报，1989（3）：305-323+391-394.

郁金城.从北京转年遗址的发现看我国华北地区新石器时代早期文化的特征［C］.北京文物与考古（第五辑）.北京：燕山出版社，2002：37-43.

张森水.中国北方旧石器工业的区域渐进与文化交流［J］.人类学学报，1990，9（4）：322-333.

张森水.管窥新中国旧石器考古学的重大发展［J］.人类学学报，1999，18（3）：193-214.

赵宾福.东北旧石器时代的古人类、古文化与古环境［J］.学习与探索，2006（2）：188-191.

赵朝洪.北京市门头沟区东胡林史前遗址［J］.考古，2006（7）：3-8+97-98.

Norton, C. J., Bae, K., Lee, H., et al. A review of Korean microlithic industries ［C］. *Origin and Spread of Microblade Technology in Northern Asia and North America*. Burnaby B.C.: Archaeology Press, Simon Fraser University, 2008: 91-102.

Seong, C. Microblade technology in Korea and adjacent Northeast Asia ［J］. *Asian Perspectives*, 1998, 37 (2): 245-278.

Seong, C. Quartzite and vein quartz as lithic raw materials reconsidered: A view from the Korean Paleolithic ［J］. *Asian Perspectives*, 2004 (43): 73-91.

Ли Хонджон. Характер датировка и периодизация верхнего палеолита Кореи ［C］. *Позданий палеолит ранний неолит Восточной Азии и Северной Америки*. Владивосток, 1996: 162-167.

后　记

　　自2005年陈雍先生率队启动天津旧石器考古至今，已走过了18个年头。细数下来，2005年专题调查、2007年东营坊遗址发掘、2015年重点调查、2019年朝阳洞遗址发掘、2021年太子陵地点发掘、2023年青池遗址第四次发掘，一串或疏或密的印迹，记录了那些不能扳转的时光。

　　2005年的专题调查是天津旧石器考古破题之作，实证了天津旧石器的存在，成果也出来了。有一段时间，对这一块工作有种"交卷"后如释重负的轻松。轻松过后，在和春雪间或交流时，我们都感觉到，根据材料整理结果显示和受限于当年的条件，在蓟州的大山里，天津旧石器时代考古还有许多工作可做，应该在以前打下的良好基础上，持续向前推进，既包括区域分布，也包括文化序列和石器工业类型。一念升起就埋在了心里，这也是再次启动区域调查工作的缘起。

　　调查之初，我和春雪商量，将2015年这次调查取名为"区域重点调查"，意在有所侧重、有所突破，同时加强野外调查发现典型地点（遗址）的测年样本采集，为后续整理研究提供数据支撑。春雪还特意请来我们的老师、野外调查经验极其丰富的吉林大学考古学院陈全家教授全程顾问指导。那段时间，白天跑野外，晚上对着大比例蓟州地图研判"画圈"，标下第二天的调查路线和重点区域，通过半个月的高强度高效率野外调查，收获满满。这次调查，又新发现14处旧石器地点（遗址），在蓟县青池遗址的复查也取得了新收获。这些旧石器地点大多数分布于蓟州北部山区以沟河及其支流淋河为中心的山前台地和河流阶地上，还发现了唯一一处洞穴遗址。专家们评价：新发现的下营南岭、杨庄西山第Ⅳ、Ⅲ级阶地的旧石器地点，砾石石器工业特征明显，石制品文化面貌与北京周口店第一地点下层相似；处于第Ⅱ阶地的东井峪骆驼岭地点石片石器工业特征明显，石制品组合与第Ⅳ、Ⅲ阶地相比，呈现小型化趋势。上述地点与以2007年蓟县东营坊遗址燧石为主的小石器工业呈现出三种不同的文化面貌，代表了蓟州旧石器文化发展的不同阶段；从地层与地貌特征、石制品原料的开发与利用、剥片技术、修理技术、文化特征等方面推测，某些地点的年代已经突破旧石器时代晚期，进入到旧石器时代早中期，即地质年代的晚更新世中期，距今绝对年代应不晚于10万年以前，是天津旧石器时代考古的又一次重大突破。此次调查发现的杏花山朝阳洞遗址属洞穴遗址，系天津旧石器考古首次发现，具有重大考古价值。本书即是对天津旧石器2015年重点调查和2019年朝阳洞遗址发掘阶段性考古材料的系统梳理汇总基础上的对天津旧石器时代考古的初步研究和认识。

　　现在回过头来看，天津旧石器时代考古从开始之初到现在，天津市文化遗产保护中心与吉林大学边疆考古研究中心、吉林大学考古学院、地方考古机构和高校的联合考古，逐渐形成考古调查—遴选重要遗址发掘—资料及时整理刊布的循环工作模式，每向前一步都走得很扎实，实现了优势互补，锻炼了队伍、培养了人才、取得了收获。

2007年和春雪因东营坊遗址的发掘相识，从此这情谊就不曾中断。十六年共同走过的道路，这真是世间的一份美好。这本书稿原本在去年上半年就已列入到单位出版计划中，可去年的一整年我都心浮气躁，始终难以沉下来，我这边一再拖沓。本书能够尽快出版，离不开春雪的善意督促和提醒。

感谢调查和发掘期间，蓟州区文物局、蓟州区文化遗产保护中心和项目所在地人民政府为考古工作创造的便利条件。特别是蓟州区文物局蔡习军副局长，蓟州区文化遗产保护中心仇会荣书记和文物干部刘福宁、刘建国、邢海涛、胡斌等，始终和考古队一起并肩乡野，他们既是地方文物干部，又能随时"变身"考古队员或向导，使在蓟州的考古工作始终心里很踏实。

感谢在项目调查和发掘论证阶段，中国科学院古脊椎动物与古人类研究所高星研究员，北京大学考古文博学院王幼平教授，北京大学城市与环境学院夏正楷教授，吉林大学考古学院陈全家教授，天津市人民政府参事室陈雍研究员，中国科学院古脊椎动物与古人类研究所陈福友副研究员，北京大学考古文博学院李锋研究员，河北师范大学历史文化学院赵海龙教授、牛东伟教授等专家提出的许多指导性和建设性意见；此外，相关旧石器时代遗址测年工作主要由中国科学院古脊椎动物与古人类研究所葛俊逸研究员、吉林大学地球科学学院芮雪副教授完成，专家们的肯定、鼓励和专业支撑是天津旧石器考古不断前行的动力。

参加2015年野外重点调查的有吉林大学考古学院陈全家教授，以及王春雪、盛立双、甘才超（国家文物局考古研究中心）、刘福宁（蓟州区文化遗产保护中心）和吉林大学在读硕士生、博士生石晶、李万博、刘亚林；参加2019年朝阳洞遗址田野发掘的有王春雪、盛立双、李斌（天津市文化遗产保护中心）和吉林大学考古学院在读硕士生、博士生李万博、宋家兴、王家琪、杨艺洁、刘禄、窦佳欣、魏天旭。当年还在校读书的小伙伴们，今已散落天涯，成为大学或考古机构的骨干或继续学习深造，但蓟州酷热的夏天、发现的喜悦和上工路遇大蛇的尴尬一定会记在每个人心中。

感谢科学出版社赵越编辑认真细致的工作，修正了书中不少错误和不妥之处；感谢天津市文化遗产保护中心出资出版此书，白俊峰主任也十分关心书稿的进展。

最后，特别感谢北京大学考古文博学院王幼平教授百忙之中审阅书稿并作序。王老师一直十分关心、关注天津旧石器时代考古的最新进展。未忘两脚泥土，果实依然青青，但王老师肯定和鼓励有加，今后唯有更加努力。

限于作者的学识和水平，书中谬误在所难免，敬请读者在阅读中及时批评指正。

这篇后记是应春雪之嘱写的。

盛立双

2023年12月于青池遗址发掘驻地

图 版

图　版

图版1　朝阳洞遗址全景（由洞口向内望）

图版2　朝阳洞遗址1号洞发掘区

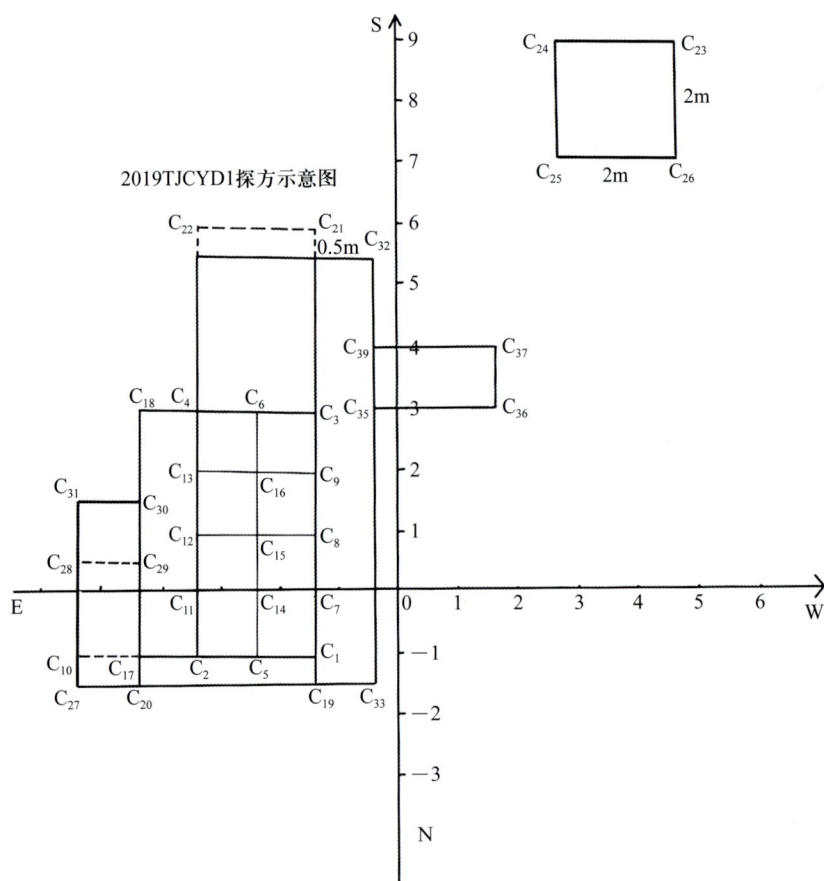

图版3　朝阳洞遗址1号洞洞穴发掘区布方示意图

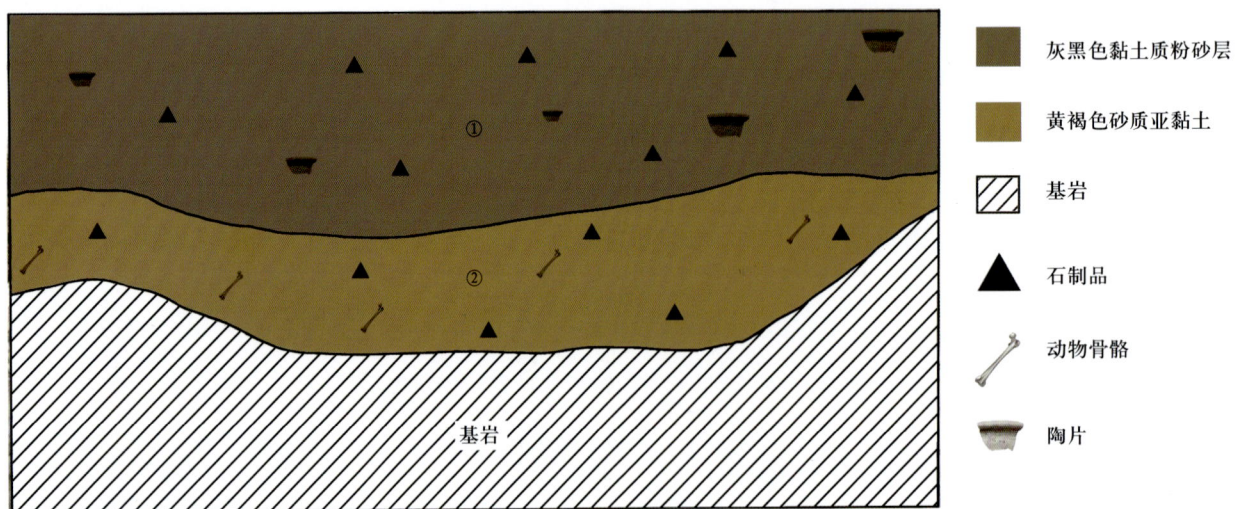

图版4　朝阳洞1号洞地层堆积示意图

图版5　朝阳洞遗址1号洞洞穴西壁剖面

图版6　朝阳洞遗址1号洞洞穴南壁剖面

图版7　朝阳洞遗址1号洞遗址全景

图版8　朝阳洞遗址1号洞出土的石片

图版9　朝阳洞遗址1号洞出土的工具

图版10　朝阳洞遗址1号洞第2层出土的部分动物骨骼碎片

图版11　朝阳洞遗址2号洞地层堆积

图版12　朝阳洞遗址2号洞发掘场景

图版13　朝阳洞遗址2号洞石制品出土场景

图版14　朝阳洞遗址2号洞堆积筛选

图版15 朝阳洞遗址2号洞洞口

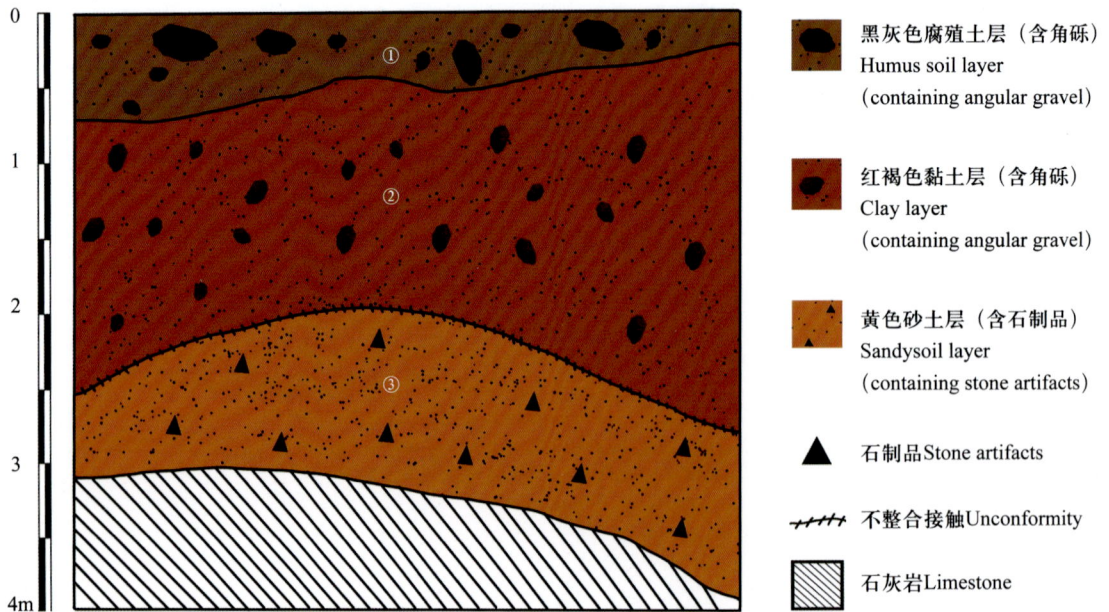

	黑灰色腐殖土层（含角砾）Humus soil layer (containing angular gravel)
	红褐色黏土层（含角砾）Clay layer (containing angular gravel)
	黄色砂土层（含石制品）Sandysoil layer (containing stone artifacts)
▲	石制品Stone artifacts
	不整合接触Unconformity
	石灰岩Limestone

图版16 朝阳洞遗址2号洞地层堆积示意图

图版17　朝阳洞遗址2号洞出土的完整石片、断片及工具

图版18　朝阳洞遗址2号洞光释光测年取样

图版19 赤霞峪西岭地点全景

图版20 赤霞峪西岭地点发现的部分石片

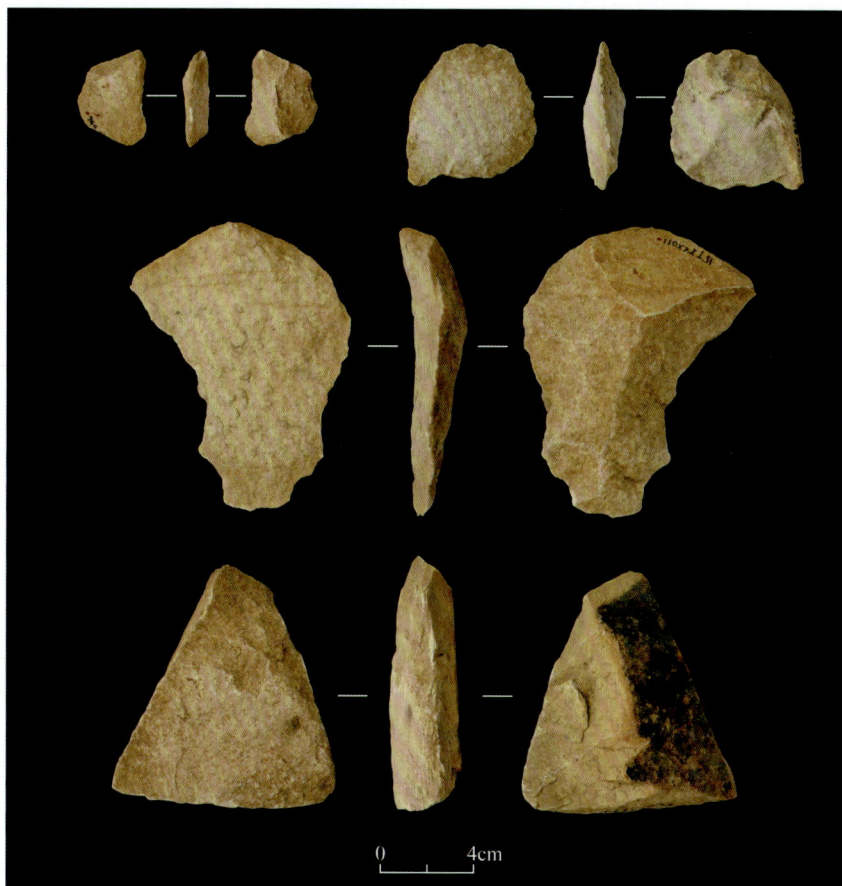

图版21　赤霞峪西岭地点发现的部分使用石片

图版22　赤霞峪西岭地点发现的部分工具

图版23　船舱峪东岭地点全景

图版24　船舱峪东岭地点剖面

图版25　船舱峪东岭地点发现的部分石核和石片

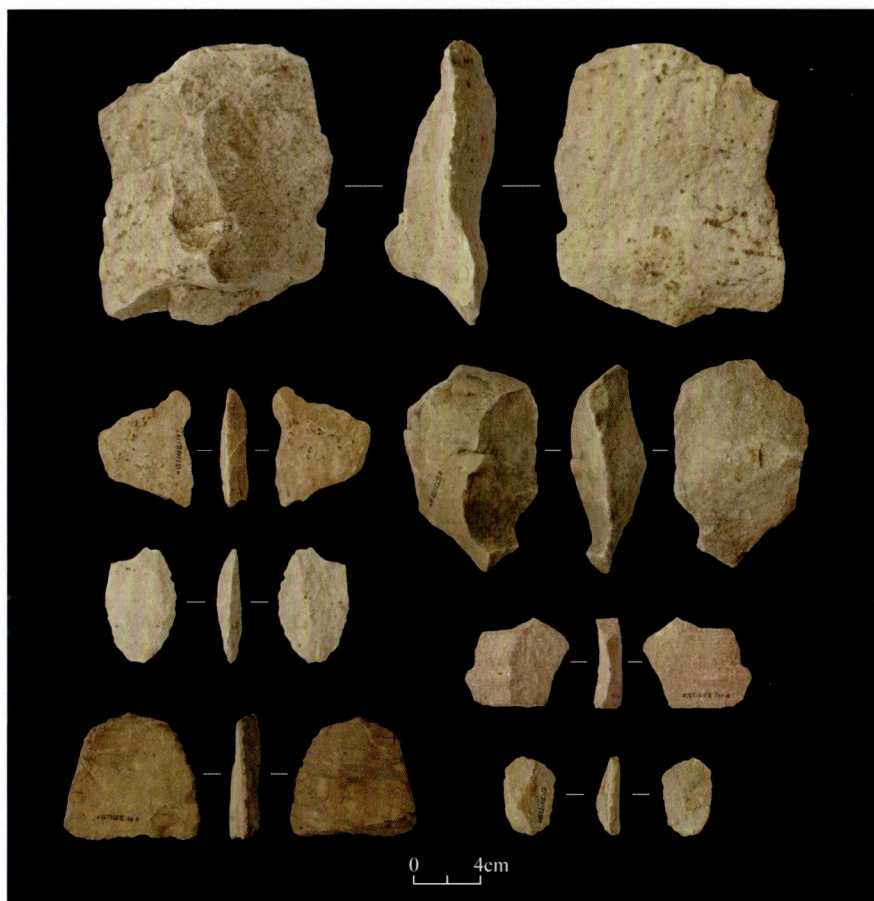

图版26　船舱峪东岭地点发现的部分工具

图版27　东井峪骆驼岭地点全景

图版28　东井峪骆驼岭地点发现的部分石片

图版29　东井峪骆驼岭地点发现的部分使用石片

图版30　东井峪骆驼岭地点发现的部分工具

图版31 太子陵地点出露的地层剖面

0   4cm

图版32 太子陵地点发现的部分石核和石片

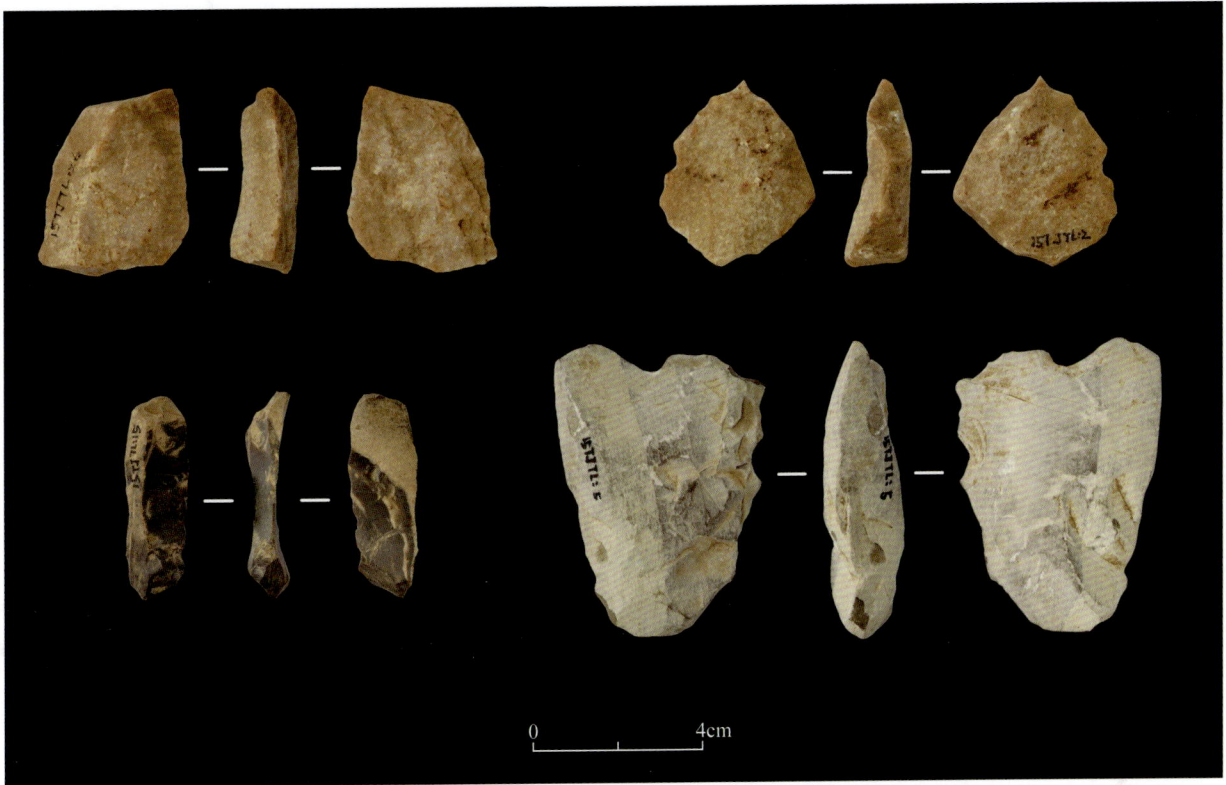

图版33　太子陵地点发现的部分工具

图版34　下营梁峪黄土地地点全景

图版35　下营梁峪黄土地地点地层剖面

图版36　下营梁峪黄土地地点发现的部分石制品（一）

图版37　下营梁峪黄土地地点发现的部分石制品（二）

图版38　下营南岭地点全景

图版39 下营南岭地点发现的部分石制品（一）

图版40 下营南岭地点发现的部分石制品（二）

图版41　小穿芳峪地点地貌全景

0　　　　　4cm

图版42　小穿芳峪地点发现的部分石制品（一）

图版43　小穿芳峪地点发现的部分石制品（二）

图版44　小港地点地貌图

0   4cm

图版45　小港地点发现的部分石片

0   4cm

图版46　小港地点发现的部分工具

图版47　小平安地点地貌图

图版48　小平安地点发现的部分石核和石片

图版49　小平安地点发现的部分工具

图版50　丈烟台东山地点地貌

图版51 丈烟台东山地点发现的部分石片

图版52 丈烟台东山地点发现的部分工具

图版53　杨庄西山地点地貌

图版54　杨庄西山地点剖面观察与测量

图版55　杨庄西山地点发现的部分石制品（一）

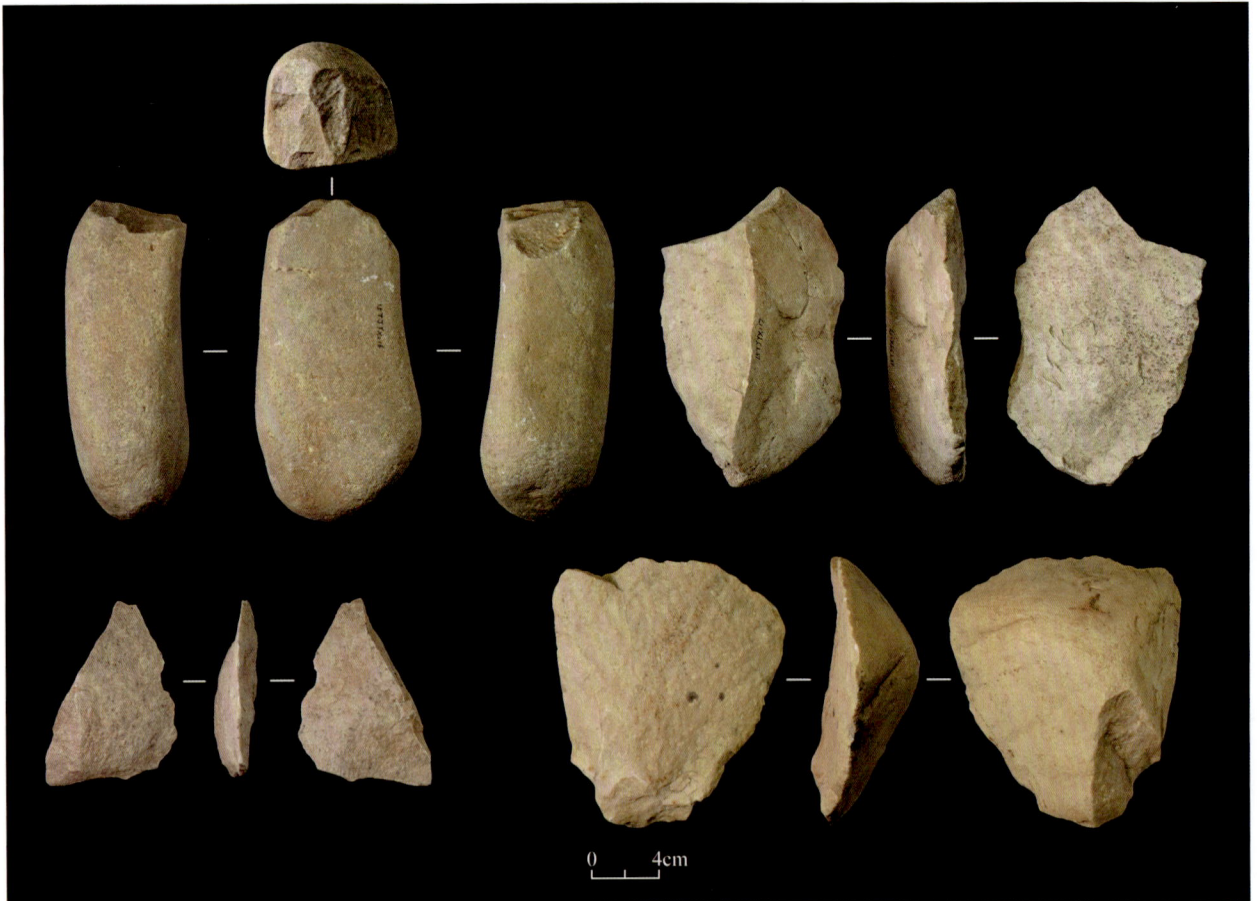

图版56　杨庄西山地点发现的部分石制品（二）

图版57　杨庄西山地点发现的部分石制品（三）

图版58　道古峪北岭地点全景

图版59 道古峪北岭地点发现的部分石核和石片

图版60 道古峪北岭地点发现的部分工具

图版61　道古峪北岭地点发现的部分工具

图版62　青池遗址俯瞰（西北—东南）

图版63 青池遗址发现的部分石核

图版64 青池遗址发现的部分石片

图版65　青池遗址发现的部分使用石片

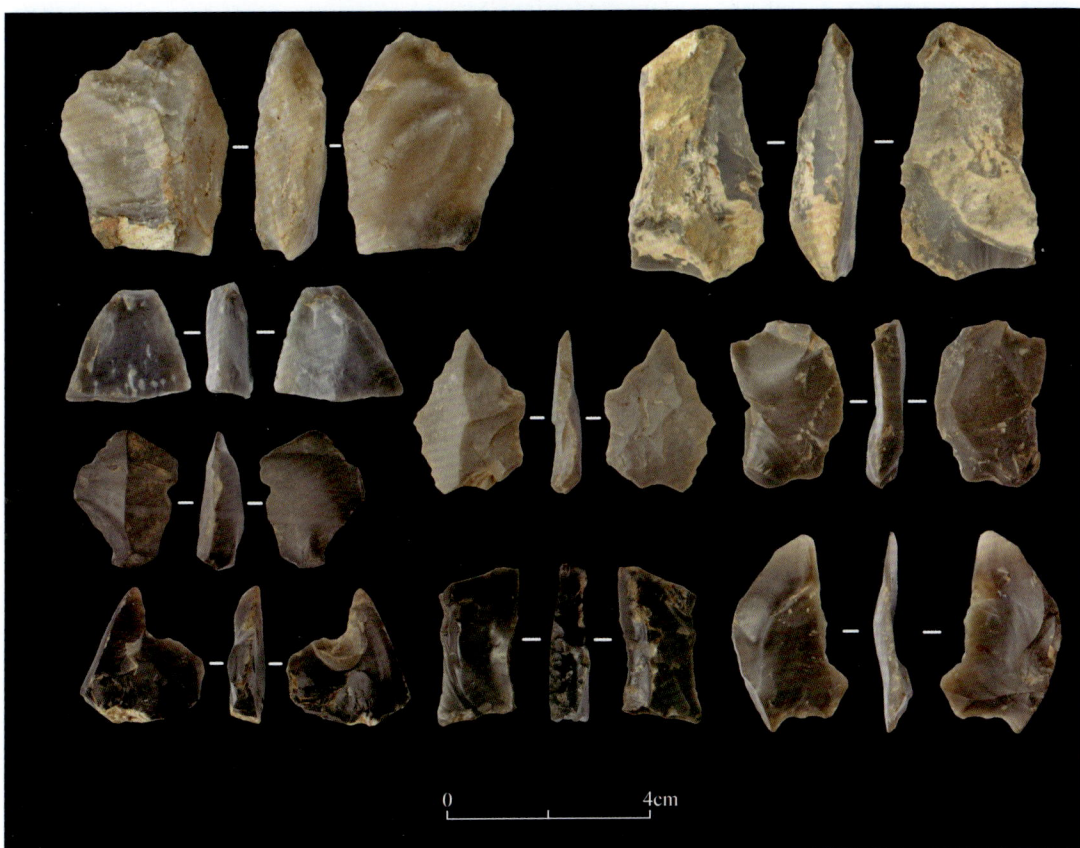

图版66　青池遗址发现的部分刮削器

图版67　青池遗址发现的部分工具

图版68　段庄地点二级阶地全景

图版69　段庄地点三级阶地

图版70　段庄地点四级阶地

图版71　段庄地点发现的部分石制品（一）

图版72　段庄地点发现的部分石制品（二）

图版73　段庄地点发现的部分石制品（三）

图版74　段庄地点发现的部分石制品（四）

图版75　船舱峪黄土梁地点全景

图版76　船舱峪黄土梁地点发现的部分石制品（一）

图版77　船舱峪黄土梁地点发现的部分石制品（二）

图版78　2015年参加重点调查人员合影

（自左至右：李万博、石晶、王春雪、陈全家、盛立双、刘福宁、刘亚林、甘才超）

图版79　参加2019年朝阳洞遗址考古发掘专家咨询论证会全体人员合影
（后排左起：尹承龙、文璋、宋家兴、盛立双、刘福宁、王春雪、刘健、魏天旭、王家祺、李斌、窦佳欣；
前排左起：蔡习军、牛东伟、陈福友、陈全家、陈雍、赵海龙、白俊峰、梅鹏云）

图版80　专家观摩蓟县2015年重点调查采集石制品
（自左至右：王幼平、高星、陈全家、夏正楷）